KB040783

미디어 리터러시의 혁명

미디어 리터러시의 혁명

기레기의 오만과 깨시민의 자만을 넘어

초판 1쇄 2021년 9월 8일 펴냄

지은이 손석춘
펴낸이 김성실
책임편집 김태현
표지디자인 석운디자인
제작 한영문화사

펴낸곳 시대의창 등록 제10-1756호(1999. 5. 11)
주소 03985 서울시 마포구 연희로 19-1
전화 02)335-6121 팩스 02)325-5607
전자우편 sidaebooks@daum.net
페이스북 www.faceook.com/sidaebooks
트위터 @sidaebooks
ISBN 978-89-5940-767-5 (03300)

미디어 리터러시의 혁명

기레기의 오만과 깨시민의 자만을 넘어

손석춘 지음

시대의창

머리말

작은 촛불 하나

기레기와 깨시민.

인터넷이 불붙인 미디어 대폭발 이후 한국의 미디어 지형에 돋을새김처럼 나타난 현상이다. 무릇 모든 현상에는 딱히 본질이라 하지 않더라도 보이지 않는 무엇이 있게 마련이다. 기레기 현상과 깨시민 현상도 마찬가지다.

이 책은 우리 미디어 지형에 일대 전환이 절박하고 그러려면 미디어 리터러시에 혁명이 필요하다는 절실함에서 출발했다. 까닭은 다음 세 가지다.

첫째, 촛불혁명의 자괴감이다. 2016년 11월에서 2017년 3월까지 전국 곳곳의 수많은 사람들과 함께 촛불을 밝히며 저자는 '새로운 미디어'로서 촛불의 혁명은 '세계사의 한 장'이라는 글을 썼다. 하지만

2020년대 들어 우리 가슴을 벅차게 했던 촛불혁명은 어느새 빛바랜 추억이 되고 있다. 그 자괴감은 비단 저자만의 씁쓸함이 아닐 터다.

촛불혁명이 흐지부지 된 일차적 책임은 대통령 문재인과 집권당 민주당에 있다. 대통령에 취임하면서 문재인이 '민주당 정부'를 강조할 때 몹시 당혹스러웠다. 불길한 예감은 적중했다. 문재인과 민주당의 정치적 책임을 전제로 그 못지않게 책임을 물어야 할 곳이 있다. 바로 미디어다. 언론이 문재인 대통령을 비판 또는 비난해서가 아니다. 언론이 촛불혁명으로 표출된 시대적 과제들을 옳게 의제로 설정하지 않아서다. 보수나 진보를 막론한 언론의 촛불 의제 외면으로 마땅히 풀어가야 할 시대적 과제들이 여론화하지 못했다. 미디어를 우리가 촘촘히 살펴야 할 이유다.

둘째, 조·중·동 신방복합체가 우리 앞에 '여론 독과점 기관'으로 엄존하고 있어서다. 언론이 문제라고 하면 바로 '기레기'를 떠올리는 세간의 관행이 굳어지고 있기에 문제는 더 심각하다. 물론 기자들이 기레기로 불리게 된 이유가 있다. 하지만 대통령 개인을 좋아한다는 이유로 그에게 조금만 비판적인 글을 쓰면 '기레기'로 몰아치는 해괴한 언행들이 유행하고 있다. 기자를 기레기로 조롱하는 세태는 의도했든 아니든 정작 사주인 언론자본의 문제를 은폐한다. 21세기 이른바 세계화 시대를 맞아 지구촌 곳곳에서 자본은 언론을 비롯한 미디어에 큰 영향을 끼치고 있다. 언론의 문제점을 거론하며 흔히 '사주'로 불리는 언론자본의 문제를 직시하지 않을 때, 언론에 대한 담론은 공허해질 수 있다.

셋째, 새로운 미디어마저 정파주의에 물들어가는 현상이다. 미디어 리터러시가 중요하다는 여론이 높아가는 가운데 2020년 가장 신뢰하는 언론 매체 1위에 유튜브가 꼽혔다. 콘텐츠들이 정파 색채가 노골적이고 때로는 극단적임에도 유튜브가 가장 신뢰하는 매체에 오른 현상은 언론에 대한 불신이 극에 이르고 있다는 방증이다.

민주주의가 사회구성원들이 언론을 통해 자신이 필요로 하는 정보를 입수하고 이를 바탕으로 현명한 판단을 내릴 수 있다는 전제를 기초로 하고 있다는 점에서, 언론에 대한 사회적 불신의 확산은 결코 가벼운 문제가 아니다. 물론 유튜브의 확산 자체가 문제가 될 이유는 없다. 실은 정반대다. 21세기 인터넷시대, 모든 사람이 기자로 활동할 수 있는 시대가 열렸기 때문이다. 중요한 것은 그 미디어에 무엇을 담는가에 있다. 유튜버는 물론 깨시민을 비롯한 네티즌들의 미디어 리터러시, 곧 미디어 역량 강화는 기성 언론을 견인해낼 뿐만 아니라 민주주의의 성숙을 이끌어갈 수 있다.

미디어 역량 강화는 거저 일어나지 않는다. 간곡히 호소하거니와 '지적 발전'이나 '철학적 성찰'이 없을 때 촛불은 시나브로 꺼질 수밖에 없다. 누구든 언론개혁을 주창하려면 먼저 미디어에 대한 기본적인 지적 역량을 갖춰야 한다. 실제로 언론개혁을 일궈내겠다면 더욱 그렇다.

세 현상에 모두 등장하는 '인물'이 기레기와 깨시민이다. 바로 그래서다. 기레기와 깨시민을 넘어서야 한다. 물론 그 과정은 쉽지 않다. '확증편향'이나 '의도적 눈감기'와 같은 개념들은 우리가 자기 우물을 벗어나기가 얼마나 어려운가를 설명해준다.

하지만, 아니 그래서 모든 세계사적 변화는 언제나 수많은 사람들의 자기 고투를 바탕으로 이뤄졌다는 사실 앞에 겸손해야 한다. 이 책이 제시하는 '새로운 언론 시대'도 마찬가지다. 기레기와 깨시민이 더러 '적대적 공존' 현상마저 보이고 있기에 더 그렇다. 기레기와 깨시민을 넘어 미디어 리터러시 혁명을 일궈갈 때가 되었다. 이 책이 그 전환의 길에 작은 촛불 하나이기를 소망한다.

2021년 8월 15일

손석춘

| 차 례 |

2부 깨시민 현상과 미디어혁명

여는 글

기레기와 깨시민의 고리

미디어 리터러시. 정보과학기술 혁명으로 '미디어 대폭발'이 일어나면서 갈수록 긴요하게 떠오르는 과제다. 대폭발에 앞장선 미국은 미디어 리터러시를 '다양한 형태의 커뮤니케이션에 접근하고, 분석하고, 평가하고, 발신하는 능력'으로 정의했다. 국어사전에도 미디어 리터러시는 "정보기술에 대하여 기본적으로 이해하고 정보 미디어를 구사하며, 정보를 활용하거나 정보를 이용하여 자신의 생각을 표현하는 능력"으로 풀이하고 있다. 간결하게 '미디어 역량'으로 옮길 수 있다.

2020년대에 들어서면서 미디어 역량은 더 절실해졌다. 미디어가 넘쳐나지만 미더운 언론은 드물다는 사실이 객관적 지표로 뚜렷하게 나타났기 때문이다. 가장 '신뢰하는 언론 매체' 1위에 유튜브가 꼽힌 사실은 언론계 안팎에 충격을 주었다. 누구보다 기존 신문과 방송의 기자들이 미디어혁명을 실감했을 터다. 영국 옥스퍼드대학교 부설 로이터저널리즘연구소의 〈디지털뉴스리포트 2020〉에 나타나듯이 한국인들의 뉴스 신뢰도는 조사 대상 40개국 중 4년 연속 꼴찌이기에 더 그렇다.

더 큰 문제는 그 불신받은 언론이 여전히 우리 삶에 큰 영향을 끼치고 있다는 사실이다. 아직도 신문을 구독하느냐, 누가 요즘 TV로 뉴스를 보느냐고 눈 흘길 수 있겠지만, 스마트폰으로 열어 보는 새로운 정보들의 가장 큰 원천은 여전히 신문과 방송이다. 유튜브도 꼼꼼히 짚어보면 대부분 신문과 방송의 뉴스에 밑절미를 두고 있다.

가장 '신뢰하는 언론 매체' 1위에 유튜브가 '등극'한 2020년은 조선일보와 동아일보가 창간 100년을 맞은 해였다. 그만큼 파장은 더 컸다. 기실 신문 창간 100년의 의미는 가볍지 않다. 따따부따 평가하기 이전에 한 신문사가 100년 동안 존재했다는 역사적 무게가 있기 때문이다. 일반 기업 가운데도 설립 100년을 맞은 법인은 한국 사회에서 드물기에 더욱 그렇다. 문재인 대통령도 두 신문사에 각각 창간 100돌 축사를 보냈다. 문재인의 열성적 지지자들로부터 '기레기'로 비판받아온 두 신문사는 보란 듯이 대통령의 축사를 지면에 비중 있게 편집했다.

2020년 3월 5일, 창간 100돌을 먼저 맞은 조선일보는 '진실의 수호자'를 자부하며 창간 기념일을 앞뒤로 기획 기사들을 내보냈다. 100주년 사설 제목 그대로 "100년 전 그 춥고 바람 불던 날처럼, 작아도 결코 꺼지지 않는 등불이 되겠다"며 '민족의 등불'을 자임했다. 과거 창간 기념 사설과 달리 나름대로 성찰도 담았다. "암흑기에 민족의 표현 기관으로서 일제 강압과 신문 발행 사이에서 고뇌했던 흔적"은 "오점으로 남아 있다"고 밝혔다.

동아일보도 100돌 기념 사설에서 "100년 전 청년의 꿈으로 다시 '젊은 100년'을 열어가겠다"고 다짐했다. 사설에서 가장 눈여겨볼 대목은 "일제 말 강제 폐간을 앞둔 시기, 조선총독부의 집요한 압박으로 저들의 요구가 반영된 지면이 제작된 것은 100년 동아일보의 아픔"이라며 "정중히 사과"한 문장이다. 조선일보와 견주어 사과 표명이 또렷했다.

하지만 조선일보가 100년을 맞은 바로 그날에 '조선·동아 거짓과 배신의 100년 청산 시민행동'은 사옥 앞에서 맹렬히 그들을 규탄하는 기자회견을 열었다. 유신체제에서 자유언론실천운동에 나섰다가 해고된 기자들의 조직인 '동아자유언론수호투쟁위원회'(동아투위)는 창간 100돌을 맞은 동아일보사 앞에서 집회를 열고 군사독재의 억압 아래 민중이 고통을 겪고 있을 때 독재자에게 찬양과 아부를 일삼은 그들의 행적을 추궁하며 반성과 사죄가 마땅하다고 비판했다.

두 신문의 100년에 대한 시각 차이가 큰 현상을 2020년의 한국인들이 어떻게 보았는지는 그해 가을에 발표된 언론사 신뢰도 조사에서 헤아릴 수 있다. 시사IN이 발표한 '2020년 대한민국 신뢰도 조사 실시'에서 한국인이 가장 신뢰하는 언론 매체는 유튜브와 네이버였다. 질문이 유튜브에 우호적으로 작성된 것도 아니었다. "신문, 방송,

인터넷 언론, 포털 사이트, 유튜브, SNS 등 우리나라의 모든 언론 매체 중에 가장 신뢰하는 매체를 순서대로 두 가지" 말해 달라는 질문에서 보듯이 신문과 방송이 맨 앞에 놓여있었다. 그럼에도 유튜브가 신뢰도 1위 매체(13.0퍼센트)에 올랐다. 처음이었다. 2위는 포털 네이버(11.4퍼센트)였다.

더구나 두 매체의 신뢰도가 30대 이하에서 높게 나타나 '유튜브 시대'가 당분간 지속될 전망이다. 학생들 사이에선 신뢰도가 가파르게 올라 25.3퍼센트에 이르렀다. 유튜브와 네이버에 이어서 KBS(8.5퍼센트), JTBC(5.7퍼센트), MBC(5.0퍼센트), YTN(4.6퍼센트), TV조선(4.5퍼센트), 다음(4.1퍼센트), 조선일보(3.7퍼센트), SBS(2.5퍼센트) 순의 신뢰도다. 10위권 밖 순위에는 한겨레, 채널A, TBS, 구글, 연합뉴스, MBN이 있었다(표본오차 95퍼센트 신뢰기준에서 ±3.1퍼센트).

총체적 위기: 언론 불신시대

더 눈여겨볼 대목은 엄밀하게 말해서 '가장 신뢰하는 언론 매체' 1위는 유튜브가 아니라는 사실이다. '없다/모름/무응답' 비율이 17.8퍼센트로 유튜브에 크게 앞섰다. 그만큼 신뢰하는 언론 매체가 없다는 사실을 뜻한다. 전통적인 언론 매체와 달리 사실을 확인하는 내부 기제도 없거니와 기본적으로 정파적 성격이 강한 유튜브가 '신뢰받는 매체' 1위인 착잡한 현실을 감안하면 2020년대 한국인은 '총체적 언론 불신시대'를 살고 있다고 진단할 수 있다.

100주년을 앞두고 '진실의 수호자'임을 대대적으로 부각한 조선일보에 불신이 높은 현상도 흥미롭다. 시사IN 조사에서 '가장 불신하는 언론 매체 두 가지'를 묻는 문항에 1위와 2위는 조선일보(22.8퍼센트)와 TV조선(8.5퍼센트)이었다.

언론 매체 가운데 신문 매체로 국한하면 조금 결이 다른 대목도 있다. "우리나라 신문 매체 중에서 가장 신뢰하는 언론 매체" 하나를 꼽아달라는 질의에서 조선일보가 15.2퍼센트 응답을 받아 1위였다. 한겨레가 13.1퍼센트로 2위였다. 조선일보는 가장 불신받는 언론이지만, '충성도' 높은 독자를 확보하고 있는 셈이다. 이 설문에서 유의할 대목은 신뢰하는 신문 매체를 묻는 질문에 대한 무응답자의 비율이다. 2015년에는 무응답자가 25퍼센트였지만 올해 조사에서 45퍼센트에 이르렀다. 신문에 대한 불신이 빠르게 높아가고 있는 셈이다.

다 알다시피 신문에 대한 불신은 스스로 자초한 측면이 크다. 가령 2020년 내내 창궐한 코로나19 사태에서 신문시장을 독과점하고 있는 신문들은 문재인 정부의 방역 대처를 지나치게 훌닦아 정파적이라는 눈총을 받았다. 실제로 그 결과 신문 매체에 대한 불신을 넘어 2021년 4월 총선에서 '민주당 압승'이라는 역풍을 불러오기도 했다. 100주년을 맞은 신문들만 보면 문재인 정부는 방역에 실패한 정권이지만, 실제로는 코로나 확산 첫해에 세계적인 '방역 모범국가'로 평가받았다.

무릇 권력 감시는 언론의 주요 기능 가운데 하나임에 틀림없다.

다만 권력을 견제한답시고 사실과 다른 보도와 논평을 쏟아낼 때 이는 오히려 거부감을 일으킬뿐더러 정작 정당한 감시조차 외면받게 된다는 점에서 각별한 주의가 필요하다.

'언론 불신시대'를 살고 있는 한국인들에게 더 큰 문제는 상황을 바로잡아야 할 공영방송 또한 불신받는 데 있다. 시사IN의 '가장 불신하는 언론 매체' 문항에서 조선일보와 TV조선 바로 다음은 KBS, MBC였다. 두 공영방송은 문재인 정부의 '어용 지식인'을 자처한 유시민의 과도한 출연을 비롯해 몇몇 '친정부 편향' 프로그램이나 뉴스로 불신을 자초했다.

언론 불신시대의 풍경은 일상에서도 나타났다. 한쪽에는 문재인 대통령을 비판했다는 이유만으로 매체의 '기레기'를 단정하는 '문파'(문재인의 열성적 지지자들)가 있고, 다른 쪽에는 문재인 정부를 '무조건 반대'하는 매체의 오랜 애독자들이 있다. 신문과 방송들마저 정파주의에 사로잡힌 상황에서 여느 미디어보다 정파성이 강한 유튜브가 신뢰하는 매체로 가장 많이 꼽힌 현상은 자연스러울 수도 있다.

미디어 리터러시 혁명이 절박하다

가히 언론의 총체적 위기라 할 수 있을 만큼 언론에 불신이 높은 상황은 오랜 세월에 걸쳐 신문시장을 독과점해온 조선·중앙·동아일보(이하 조·중·동으로 줄임)가 2010년대 들어 텔레비전 방송까지 겸영하면서 더 증폭되었다. 신문·방송복합체(신방복합체)의 내부는 특정 '사주' 가문이 자자손손 세습해오며 '왕국'을 이뤄왔다. 사주가 언론사 내부에서 무소불위로 휘둘러온 권력이 '기레기 현상'을 낳은 가장 큰 요인이다. 이하에선 언론계 안팎에서 관습적으로 사용되어온 '사주'라는 말을 객관적으로 '언론자본가'로 표기한다. 사주는 '회사의 주인'이라는 뜻인데 언론사의 주인이 과연 자본인가의 문제가 제기될뿐더러 언론자본가를 자본가로 부르지 못하는 현상 또한 미디어 리터러시의 과제 가운데 하나이기 때문이다.

문제는 스스로 깨어 있는 시민(깨시민)을 자처하는 사람들 다수가 기레기 몰아치기에는 능숙하지만 그 '기레기'들이 몸담고 있는 '미디어왕국'의 구조적 문제점을 고려하지 않는 데 있다.

누구나 언론활동을 펼 수 있는 미디어혁명 시대에 미디어왕국의 힘이 커져가는 반혁명적 현상은 깊이 성찰할 문제다. 깨시민이나 문파가 왕국이 공공연히 퍼트려온 이데올로기에 포획되어 있다면 더욱 그렇다. 심지어 적잖은 문파들에게선 그들이 괴물로 여기는 조·중·동식 진영 논리에 흠뻑 젖어든 모습마저 종종 묻어난다.

미디어 리터러시에 자신감 넘치는 '시민'들과 그들이 날을 세워 비판하는 '기자'들에게 공통분모가 있다는 사실은 놀랍다기보다 가슴 아픈 일이다. 물론 기레기와 깨시민 모두 모욕감에 발끈할 성싶다. 하지만 양자를 잇는 고리는 이 책에서 차근차근 살펴보겠지만 엄존한다. 그 고리가 단단할수록 그만큼 대한민국의 미래는 어두울 수밖에 없다. 미디어 리터러시의 혁명이 절박한 이유다.

미디어혁명의 의미를 날카롭게 포착하는 리터러시 혁명을 이루기 위해 무엇보다 미디어 불신의 뿌리를 캐낼 필요가 있다. 1부에서 "기레기 현상의 뿌리: 언론자본"을 짚은 이유다. 기레기로 불릴 만큼 심각한 언론의 적폐를 근절하려면—문자 그대로 '뿌리 잘라내기'가 근절이다. 영어에서도 '래디칼'은 사태를 뿌리에서 파악한다는 뜻을 담고 있다—언론자본의 문제를 들여다보아야 한다. 언론개혁 성패의 관건도 언론자본의 통제 여부에 달려 있다.

이어 2부에선 "깨시민 현상과 미디어혁명"을 주제로 언론개혁을 실현하기 위한 성찰과 철학을 짚었다. 모두가 기자인 시대, 모든 사람이 언론인으로 실제 활동하고 있는 시대에 바람직한 언론철학은 무엇인가를 살폈다. 이어 언론개혁의 주체는 누구인가, 그를 어떻게 호명해야 옳은가를 논의했다.

먼저 제1장은 미디어왕국의 내부 풍경이다. 기레기와 깨시민의 고리를 미디어왕국이 관리하고 있기에 새삼 주의를 기울여 점검할 필요가 있다. 모름지기 현실을 정확히 인식할 때 개혁을 이룰 수 있다. 기레기와 깨시민을 넘어서려면, 그들을 묶고 있는 고리부터 풀어야 한다.

일러두기

1. 단행본 제목은 겹화살괄호《》, 논문, 보고서, 영화 등의 제목은 홑화살괄호〈〉로 표시하였습니다. 언론매체 이름에는 약물을 명기하지 않았습니다. 기사 제목은 작은따옴표‘ ’로 표시하였습니다.
2. 인용된 기사의 출처는 본문에 모두 명기하였습니다.

1부. 기레기 현상의 뿌리: 언론자본

1/ 미디어왕국 내부의 풍경

"특정 가문이 지배하는 언론사는 저마다 왕국이다. 그 왕정 아래 왕에게 선택받아 귀족이 된 이들(편집국장, 주필)의 지배를 받는 '신민'들이 바로 '기레기'로 손가락질 받고 있는 평기자들이다."

기레기는 어디서 왔을까. 두 가지를 짚을 수 있다. 그 말이 어디서 왔는가와 실제 기레기로 불리는 사람들이 어디서 왔는지가 그것이다.

첫째, 말의 기원부터 살펴보자. 네티즌이 공동으로 만들어가는 위키백과에 따르면 기레기는 "기자와 쓰레기의 합성어로 대한민국에서 허위 사실과 과장된 부풀린 기사로 저널리즘의 수준을 현저하게 떨어뜨리고 기자로서의 전문성이 상당히 떨어지는 사람과 그 사회적 현상"이다. 그런데 기레기가 처음 공론화할 때는 뜻이 달랐다. 포털에서 조회 수를 높이기 위해 제목은 물론 기사를 자극적으로 올림으로써 '기사 쓰레기'들이 양산되는 현상을 '기레기'로 불렀다. 기사 쓰레기가 '기자 쓰레기'로 변화한 것은 2014년 4월 16일 세월호 참사를 겪으면서였다.

세월호 탑승객 '전원 구조'라는 치명적 오보 이후 '기레기'라는 말은 박근혜 정권을 감시하는데 소홀하거나 심지어 유착했던 신문과 방송을 비판하는 가장 적확한 유행어가 되었다. 2016년 11월부터 이듬해 3월까지 타오른 촛불혁명을 거치면서는 문재인 정부나 각료들을 비판하는 기자들을 지칭하는 용어로 굳어갔다.

둘째, 실체적 기원이다. 대체 '기레기'로 불리는 기자들은 어디서 왔는가. 두루 아는 사실이지만 차분하게 짚을 필요가 있다. 학업을 마친 20대들이 언론사 수습기자 시험에 합격할 때 기자가 된다. 기자로 일하려는 젊은이는 많고 문은 좁기에 1980년대부터 '언론 고시'라는 말이 나돌았다.

어떤 시험 문제가 출제되느냐, 채점을 어떤 성향의 언론인이 하느냐에 따라 운도 작용하기에 기자 응시생들은 특정 언론사 시험만 보지 않는다. 실제로 한겨레 시험에서 떨어진 청년이 조선일보에 합격하기도 하고 그 역도 있다. 우리가 '기레기 현상'을 분석할 때 진지하게 음미해볼 사안이다.

기실 '언론 고시'라는 말은 적절하지 않다. 권력을 감시하는 사람들을 선발하는 시험에 '고시'는 썩 어울리지 않는다. 같은 맥락에서 수습기자 시험을 준비하는 젊은이들은 행정고시나 사법고시를 준비하는 사람들과 성향이 다르다. 기본적으로 행정고시나 사법고시는 권력기관으로 들어가는 관문인 반면에 언론사는 그 자체로 권력기관은 아니다.

모두 그렇다고 할 수는 없겠지만, 적어도 수습기자 시험을 준비하는 학생들에겐 행시나 사시 준비생보다 지배질서에 줄 서려는 경향이 적고 진실을 추구하려는 경향이 많다. 그 말이 지나치게 기자 지망생을 미화하는 것이라면 '반골적 경향'이라 해도 좋다. 반골 기질의 젊은이라면 행시나 사시보다 기자시험을 응시한다고 보는 것이 아무래도 사실에 가깝다.

수습기자 시험에서 어떤 언론사에 합격하느냐는 운이 기자로서 걸어가는 길의 '운명'이 된다면 '언론사 구조'에 문제점이 있다고 판단할 수밖에 없다. 반골 성향, 곧 "어떤 권력이나 권위에 순응하거나 따르지 아니하고 저항하는" 기질을 지닌 사람들이 언론사에 들어가서 적잖게 기레기로 몰락하고 있는 것이 우리 언론의 현실이기 때문이다. 비슷한 맥락에서 동아일보 해직기자로 한겨레 초대 편집국장을 거쳐 언론개혁운동을 벌인 성유보는 한국 사회에서 "기자직은 똑똑한 사람을 선발해서 바보로 만드는 직종"이라고 개탄한 바 있다.

언론사 내부의 피라미드 구조

왜 그럴까? 그 '비밀'은 언론사의 내부 구조, 확연한 피라미드 구조에 있다. 자본주의사회에서 언론사는 하나의 기업이다. 공영방송이 아닌 한 사적 자본이 소유한다. 반골 성향의 젊은이가 애면글면 준비해서 수습기자가 되었다고 치자. 그가 그토록 열망하던 언론사에 들어갔을 때 그의 위치는 편집국의 맨 밑바닥이다. 흔히 언론사 편집국은 기사 또는 뉴스의 산실이기 때문에 몹시 민주적이라고 생각한다. 하지만 직책 뒤에 "님"자를 붙이지 않는다는 이유로 기자 조직이 수평적이라고 여긴다면 큰 착각이다. 여느 조직 못지않게 입사 연도에 따른 선후배 관계가 엄격하다.

비단 기자들 사이의 선후배 질서만 존재하는 것이 아니다. 평기자들 위에 차장, 부장, 부국장, 국장들이 자리하고 있어 말 그대로 층층시야의 피라미드 구조이다. 설령 논쟁이나 토론이 벌어지더라도 마감시간이 엄존하고 있기에 기사를 출고할 최종책임은 언제나 데스크라 불리는 부장에게 있다.

피라미드 꼭대기에는 누가 있을까. 편집국장이나 주필이 아니다. 편집국은 언론사에서 단연 핵심 조직이지만 어디까지나 광고국, 판매국과 동렬선상에 있다. 주필 또한 여러 이사들 가운데 하나다. 그 피라미드 상층부의 삼각형 정점에 있는 것은 언론사를 소유하고 있는 자본가이다.

언론자본가로선 굳이 평기자들까지 통제하는 수고는 하지 않아도 된다. 주필과 편집국장 인사권을 가지고 있기 때문이다. 주필과 편집국장을 통해 '반골'들을 얼마든지 효율적으로 통솔해갈 수 있다. 수습기자 시험의 최종 관문이 면접이기 때문에, 그 과정에서 '반골 기질'을 솎아내는 언론사도 적잖다. 그 관문을 용케 뚫고 반골 성향의 젊은이가 기자가 되었을 때, 마주하는 것은 거대한 피라미드 구조이다. 그 기자가 저널리스트의 꿈을 실현시키고자 본령에 충실할 때 그는 자신을 향해 짓누르듯 내려오는 피라미드 상층부의 압력을 온몸으로 이겨내야 한다.

언론사 내부의 피라미드 구조가 어떻게 언론 불신 현상으로 나타나는지를 구체적으로 한 언론사를 선택해 살펴보자. 기자들이 몸담고 일하는 구조를 살필 대표적인 언론사 하나를 골라야 한다면, 아무래도 조선일보를 비켜갈 수 없다. 조선일보는 스스로 강조하듯이 가장 발행부수가 많은 '일등 신문'이자 가장 오래된 매체로서 텔레비전 방송까지 소유한 '미디어그룹'이다. 게다가 '가장 불신하는 언론 매체'를 묻는 시사IN 조사에서 조선일보와 TV조선이 1~2위였다면, 한국 사회에서 기레기로 상징되는 '언론 불신' 현상을 짚기 위해 꼭 들여다볼 언론사임에 틀림없다.

흥미롭게도 조선일보 내부 또한 자신들이 불신받는 사실을 잘 알고 있다. 그렇게 판단하는 근거는 신뢰를 더 공고히 하겠다면서 제정한 '윤리규범'이다.

촛불혁명으로 대통령 박근혜가 해임되어 구속되고 문재인 정부가 출범한 2017년 그해 12월에 미디어그룹 조선일보사는 자신들이 1년 2개월에 걸친 준비 끝에 '윤리규범'을 제정했노라고 과시하듯 보도했다. 조선일보는 새로 윤리규범을 만들면서 인터넷·모바일 기기 보급과 소셜미디어 확산에 맞춰 과거에 만든 취재 준칙(1991년)과 기자 준칙(2000년)을 새롭게 수정 보완했다고 밝혔다. 미디어혁명이 불러온 변화를 윤리규범에 충분히 담았다는 자부다.

윤리위원회의 책임을 맡았던 손봉호—자칭 '일등신문' 조선일보는 기사를 쓸 때 서울대 교수들을 가장 즐겨 인용한다. 그 대학 철학과에서 정년퇴임한 교수—는 인터뷰에서 "조선일보가 새롭게 제정한 윤리규범을 통해 우리나라 언론의 격을 한 단계 높일 수 있을 것으로 기대한다"고 말했다. 조선일보 기자들이 "취재 및 보도 윤리를 재점검하고 한 차원 높여서 다른 언론의 모범이 되도록 해야 한다"는 대목에선 윤리위원회가 만든 규범에 자신감마저 묻어난다.

조선일보는 윤리규범을 제정한 사실을 종합면에 돋보이게 편집했다. "급변하는 미디어 환경의 변화를 반영하면서도 신뢰받는 언론의 위상을 더욱 공고히 지켜나가고자" 새롭게 제정했다고 밝혔다. 종합면에 이어 8면에선 '윤리규범'을 자세히 소개했다.

여기서 의문이 제기될 수 있다. 오래전부터 가장 불신을 받아온 조선일보가 왜 2017년 12월에 새삼 "국내외 63개 윤리규범"을 "집대성"해 "신뢰받는 위상을 더 공고히 지켜나가겠다"며 윤리규범을 내놓았을까.

조선일보 '윤리규범'과 송희영 사태

조선일보가 신뢰받는 신문을 위해 윤리규범을 만든 직접적 계기는 주필의 충격적인 비윤리적 행태가 사회적 파장을 일으키면서였다. 주필이 갑자기 퇴진할 수밖에 없었던 사건이 불거진 것은 박근혜 집권 4년 차인 2016년 8월이었다. 8월 30일 자 조선일보는 종합면 1면에 "독자 여러분께 사과드립니다" 제목으로 주필 송희영의 사표를 수리했다고 보도했다.

> 본사는 30일 송희영 전 주필 겸 편집인이 제출한 사표를 수리했습니다. 송 전 주필은 2011년 대우조선해양 초청 **해외 출장 과정에서 부적절한 처신이 있**었음을 인정하고 사의를 표명했습니다. 조선일보를 대표하는 언론인의 일탈 행위로 인해 독자 여러분께 실망감을 안겨 드린 데 대해 진심으로 사과드립니다. 송 전 주필에 대해 제기된 의혹들은 향후 엄정하게 시시비비가 가려질 것입니다. 조선일보는 앞으로 언론 및 기자 윤리를 더욱 엄격히 실천하고 언론 본연의 기능을 다함으로써 **독자의 신뢰를 회복할 수 있도록 노력하겠습니다**(이하 굵은 글자는 저자가 부각했음).

주필은 한 신문사의 얼굴이라는 점에서 자사 주필이 "해외 출장 과정에서 부적절한 처신"으로 사퇴하는 것은 신문사로서 큰 부끄러움일 수밖에 없다. 다음날 '언론인 개인 일탈과 권력 비리 보도를 연관 짓지 말라' 제목의 사설은 송 주필의 "도덕적 일탈에 대해선 당사자는 물론이고 그가 속했던 언론사도 책임에서 자유로울 수 없다"면서도 "특정인의 도덕적 일탈"임을 강조했다.

조선일보가 수치를 치욕으로 인식하며 자존심을 지키려 한 까닭은 주필의 "윤리적 일탈"이 언론운동 단체의 고발을 통해 드러난 것이 아니어서였다. 처음부터 끝까지 조선일보 주필의 비리를 들춰내 공개한 것은 박근혜 정부의 집권당 국회의원이었다.

조선일보로선 몹시 분개했을 법하다. 2012년 12월 대통령 선거에서 박근혜 후보가 당선되는 과정에 편향된 보도와 논평을 했고 이후 국가정보원의 대선 공작 댓글 사건이 터졌을 때도 모르쇠를 놓거나 축소 보도해 언론운동 단체들로부터 '박근혜 정권과 유착'했다는 비판을 받아온 신문사가 바로 조선일보였기 때문이다.

주필이 사표를 내기 나흘 전(8월 26일)에 당시 집권당 국회의원 김진태는 국회 정론관에서 기자회견을 갖고 "대우조선해양이 2011년 9월 유력 언론사의 논설 주간을 '호화 전세기'에 태워 유럽으로 출장을 다닌 사실을 확인했다"고 주장했다. 사흘 뒤에 연 2차 기자회견에선 아예 "해당 언론사 논설 주간은 송희영 주필"이라고 실명을 밝히며 "당시 요트, 골프 관광에 유럽 왕복 항공권 일등석도 회사로부터 받은 것으로 확인됐다"고 주장했다.

조선일보는 김진태가 폭로한 송 주필의 논설주간 시절 '호화 외유' 자료가 청와대 민정수석실에서 나온 것으로 판단했다. 당시 박근혜의 청와대 민정수석과 조선일보 주필 사이에 '힘겨루기'가 진행 중이었기 때문이다. 김진태 스스로 자료의 입수 경로에 대해서 "출처를 정확히 말하기 어렵다"고 밝혀 더 그랬다.

박근혜 정부를 자신들이 세웠다고 여겼을 조선일보와 청와대 사이에 이른바 '파워 게임'이 벌어진다는 사실 자체부터 문제이지만, 조선일보가 그 게임에서 주필의 사표를 수리하며 뒤로 물러설 수밖에 없을 만큼 완패하게 된 '윤리적 일탈'의 실체부터 짚을 필요가 있다. 검찰에 따르면 "피고인 송희영은 2014년 12월경부터 2015년 1월경 사이에 당시 대우조선해양 대표이사 고재호로부터 '연임을 도와달라'는 취지로 청탁을 받게 되자 2015년 1월경 안종범 청와대 경제수석을 조선일보 본사에 있는 자신의 사무실로 불러낸 다음, 안종범에게 고재호가 대우조선해양 사장으로 연임될 수 있도록 도와달라는 취지로 말하며 고재호 연임을 청탁했다." 검찰은 송희영이 대우조선 사장의 연임을 청와대에 청탁하는 대가로 자신의 처조카를 대우조선에 입사시켰다고 강조했다.

송 주필은 논설주간을 맡고 있을 때 대우조선해양 사장에 우호적인 칼럼 및 사설을 게재하고 이를 대가로 2011년 9월 1일부터 9월 9일까지 최고급 외유 출장을 다녀온 혐의(배임수재)도 받았다. 그가 이탈리아 베니스, 로마, 나폴리, 소렌토, 폼페이, 그리스 산토리니, 아테네와 영국 런던 소재 골프장을 다니며 받은 항공권, 숙박비, 식비, 전세기, 호화 요트 비용은 3973만 원에 이른다.

검찰의 발표는 큰 파장을 불러왔다. 청와대에서 대통령을 보좌하는 경제수석을 조선일보가 주필실로 불러냈다는 대목은 그 신문의 위세를 새삼 실감케 했다. 더구나 그렇게 만난 자리에서 대우조선해양 사장 연임을 논의했다는 사실도 놀라운 일이다. 무엇보다 '워크아웃' 상황이던 대우조선해양 돈으로 호화 외유를 즐긴 사실은 '기업활동의 자유'를 줄곧 부르대며 '관치'를 비판해온 조선일보의 '지론'과도 매우 어긋나는 행태다.

주필의 호화 외유를 비롯한 비윤리적 행태가 여론의 지탄을 받으면서 조선일보 사장 방상훈으로선 서둘러 주필의 사표를 처리할 수밖에 없었을 성싶다. 독자들로서는 적잖이 궁금할 법하다. 어떻게 송희영은 주필의 자리까지 올라갔을까.

언론사 주필:
글 잘 쓰는 사람이 아니라 언론자본가가 총애하는 사람

흔히 주필을 문자 그대로 신문사에서 가장 글을 잘 쓰는 기자로 오해하기 십상이다. 하지만 아니다. 조·중·동에서 자본가의 총애를 받지 않고 주필이 되기는 어렵다. 기자로서 올곧은 자세나 능력은 주필이 되는 과정에 전혀 변수가 되지 않는다.

그렇다면 송희영은 어떻게 자본가 방상훈의 '총애'를 받았을까. 조선일보 내부의 속살을 증언한 기자의 증언을 들어보자. 조선일보 노동조합위원장을 역임한 이범진 기자가 인터넷 매체 팩트올에 송희영이 편집국장 시절에 저지른 만행을 공개했다. 그의 증언은 미디어왕국의 상징인 조선일보의 내부가 얼마나 살풍경인가를 단적으로 드러내준다.

2005년 12월 당시 편집국장이던 송희영은 그해 조선일보의 광고 상황이 예상보다 좋다고 밝혔다. 그래서 신문사에 돈이 있다는 이야기까진 수긍할 수 있다. 물론, 신문사 편집국장이 기자들에게 굳이 광고 상황까지 언급하는 것은 적절하지 못하지만, 그 정도의 발언을 납득하지 못할 독자는 없을 것이다.

문제는 그다음이다. 광고가 많이 들어와 수입이 좋았다면, 당연히 애써 기사를 쓴 기자들을 다독이는 것이 순리다. 편집국장이 연말을 앞두고 광고 상황이 좋다고 굳이 이야기한다면 기자들로서는 두둑한 상여금을 받으리라 기대하는 것이 어느 언론사든 순리다.

하지만 편집국장 송희영은 달랐다. 그는 "10년차 이상인 편집국원 전체를 대상으로 명예퇴직을 실시한다"고 일방적으로 선언하고 강행했다. 돈을 많이 벌어 '여윳돈'이 생겼기에 명예퇴직금을 줄 수 있으므로 구조조정을 한다는 발상은 오직 이윤 추구만을 목적으로 하는 기업에서도 해서는 안 될 만행이다. 그 경우 악덕 기업, 악랄한 자본가라는 말을 들을 수밖에 없다.

그런데 다름 아닌 그 악행을 신문사 편집국장이 서슴지 않고 앞장서서 자행하는 풍경이 벌어진 것이다. 신문사에 충성해온 조선일보 기자들로서도 받아들이기 어려웠을 터다. 명예퇴직 대상이 된 기자 후배들이 "해고 사유라도 알려 달라"면서 편집국장실을 찾았을 때다. 송희영은 무엇을 하고 있었을까.

증언에 따르면 편집국장은 '스윙 연습'을 하고 있었다. 일터에서 쫓겨날 위기에 "사색이 된 얼굴로 찾아온 후배 기자들"에게 광고 사정이 좋다며 '스윙'을 계속 하던 편집국장이 과연 언론인일까? 후배 기자들의 '목'을 치며 편집국장실에서 스윙을 하는 행태는 기레기의 전형이 아닐까.

송희영, 그 이름을 감히 언론인 송건호와 나란히 견준다면 결례를 넘어 무례임이 틀림없을 터다. 하지만 신문사 '편집국장'이란 무엇인가를 실감 못할 요즘의 기자들과 네티즌들을 위해 송건호의 일화를 소개한다.

1975년 3월, 유신체제에 맞서 자유언론을 실천하려고 용기 있게 나선 기자들을 동아일보 자본이 박정희 정권과 야합해 대량 해직할 때다. 편집국장 송건호는 곧장 사장실로 들어갔다. 송 국장은 사장에게 눈물로 호소했다. 해고를 막으려고 "울면서 재고를 간청했으나" 사장은 그때까지 '보여준 친밀감'과 달리 냉랭했다.

송건호는 사장실을 나오며 자신이 먼저 사표를 던질 생각을 굳혔다. 편집국장으로서 후배기자들의 해고를 지켜만 볼 수 없었기 때문이다. 송건호는 언론 자유를 주장하며 농성하던 기자들 몇몇을 편집국장실로 불렀다. 후배 기자들을 둘러보며 "내 능력으로는 (기자들 해고를) 막을 수가 없어 신문사를 떠난다"고 마지막 인사를 나누었다. 송건호는 그 순간을 이렇게 회고했다.

> 언론계 생활의 마지막이 될 작별임을 생각해서 눈물이 자꾸 흐르는 것을 막을 수가 없었다. 흐르는 눈물을 닦으며 말하는 내 이야기를 듣던 그들도 모두 함께 울었다.

편집국장과 해직기자들이 모두 함께 울었던 대한민국 언론사 편집국의 풍경은 옹근 30년이 지나 편집국장이 기자들의 목을 자르며 '스윙'하는 비윤리적 살풍경으로 바뀌었다. 동아일보 편집국장 자리에서 스스로 물러나 청빈하게 살며 민주언론운동을 벌여나간 송건호와 달리 송희영은 그 뒤 논설주간을 거쳐 주필이 되었다.

그렇다. 모든 기자가 부장이 되고 모든 부장이 편집국장이 될 수 없다. 모든 편집국장이 논설주간이 되고 모든 논설주간이 주필이 될 수도 없다. 평기자 → 차장 → 부장 → 편집국장 → 주필에 이르는 과정마다 언론자본가의 눈은 매처럼 사납다. 그 눈 밖에 날 때 부장이 될 수 없음은 물론 '명예퇴직' 당하는 게 조선일보를 비롯한 사적 자본이 지배하는 언론사의 내부 구조다. 왕국이라는 말은 공연한 비유가 아니다.

정치권력이 사장을 임명하는 공영방송사로 시야를 넓히면, 송희영 못지않은 '나쁜 선배'들이 곳곳에 있다. 이명박 정권과 박근혜 정권에서 해직당한 방송인들의 '목'도 모두 선배들의 '칼'에 잘렸다.

왜 그럴까. 기자가 기자를 살천스레 자르는 모든 만행에는 제 자리 보전이나 감투를 쓰려는 작태가 숨어 있다. 물론, 기자들도 '자리'와 '감투'를 욕망할 수 있다. 하지만 기자의 '감투'는 후배 기자들이 진실과 정의를 소신껏 보도해나가도록 보호해줄 때 의미가 있다.

송건호가 고문 후유증으로 고투할 때 병상을 지킨 아들이 훗날 《송건호 전집》을 출간하며 회고한 글은 울림을 준다. 송건호는 아들에게 평소 역사의 진실이나 사회의 논리에 앞서 인생의 올바른 자세가 있어야 한다는 것을 늘 강조했다.

> 인생의 자세가 바르지 못하면 결코 역사의 진실을 깨닫지 못하며 오늘의 논리를 파악하지 못한다.

실제로 송건호는 "지극히 소박"했고, "말과 행동에 전혀 꾸밈이 없"었다. 자리 욕심은 더욱 없었다. 모든 기자가 송건호의 윤리를 지닐 수는 없겠지만, 적어도 송희영의 권세와 그 추한 몰락을 거울로 삼을 필요는 있다. 수많은 '송희영'이 지금도 언론사마다, 아니 먹물 사회 곳곳에서 활개치고 있다면 더 그렇다.

광고 수입이 많아 후배기자들을 명예퇴직이라는 이름으로 해고한 편집국장은 조선일보 자본가에게 어떻게 보였을까. 더 언급할 이유가 없을 터다. 송희영은 사장 방상훈의 총애를 받으며 주필의 자리까지 올라갔다. 광고 수입이 늘어 곳간이 두둑해졌음에도 기자들을 정리하는 편집국장이야말로 얼마나 믿음직한 '집사'이겠는가.

방상훈의 아버지 방일영과 숙부인 우영의 총애를 받은 김대중 기자가 5.18항쟁에 나선 민중들을 "총을 든 난동자"들로 왜곡하고도 편집국장과 주필을 거쳐 부사장대우이사가 되고 80세가 넘도록 조선일보에 칼럼을 쓰고 있는 모습을 보며 송희영도 자신의 미래를 그렇게 그리지 않았을까.

하지만 언론자본가로서도 주필 송희영의 '윤리적 일탈 행태'가 공개된 마당에 마냥 모르쇠를 놓을 수 없었다. 이미 스마트폰을 통해 뉴스로 퍼져가고 있었기 때문이다. 위기감을 느낀 방상훈은 '발등의 불' 끄듯 주필을 보직 해임했다. 이어 손봉호를 위원장으로 내세워 윤리위원회를 만들어 1년 2개월에 걸쳐 윤리규범을 제정했다. 서울대 철학교수로 정년을 보낸 철학자가 그 윤리규범을 발표하며 "조선일보가 우리나라 언론의 격을 한 단계 높일 수 있을 것으로 기대한다"고 기사처럼 실제로 말했다면, 한국 철학의 빈곤을 새삼 체감케 하는 일화로 남을 성싶다.

거창하게 21장·52조·322항목으로 내놓은 윤리규범에서 눈여겨볼 것은 '정치활동' 대목이다. 규범은 기자의 대외 활동에 대해 '정치·사회 관련 취재 기자와 부서장은 해당 직무가 끝난 후 6개월 이내에는 정치활동을 하지 않는다'고 규정했다. 언뜻 보면 정치적으로 중립을 지키겠다는 결연한 의지로 보인다.

하지만 꼼꼼히 살펴보면 '빠져나갈 구멍'이 숭숭하다. 정치활동 금지 대상을 '정치·사회 관련 취재 기자와 부서장'으로 못 박고 있기 때문이다. 그 문장으로 보면 '취재 기자와 부서장'이 아닌 국장급 이상의 간부들은 얼마든지 정치활동을 할 수 있다는 뜻이 된다. 사실상 눈 가리고 아웅식 규범이다.

실제로 이미 송희영 주필 이전에 편집국장 강효상의 '일탈'이 있었다. 2016년 4월 총선 직전까지 조선일보 편집국장과 논설위원을 지낸 강효상은 집권당 비례대표로 국회의원이 되었다. 그의 국회의원 '직행'은 박근혜 정부 초기에 불거진 국가정보원 여론 조작 사건 수사와 겹쳐 언론계 안팎의 비판을 받았다. 채동욱 검찰총장이 국정원장이던 원세훈을 공직선거법 위반 혐의로 기소하며 박근혜의 대통령 당선 과정에 문제점을 한창 파헤치던 2013년 9월 6일 돌연 조선일보는 1면 머리에 "채동욱 검찰총장 혼외아들 숨겼다" 제목의 기사를 실었다. 조선일보의 의혹 제기에 법무부 장관 황교안이 감찰을 하겠다고 밝힌데 이어 청와대는 진상을 규명하라고 압박했다. 채 총장은 결국 사표를 제출했고 국정원 댓글 수사는 유야무야됐다.

당시 정치권에서는 청와대가 국정원 여론 조작 사건을 덮기 위해 조선일보를 통해 채동욱의 개인정보를 흘렸다고 보았다. 그때 편집국장이 강효상이다. 편집국장을 맡기 전에는 TV조선 보도본부장이었다. 2011년 12월 1일 TV조선은 개국 첫날 박근혜 새누리당 비상대책위원장을 초대했다. 박근혜의 영상에 '형광등 100개를 켜놓은 듯한 아우라'라는 자막을 넣어 '화제'가 되었다. 박근혜가 대통령이 되고 그도 편집국장에 이어 비례대표 국회의원이 되었다.

국회의원 강효상은 대구 매일신문 인터뷰에서 조선일보 편집국장 시절 가장 기억에 남는 기사로 '채동욱 검찰총장의 혼외자 폭로 사건'을 꼽았다. 그는 "워낙 큰 이슈가 됐기 때문에 떨렸다"면서 당시 "방우영 회장이 직접 편집국을 찾아와 용기를 북돋아주셨다"고 말했다. 국회의원이 되어서도 자본가의 '은덕'을 강조하는 모습은 안쓰럽다.

전두환이 광주 민중들을 학살한 뒤 만든 '국가보위비상대책위원회'(국보위) 입법의원에 참여했던 방우영은 2014년 9월 조선호텔 지하식당에서 홍두표 전 KBS사장을 만났을 때 "박 대통령은 무기력하고 우왕좌왕 결단도 못 내린다. 실망했다. 보수 언론도 보수층도 떠나가고 있다. 그러나 어떻게 하겠나? 국민이 뽑은 대통령이고 보수우파인데 밀어주어야지 흔들면 나라가 혼란에 빠진다"고 말했다. 방우영은 촛불혁명이 타오르기 전인 2016년 5월에 사망했다.

강효상의 러브레터와 “사장님 힘내세요!”

강효상은 국회의원으로 활동하던 2018년 5월 31일 느닷없이 국회에서 기자회견을 열고 ‘방상훈 조선일보 사장께 보내는 공개편지’라는 제목의 글을 발표하며 양상훈 주필을 파면하라고 촉구했다. 그가 비분강개한 이유는 그날 아침에 실린 주필 양상훈의 칼럼에 있다.

‘역사에 한국민은 전략적 바보로 기록될까’ 제목의 양상훈 칼럼은 “국제사회는 시간이 흐르며 북을 이스라엘과 같은 사실상의 핵보유국으로 취급하게 된다. 이것이 김정은이 추구하는 목표라면 상당히 현실적이고 성공 가능성이 있다”면서 “지금 북핵 급류는 어느 굽이를 돌고 있다. 이 굽이 다음에 무엇이 기다리는지는 아무도 모른다. 이 고비에서 시간과 역사는 결국엔 노예제 스탈린 왕조가 아니라 자유와 인권의 편일 것으로 믿을 뿐”이라고 칼럼을 맺었다.

조선일보다운 전형적 칼럼이다. 그런데 조선일보 편집국에서 국회로 자리를 옮긴 강효상의 생각은 사뭇 달랐다. 그는 조선일보 자본가에게 편지를 쓴다. 공개편지는 들머리에서 “사장님”에게 고백부터 한다.

> 방상훈 사장님 안녕하셨습니까. 조선일보 편집국장을 지낸 자유한국당 강효상 의원입니다. 저는 국회에 들어와서도 언론의 자유를 지키려고 나름 노력해왔고, 비록 몸은 떠났지만 저의 땀이 스며든 조선일보와 TV조선의 발전을 위해 항상 고민해왔습니다.

강효상은 이어 "백악관 등 미국 정부는 조선일보의 논설이나 자유한국당 홍준표 대표의 주장 등 한국 보수의 입장을 살펴보고 이를 협상에 감안"한다고 쓴다. 그 시점에 강효상은 당대표 홍준표의 비서실장을 맡고 있었다. 조선일보의 보도에 백악관이 움직일 수 있다는 주장이 전혀 터무니없는 말은 아니다. 조선일보의 논조를 한국에 있는 미국 정보기관원이 '보고'할 수도 있고, 서울이나 도쿄에 있는 특파원이 중시할 수 있기 때문이다.

강효상은 "미 당국자들이 이 칼럼을 보고 한국 보수의 한 축인 조선일보가 북한에게 항복했다는 시그널로 인식하게 되면 그 책임을 어쩌려고 하십니까"라고 쓴다. 마치 조선시대에 왕의 총애를 받다가 물러난 고위급 양반이 읊은 '임금에 대한 사모곡'을 연상한다면 지나친 편견일까. 공개서한에서 백미는 다음 대목이다.

> 방 사장님. 과거 김대중 정부의 탄압으로 사장님이 영어囹圄의 몸이 되셨을 때 당시 사장님께서 보여주셨던 용기와 기개를 우리는 모두 기억하고 있습니다. 우리도 찢어지는 마음을 뒤로하고 사장님께 감옥에 잘 다녀오시라면서, 부디 조선일보와 대한민국을 지켜달라고 말씀드렸습니다. 사장님과 우리는 그 어려웠던 시기도 의연하게 대처했었습니다.

놀랍다. 탈세로 감옥에 가는 자본가에게 "잘 다녀오시라면서, 부디 조선일보와 대한민국을 지켜달라고 말씀드렸"다잖은가.

김대중 정부 때 탈세로 수사받거나 감옥에 간 자본가는 방상훈만이 아니었다. 검찰에 출석하는 자본가에게 '눈도장'을 찍으려는 기자들이 조선일보에만 있던 것도 아니었다. 1999년 9월 중앙일보 홍석현 사장은 조세 포탈 혐의로 검찰에 출석했다. 홍 사장이 차에서 내리는 순간 검찰청사 앞에서 미리 대기해 있던 중앙일보 기자 40여 명이 일렬로 서서 "사장님 힘내세요"라고 부르댔다. 그 황당한 풍경이 "조직폭력배" 같았다는 비판 여론이 일자 중앙일보 기자들은 당당히 해명했다. '홍 사장님 힘내세요'가 아니라 '홍 사장'이었단다.

주목할 것은 당시 조선일보 사설이다. 사설 제목은 '홍석현 씨의 문제'(1999년 10월 4일, 2면)다. 경쟁지로 의식해서일까. 사설을 읽어보면 홍 사장으로선 서운하고 얄미웠을 터다.

> 조선일보는 그동안 보광그룹 대주주이자 중앙일보 사장인 홍석현씨의 탈세 문제에 관해 논평을 유보해왔다. 그것은 이 문제를 보는 두가지 관점에 대해 명확한 선을 긋기가 어려웠기 때문이다.
>
> 첫 번째 관점은 언론사의 사주라고 해서 중죄인 탈세로부터 자유로울 수 있는가 하는 것이다. 이 관점에 관한 우리의 견해는 분명하다. 그 누구도 법 앞에 평등하며 그 어떤 권력도 탈세로부터 면책될 수 없으며 어떤 명분도 탈세를 정당화할 수 없다는 것이 우리의 신념이다. 이런 관점에서 보면 적어도 홍 사장이 당국에 의해 고발되고 검찰 조사와 법원의 영장실질심사 과정에서 구속으로 결정 난 이상, 그는 법의 절차에 따라 심판을 받을 수밖에 없다.
>
> 두 번째 관점은 만약 홍씨가 언론사의 사주가 아니었고 단지 보광의 대주주이기만 했다면 구속에까지 이르게 됐을까 하는 것이다. 과거 전례를 보

면 재벌이라도 탈루에 대한 추징으로 끝난 경우도 있고 사설학원장이라도 구속된 경우가 있어 그것은 어디까지나 당국이나 권력의 자의적 판단에 속하는 것으로 보인다. 그렇다면 홍씨의 경우는 어디에 해당되는 것일까. 우리는 정권이 호의적으로만은 보지 않은 언론사의 사주이기 때문에 그가 받는 불이익에 α가 있을 것으로 생각한다. 또 전체 언론에 대한 '길들이기'의 효과가 있을 수 있다는 점도 부인할 수 없다.

결론적으로 홍 사장의 구속은 두가지 요소를 모두 함축한 것으로 본다. 여기서 우리는 몇가지 고언을 하지 않을 수 없다. 언론사가 올바른 언론 자유를 행사하기 위해서는 결코 다른 기업에 얽매여서는 안되며 같은 논리로 대기업이 언론을 부수적으로 운영해서도 안된다는 점이다. 또 언론사는 모든 재산 처리와 세무관계를 투명하게 해나가야 한다. 신문사가 어떤 공직을 위한 디딤돌이 되어서도 안되며 다른 기업을 위한 방패막이가 되어서도 안된다는 것이다.

사설은 명확하다. 탈세는 "중죄"라고 단언할 뿐만 아니라 "언론사의 사주라고 해서 중죄인 탈세로부터 자유로울 수 있는가"라며 "그 누구도 법 앞에 평등하며 그 어떤 권력도 탈세로부터 면책될 수 없으며 어떤 명분도 탈세를 정당화할 수 없다는 것이 우리의 신념"이라고 못 박았다.

강효상의 공개서한에서 한 문장을 빌리자면 "그런데 지금의 조선일보는 왜 이렇게 되었"는지 거꾸로 묻고 싶다. 방상훈 또한 탈세로 감옥에 가는 것임에도 "김대중 정부의 탄압으로 사장님이 영어의 몸이 되셨을 때 당시 사장님께서 보여주셨던 용기와 기개를 우리는 모두 기억하고"있다면서 "찢어지는 마음을 뒤로하고 사장님께 감옥에 잘 다녀오시라면서, 부디 조선일보와 대한민국을 지켜달라고 말씀" 드린 것이 "사장님과 우리"가 "의연하게 대처"한 것이라고 실토하고 있잖은가. 여론의 뭇매를 맞은 중앙일보 기자들과 달리 검찰청사 앞에 도열하지는 않았다는 뜻이다.

국회의원 강효상은 이어 다음과 같이 방 사장에게 양 주필을 '음해'하며 자신의 충성도를 높인다.

> 양상훈이 제대로 된 조선일보 기자라면 사장님께 어떤 어려움이 닥쳐도 대한민국을 지켜달라고 진언해야 합니다. 사장님이 변한 겁니까. 아니면 양상훈이 오버한 겁니까. 그것도 아니라면 양상훈이 정권과 결탁하여 무슨 일을 꾸미려는 것입니까. 도대체 조선일보에 무슨 일이 있는 겁니까. 사실 양상훈의 기회주의적 행각은 어제오늘 일이 아닙니다. TK정권 때는 TK출신이라고 하다가 세상이 바뀌면 보수와 TK를 욕하고 다니질 않나, '삼성공화국'이란 괴담을 퍼뜨려 놓고도 삼성언론상을 받아 상금을 챙겼습니다. 박근혜, 홍준표에 대해서는 그렇게 저주를 퍼부었으면서도 문재인 대통령에게 언제 인신공격을 한 적이 있었습니까? 이런 이중인격자를 두고 있으면 조선일보도 이중인격자라는 소리를 들을 수밖에 없습니다. 이런 패션보수, 거짓보수는 당장 파면해야 조선일보의 명예를 지킬 수 있습니다.

미디어왕국의 추한 속살은 곰비임비 드러났다. 이미 신문사를 떠난 전임 편집국장과 현직 주필 사이에 줄을 누구에게 어떻게 서야 할지 모를 바보는 없다. 바로 다음날에 조선일보 기자들의 익명 게시판에 '홍준표 대표께 보내는 편지'라는 제하의 글이 올라왔다. 강효상이 방상훈에게 보낸 형식을 그대로 따른 셈이다. 당시 당 대표인 홍준표에게 쓴 편지에서 익명의 조선일보 기자는 "당장 강효상 비서실장을 파면하라"며 편집국장을 지냈던 '선배'를 다음과 같이 '고발'했다.

> 강효상 의원은 조선일보 편집국장 재직 시절 기자들에게 악몽과 같은 존재였습니다. 물러난 뒤에도 몇 달도 안돼 권력의 품에 안기어 언론의 공정성을 훼손함으로써 기자들의 자존심에 상처를 남겼습니다. 최근 모 대기업 모녀의 괴성 소리 녹음을 들으며 다시 강 의원의 국장 시절이 떠올라 몸서리쳤습니다. 발악하는 소리와 갑질 양상이 너무나 비슷했기 때문입니다. 홍 대표 옆에서 얼쩡대는 모습이 나올 때마다 트라우마가 떠올라 고개를 돌리곤 했습니다.

여기서 "최근 모 대기업 모녀의 괴성 소리"는 대한한공 조양호 회장의 아내와 딸의 갑질을 이른다. 방송 뉴스에까지 나온 대기업 회장 모녀가 노동인—영어 'worker'의 번역어를 '노동자'보다 더 적실한 말로 바꿔가자는 뜻으로 이하 표기에서 모두 '노동인'—들에게 저지른 괴성은 소름이 돋을 만큼 끔직하다. 그런데 바로 그 괴성을 조선일보 편집국에서 편집국장이 저질렀다는 증언 아닌가.

조선일보 기자는 이어 "언론을 자신의 영달을 위해 농락했던 자가 이번엔 주필 파면을 주장하며 논리도 없는 편지로 북한처럼 언론의 자유를 위협하는 꼴"이라 지적하고 "강 의원은 편지에서 북한 체제가 붕괴하는 것은 불가능에 가까운 일이라며 김정은 체제를 찬양"했다고 비판했다.

거기서 그치지 않는다. 현직 주필의 입장을 옹호하면서 전직 편집국장의 "기회주의적 행각은 어제오늘 일"이 아니라고 강도 높게 비판했다.

강자에 약하고 약자에 강한 성품은 공개편지에도 드러납니다. 조선일보의 언론 자유를 위협하는 이 따위 편지에도 사장에게 아첨하며 이간질을 획책하고 있습니다. 권력에 아첨해 편집국장에서 물러나자마자 몇 개월 만에 비례대표를 받아낸 행실에 대해 부끄러움도 없습니다. 이런 이중인격자를 두고 있으면 홍준표 대표도 이중인격자라는 소리를 들을 수밖에 없습니다. 이런 거짓보수는 당장 파면하고 출당해야 자유한국당 명예를 지킬 수 있습니다. 보수 정당의 조종이 울리지 않도록 이성적인 사람을 기용하기 바랍니다. 자유한국당이 역사에 죄를 지어서는 안 됩니다… 주필에 대한 열등감 때문에 인신공격을 쏟아낸 것은 아닌가 의심스럽습니다. 막말과 인격모독의 패악질 버릇이 쉽게 고쳐지진 않을 겁니다… 있을 때도, 나갈 때도, 나가서도 골칫덩이인 강효상 의원과의 지긋지긋한 인연을 이젠 끝내고 싶습니다. 강효상 의원은 제발 어디 가서 조선일보 출신이라는 말은 입에 올리지 말길 바랍니다. 부끄럽습니다.

방상훈 사장은 주필 양상훈을 파면하지 않았고 강효상도 건재했다. '사실 확인'을 중시한다는 조선일보 편집국장 출신의 두 사람의 논리에 따르면, 양상훈이 재직하는 조선일보도, 강효상이 몸담은 정당도 모두 "가짜"이고 "역사에 죄"를 지은 셈일 터다. 국회의원 강효상과 주필 양상훈의 갈등이 표면화되면서 많은 이들이 방상훈 사장의 위상을 다시 판단할 수 있었다.

미디어 왕정체제 로열패밀리의 갑질

기실 방상훈만이 아니다. 사적 자본이 만든 언론사의 내부는 확연한 피라미드 구조이다. 언론사의 꼭대기에 언론자본이 있다는 당연한 사실을 인식할 때, 우리는 대기업과 언론사 조직이 다를 바 없다는 사실을 새삼 깨닫게 된다.

삼성그룹을 비롯해 한국의 대기업들이 그렇듯이 조선일보를 비롯한 한국의 미디어그룹들 공통점은 '왕정 체제'다. 대기업 '총수'로 불리는 자본가가 기업 내부에서 왕처럼 군림하듯이 언론사에서 언론자본가 또한 왕처럼 자리 잡고 있다.

강효상의 '소동'으로 조선일보 '방상훈 왕국'의 위세가 한껏 높아졌지만, 그로부터 6개월이 안 되어 그 왕의 집안에서 경악스런 사건이 일어났다. 대한항공 '총수 가족'의 갑질 이후 대기업에서 일상적으로 일어나는 자본의 갑질이 잇따라 폭로되던 무렵이었다.

2018년 11월 16일 MBC 뉴스데스크는 조선일보 방상훈 사장의 차남이자 TV조선 방정오 대표이사 전무의 '사택 운전기사'가 갑자기 해고당한 사례를 보도했다. 그의 해고는 방상훈의 손녀이자 방정오의 딸인 초등학교 3학년 아이의 맹랑한 언행에서 비롯했다.

MBC가 "구두 닦고 자녀 학원 등원까지…'폭언' 항의하자 해고"란 제목으로 첫 보도한 뒤 다른 신문과 방송들은 대부분 모르쇠를 놓았다. 방 대표이사 쪽은 딸의 음성을 공개한 MBC에 법적 대응을 검토 중이라고 '엄포'를 놓았다. "공인도 아닌 미성년자 아이의 부모가 원하지 않는데도 목소리를 공개해 괴물로 몰아가는 것은 너무 지나친 보도"라고 강조했다.

하지만 닷새 뒤인 21일 미디어오늘이 녹취록을 공개하고 나서면서 국면이 달라졌다. 충격적인 폭언이 인터넷을 타고 빠르게 전파되며 사회적 공분을 폭발적으로 자아냈기 때문이다.

녹취록을 공개한 미디어오늘은 "귀하게 자란 아이의 철없는 언행으로만 생각하기에는 운전기사에게 내뱉은 폭언의 수준은 상식을 뛰어넘었다"고 밝혔다. "방 전무 딸의 나이를 고려하더라도 우리 사회 엘리트 집단과 오너 일가가 고용 안정성이 취약한 사회적 약자를 어떤 식으로 대하는지 알려야 한다"고 판단한 것이다. 가난하고 힘없더라도 억울한 '갑질' 피해가 더는 없어야 한다고 덧붙였다.

공개된 녹취록에서 초등학교 3학년인 언론자본가의 손녀는 운전하고 있는 쉰일곱 살의 기사에게 다음과 같이 퍼부었다.

"이 아저씨가 보니까 괴물인가, 바본가. 아저씨! 나는 이제 아저씨랑 생활 안 할래."

"아저씨 짤리든 말든, 내가 안 말했으면 아저씨는 해고야. 진짜 미쳤나봐."

"나 지는 사람 아니야 아저씨. 나 말싸움해서 1등 한 사람이야. 나 아저씨 때문에 더 나빠지기 싫거든? 나 원래 착한 사람이었는데 아저씨 때문에 이렇게 나빠지기 싫어."

"그 전 아저씨한테도 그랬지만 너무 못해서. 아저씨가 더 못해. 그 아저씨가 그나마 너보단 더 나은 거 같아."

"일단은 잘못된 게. 니 엄마, 아빠가 널 교육을 잘못시키고 이상했던 거야. 돈도 없어서 병원하고 치과도 못 갔던 거야. 가난해서."

"돈 벌거면 똑바로 벌어. 아저씨처럼 바보같이 사는 사람 없거든?"

"아저씨는 장애인이야. 팔, 다리, 얼굴, 귀, 입, 특히 입하고 귀가 없는 장애인이라고. 미친 사람이야."

"아저씨 부모님이 아저씨를 잘못 가르쳤다. 어? 네 부모님이 네 모든 식구들이 널 잘못 가르쳤네."

"아저씨 진짜 해고당하게. 나 아저씨 보기 싫어 진짜로. 아저씨 죽으면 좋겠어. 그게 내 소원이야. 아저씨 죽어라. 아저씨 진짜 죽으면 좋겠다. 아저씨 죽어라."

방상훈의 손녀는 "국·영·수 교과목 과외뿐만 아니라 글짓기와 성악, 싱크로나이즈, 발레, 테니스 등 잘 짜인 교육과 상류층 엘리트 코스를 밟는 아이"였다. 그런 교육을 받으려고 이동하는 길에 운전기사와 단둘이 있는 상황에서 폭언과 인격모욕이 무시로 일어났다.

손녀가 폭언에 더해 운전 중에 핸들을 꺾기도 해 자칫 사고가 날 수 있다는 생각이 든 기사는 녹음을 해서 방 대표이사의 측근에게 파일을 전했다. 다음 날 방 대표이사의 아내가 딸의 등굣길에 차 뒷자리에 합석했다.

방상훈 사장의 며느리는 교비 횡령 혐의로 재판과 수사를 받던 이인수 수원대 총장의 맏딸이다. 그녀는 딸과 뒷자리에 탄 상태에서 딸에게 사과하라고 다그쳤다. 50대 후반의 운전기사도 서러움이 복받쳐 울면서 '나도 미안하다'고 말했다.

그런데 집에 돌아온 후 방 사장 며느리의 태도는 돌변했다. 주차장에 대기하던 기사를 불러 녹음 파일을 지우고 운전 중 과실로 파손된 차를 고치라고 윽박질렀다는 것이다. 기사는 "사모님이 따듯한 말이라도 해줄지 알았는데 '차 놓고 집에 가세요'라는 말에 집으로 돌아오면서 얼마나 울었는지 모른다"고 하소연했다.

곧이어 디지틀조선일보 인사기획팀장이 해고를 통보해왔다. 디지틀조선일보는 '기사가 사고 처리나 차량 관리에 미숙했고 수행하는 방 대표이사 가족과 관계가 원만하지 않아 시용기간 3개월 내에 근무 종료를 통보했다'고 사뭇 담담하게 밝혔다. 조선일보 쪽의 법률대리인도 "기사와 고용주 사이에 인간적 친밀도가 있어야 하는데 서로 안 맞고 불편하면 자연스럽게 고용관계가 종료되는 경우는 많다"며 해고 사유를 사실상 기사의 책임으로 돌리기도 했다.

녹취록이 공개된 다음날 오후, 방정오 TV조선 대표이사는 사과문을 내며 사퇴했다. 네티즌들의 반응은 짚어볼 만하다.

> (땅콩회항)조현아는 하루아침에 만들어진 게 아니군. 저렇게 떡잎 때부터 연마를 하는군(dhd3****)
> 돈 없고 힘없으면 나이 많은 어른마저 개돼지 취급하는 조선 방가네 클라쓰(neug****)
> 이런 아이들이 교육 잘 받았다고 미국 유학 다녀오고 다음 세대의 사회 지도층이라 거들먹거리겠구나. 조선일보 집안만 과연 그럴까?(jmin****).

미디어오늘이 녹취록을 공개한 뒤 여론은 10살 소녀의 '갑질'을 가능케 한 배경에 주목했다. 사실 문제의 사건을 처음 보도한 MBC 장인수 기자는 뉴스 제작 과정에서 고민이 많았다고 털어놓았다. "운전기사가 해고당한 이유, 바로 그 10살 소녀의 갑질이 나와야 되는데 도대체 그러면 이걸 보도를 어느 수준으로 해야 되는 것이냐를 놓고 굉장히 치열한 논쟁이 있었"다는 것이다. "중학생만 됐어도 별 고민 없이 방송하자고 했을 텐데"라고 보도에 반대하는 기자도 있었고, "10살이니까 오히려 기사가 되는 거"라고 보도에 찬성하자는 기자도 있었다.

보도의 파장은 컸고 여론도 손녀에 집중되지 않았다. 장 기자는 "대한민국 엘리트들, 로열패밀리들이라는 사람들의 수준"이라며 다음과 같이 말했다.

이게 들어왔을 때 기자들이 갑질의 끝판왕이다, 이렇게 얘기를 했었는데 저는 사실 갑질이라는 표현으로 다 표현이 안 되고 계급질이라고 생각한다. 갑질이 끝까지 가면, 갑질이 극단화가 되면 결국 그 마지막 단계는 신분제 사회, 계급사회가 있는 거고. 이 사람들은 이미 우리가 모르는 사이에 그 세계를 만들어놓고 그렇게 살고 있었던 거다.

문제는 여기서 그치지 않는다. 첫 보도 이후 포털에서 관련 기사 검색이 어려웠다. 미디어오늘이 녹취록을 보도하기 전까지 종합일간지와 방송사 가운데 사건을 보도한 언론사는 경향신문, 세계일보 정도였다. 네티즌들은 당연히 "우리가 남이가?"라고 희화적으로 되물으며 대기업 갑질은 보도하더니 왜 조선일보 손녀 기사는 보도 안 하는지 추궁하는 글들을 올렸다.

그런데 왕국을 이룬 언론사가 어떤 일을 저지를 수 있는지를 보여주는 상징적 사건은 조현오 전 경찰청장의 증언에서 찾을 수 있다. 그는 2018년 7월 17일 방송된 MBC PD수첩에서 '장자연 사건' 수사를 하던 중에 조선일보로부터 협박을 당했다며 구체적 대화 내용을 증언하고 나섰다.

조선일보는 정권을 창출시킬 수도 있고 정권을 퇴출시킬 수도 있다.

이른바 '장자연 사건' 수사 때 조선일보 편집국 간부가 찾아와 조현오 당시 경기경찰청장을 협박했다는 말이다. 하도 거칠게 항의해서 '심각한 위협'을 느꼈다고도 했다. 사건의 발단은 2009년 3월 배우 장자연이 자살을 하며 남긴 문건으로 거슬러 올라간다. 자신의 원통함을 호소한 문건에는 연예인으로 당한 '성적 학대'들이 담겨 있었다. 장자연은 소속사 대표의 강권으로 '룸살롱 술접대, 성상납'을 강요받았고 소속사 사무실 3층에 있는 VIP 접대 방에 갇혀 대표에게 폭언과 폭행을 당해왔다고 고발했다. 문제의 문건에는 '2008년 9월경 조선일보 방 사장이라는 사람과 룸싸롱 접대에 저를 불러서 방 사장님이 잠자리 요구를 하게 만들었다'는 내용이 들어 있었다.

당시 사건을 수사하던 경기지방경찰청에 재직했던 조현오 전 경찰청장이 수사 중에 조선일보로부터 협박을 당했다고 방송에 나와 주장하자 조선일보는 곧장 입장문을 발표했다. 조선일보는 "당시 수사팀에 대해 어떠한 압력도 행사한 사실이 없다"며 법적 대응 방침을 밝혔다. 실제로 PD수첩에 6억 원, 미디어오늘에 4억 원, 조 전 청장에게 3억 원 등 모두 13억 원의 손해배상과 정정 보도 청구소송을 제기했다.

결국 2019년 5월 8일 서울서부지방법원 민사12부 심리로 민사소송 재판이 열렸다. 증인으로 출석한 조현오는 경기경찰청장으로 사건을 수사했던 "2009년 3~4월 쯤 이동한 당시 조선일보 사회부장이 경기지방경찰청으로 직접 찾아와 다음과 같이 말했다고 또박또박 거듭 증언했다.

> 조선일보를 대표해서 말씀드린다. 우리 조선일보는 정권을 창출할 수도 있고, 정권을 퇴출시킬 수도 있다. 이명박 정부가 우리 조선일보와 한판 붙자

는 겁니까?

조 전 청장은 10년 전 일이라 이 전 부장이 찾아온 날짜는 정확히 기억하지 못하지만, 당시 느꼈던 감정은 또렷하게 기억한다면서 "제가 살면서 가장 충격받았던 사건 중 하나"라며 매우 당황스러웠다고 진술했다.

당사자로 지목된 '사회부장'은 부인했다. 분명한 사실은 어쨌든 방상훈 사장이 경찰서에서 조사받지 않았다는 점이다. 경기지방경찰청 수사관들이 조선일보사로 찾아가 '방문 조사'를 했다. 조현오의 진술처럼 "굉장히 이례적이고 파격적인 것"이었다. 2009년 4월 23일 경기지방경찰청 경찰의 방 사장 방문조사에 경찰청과 서울지방경찰청을 담당하는 조선일보 기자 2명이 배석한 것도 '특별한 일'이다.

경찰의 '피의자 방상훈' 조사는 조선일보사 회의실에서 35분 만에 간단히 끝났다. 경찰청과 서울경찰청 출입기자들이 녹음기를 켜놓고 '사장님 옆'을 지키고 있었다고 한다. 경찰이 조사한 것이라기보다 받아쓰기에 가까웠다고 보는 것도 무리는 아니다. 심지어 조 전 청장은 장자연 사건과 관련해 수사 초기부터 조선일보 측에 수사 내용을 상세히 알려줬다고 진술했다. 그는 "대통령하고 전혀 관련도 없는 사건을 가지고 경기지방경찰청에서 사건 처리를 잘못해서 정권 퇴출 퇴진 운운하는 식의 부담을 줘서는 안 되겠다고 생각했다"고 답했다.

장자연 문건 속의 '조선일보 방 사장'의 실체는 아직 확정되지 않았다. 법무부 검찰과거사위 조사단에 따르면 문건 속 '조선일보 방

사장'은 방상훈 사장의 동생인 방용훈 코리아나호텔 사장, '방 사장 아들'은 방정오일 가능성이 높다.

당사자들의 증언이 엇갈리지만 "우리 조선일보는 정권을 창출할 수도 있고, 정권을 퇴출시킬 수도 있다"는 말은 딱히 사회부장이 아니더라도 '조선일보 왕국'의 일반적 정서라고 보는 관측이 언론계에선 지배적이다.

정권 창출과 퇴출 들먹이는 언론사의 황제 경영

왕국의 편집국장과 주필은 언론귀족이다. 실제 왕정과 다른 것은 왕만 혈연으로 이어진다는 점이다. 귀족들은 혈연으로 이어지지 않는다. 유신체제 때 선우휘 주필의 아들처럼 대를 이어 왕국에서 일하기도 하지만 보편적 현상은 아니다.

평기자를 '언론 귀족'으로 임명하는 권한은 전적으로 자본가에게 있다. 우리가 짚어본 송희영과 강효상, 양상훈은 모두 편집국장을 지낸 고위 언론인이다. 평기자에서 편집국장 또는 주필에 이르기까지 그들을 발탁한 것은 다름 아닌 언론자본가다.

삼성그룹의 이건희가 '황제 경영'을 했듯이, 사적 자본이 자자손손 세습해온 언론사의 내부는 자본의 왕국이다. 언론자본가의 심기를 건드리는 기자는 살아남지 못한다. '그 분'의 시각을 재빠르게 체화한 기자는 편집국장과 주필과 같은 자리에 올라 '언론 귀족'으로 살아갈 수 있다. 귀족 작위가 그렇듯이 언론 귀족들은 송희영처럼 신문사의 이미지에 치명적 손상을 입히지 않는 한, 더러는 여든 살을 넘을 때까지 신문사에서 일하며 돈을 벌 수 있다. 물론 적잖은 기자들은 일찌감치 '구조조정' 당한다.

비단 조선일보만이 아니다. 특정 가문이 지배하는 언론사는 저마다 왕국이다. 그 왕정 아래 귀족들의 지배를 받는 '신민'들이 바로 '기레기'로 손가락질 받고 있는 평기자들이다. 미디어 리터러시가 기업으로서 언론사 내부, 그 미디어왕국의 내부 살풍경을 투시해야 할 이유다.

2/ 미디어 공론장의 구조적 왜곡

> "아래로부터 민중의 요구와 단절된 원형적 '갈등 구조'가 일제 강점기와 해방공간의 미군정기, 이승만 독재와 군부독재 시대를 거치며 변함없이 지속되었다. 아래로부터 이를 해소하려는 흐름도 면면히 이어졌다."

조선일보를 비롯한 미디어왕국의 내부를 살펴본 우리에게 다음 과제는 왜 그런 살풍경이 빚어졌는지에 대한 이해다. 그때 적실한 개념이 미디어와 민주주의의 관계를 파악하는 이론적 도구로서 공론장이다. 공론장은 종종 미디어에 오가는 말이지만 미디어 리터러시를 위해—이 책의 주제인 미디어 역량의 혁명적 전환을 위해서는 더욱—정확히 짚고 갈 필요가 있다.

독일 철학자 위르겐 하버마스가 창안한 개념 'Öffentlichkeit'(public sphere)는 국내에 소개될 때 '공공영역', '공론의 장', '공중장'으로 다양하게 번역되어 왔지만, '개개인들이 토론과 논의를 통해 여론을 형성하는 마당'이라는 의미에서 '공론장'으로 정착되었다.

공론장은 민주주의와 떼려야 뗄 수 없는 개념이다. 신분제도를 뼈대로 한 중세체제와 달리 민주주의가 모든 구성원의 자유와 평등을 전제로 한다면, 민주라는 말 뜻 그대로 민을 주인으로 하는 사회이기에 민중people의 의사가 국가 영역에 얼마나 투입되느냐가 핵심적 관건이라면, 그 민중의 의사가 표출되고 토론이 이루어지는 마당으로서 공론장의 중요성은 더 말할 나위가 없을 것이다.

역사적으로도 공론장은 유럽에서 자본주의와 함께 민주주의가 형성되는 기반이었다. 카페나 선술집으로 시작해 '문예'를 거쳐 신문과 정당, 의회로 전개된 공론장은 과거의 비합리적 정치체제를 허물고 시민사회를 등장시킨 기본 조건이었다. 공론장 개념은 그 뒤 한 사회의 민주주의가 얼마나 성숙했는가의 물음과 맞물려 역사학과 사회학 그리고 언론학에서 큰 주목을 받았다.

현대사회를 움직이는 여론을 형성하는 마당에서 가장 큰 영향력을 지닌 것은 언론이다. 하버마스도 신문을 '공론장의 가장 탁월한 제도'라고 평가했다. 기실 언론은 그 자체가 하나의 공론장이면서 다른 공론장들을 서로 소통시킬 수 있기에 중요하다. 현대사회에서 공론장은 미디어에 의해 생산되는 '미디어 공론장'의 성격을 지닌다고 보는 이유다.

미디어 공론장을 주도하는 언론에 불신이 높아가는 상황은 비단 신문사나 방송사의 위기가 아니라 민주주의 위기이다. 실제로 그 위기는 구체적 삶의 현실에서 갈등과 분열의 심화로 나타나고 있다. 바로 이 지점에서 한국 사회의 공론장, 특히 미디어 공론장을 역사적 뿌리부터 탐색하는 과제가 제기된다. 공론장의 왜곡이 한국 저널리즘은 물론, 한국 민주주의가 풀어야 할 오랜 숙제라면, 왜곡이 어디에서 연유하는 것인지 냉철하게 성찰하고 분석해 보아야 한다. 공론장은 '여론정치의 조건'이자 '민주공화국의 기초'이기 때문이다.

공론장 형성의 역사

먼저 민주주의가 더 일찍 제도화된 유럽에서 공론장이 어떻게 형성되었는가를 톺아보자. 미디어 공론장의 '맏형'인 신문이 어떤 정치경제적 배경에서 만들어졌는가를 이해하는 일은 단순한 역사적 지식의 문제가 아니라 오늘의 미디어 리터러시와 직결되어 있다. 유럽에서 일어난 인쇄혁명, 곧 구텐베르크혁명을 정확히 이해할 때 21세기 미디어혁명을 좀 더 정확히 파악할 수 있기에 더 그렇다.

15세기 초반에 유럽은 토지를 소유한 영주계급이 농노를 부리며 기독교 성직자들과 더불어 지배세력을 이루고 있었다. 유교, 특히 주자학에 바탕을 둔 양반계급이 지배했던 조선시대와 다를 바 없었다. 당시 조선은 세종이 통치하던 시기였다. 차이점은 중앙집권 체계를 이미 확고하게 갖춘 조선과 달리 유럽의 여러 지역은 봉건영주들로 분권화되어 있었다는 점이다. 그 점에서 조선은 중세의 기준으로 본다면 유럽보다 앞선 '선진 체제'였다.

조선과 달리 분권화되어 있던 유럽에서는 상인과 수공업자들이 서서히 세력화해나갈 수 있는 틈이 있었다. 일찌감치 중앙집권 체계를 완성한 조선왕조의 양반계급들이 '사농공상'이라는 엄격한 이데올로기적·물리적 통제로 상인과 공인들을 '효율'적으로 억압했던 사실과 대조적이었다.

서유럽의 분권화된 질서 속에서 농지를 떠난 상인들 사이에 교역이 퍼져가고 농기구를 비롯한 생필품, 칼이나 창, 방패, 수레를 만드는 공인(수공업자)들도 활기를 얻어갔다. 늘어나는 상품이 다시 상인들의 교역활동을 확대하는 순환 구조가 시장을 점점 넓혀갔다.

무엇보다 항해술의 발달을 바탕으로 아메리카 대륙의 자원을 사실상 약탈하는 '무역'이 활발하게 벌어지면서 시장이 급속도로 팽창했다. 15세기 후반에 이르러 상인과 수공업자들을 중심으로 상업과 제조업이 급성장했다. 특히 인쇄업과 제지업은 당시 그 일에 종사한 공인들이 의식했든 아니든 단순한 제조업 이상의 의미를 담고 있었다. 가령 1517년부터 1520년 사이에 30판을 거듭한 마르틴 루터의 '95개조 의견서'는 30만 부 넘게 팔렸다. 만일 인쇄업자들이 없었다면 '면죄부'를 조목조목 비판한 루터로부터 불붙은 종교개혁은 퍼져가지 못했을 가능성이 높고 그만큼 유럽에서 중세체제는 더 지속되었을 터다.

인쇄술이 개발되고 제지술이 보급되면서 독일, 이탈리아, 네덜란드, 스페인, 영국에서 비정기적인 인쇄 신문이 선보이기 시작했다. 상업 자본을 중심으로 한 교환경제가 발전하던 1536년, 베니스에서 최초로 정기적 생산(발행) 꼴을 갖춘 신문이 등장했다. '가제트'가 그것이다. 당시 베니스는 동서양의 교통 중심지이자 중계지였다. 곧이어 독일에서도 주간신문 '레라치온'이 본격적으로 발행되었고 네덜란드, 이탈리아, 영국으로 주간신문 창간이 곰비임비 이어졌다. 초기에는 상업 정보만 담았지만 어느 순간부터 정치적 주장까지 '정보'로 담기 시작하면서 서서히 오늘날의 신문 꼴을 갖춰 갔다.

17세기 후반에 우편제도가 발전하면서 날마다 배달이 가능해지자 드디어 일간신문이 등장했다. 1650년 독일의 라이프치히에서 서적 상인이 세계 최초의 일간신문 '아이코멘데차이퉁'을 발행했다. 그 뒤 유럽의 여러 나라에서 일간신문이 줄이어 출현했다.

상공인들은 인쇄업과 제지업을 바탕으로 새로운 사업 영역인 '신문업'을 개척했고, 신문이 상업적으로 성공하자 그것에 상품 정보를 넘어 자신들의 이해관계가 깔린 정치사회적 정보와 의견을 '뉴스'로 담아갔다. 뉴스가 교류되면서 상공인들은 그동안 카페나 선술집에서 의견을 나누고, 개개인의 편지 교환과 저작 활동으로 주장하던 정치적·사회적 담론을 신문이라는 정기적 발간물에 실을 수 있었다. 신문이라는 공론장을 통해 상공인들은 국가의 정치적 의사결정 과정의 한 주체로서 당당하게 참여하기 시작했다. 그 지점에서 공론장은 '여론'의 개념과 맞물려 있다.

사적 개개인들이 합리적이고 비판적인 토론으로 여론을 형성하는 공간인 공론장의 등장으로 중세시대 전제군주의 자의적 지배가 아닌 여론에 의한 정치, 민주주의라는 새로운 길이 비로소 열렸다. 왕권을 정점으로 한 중세 신분제 사회를 벗어나 근대 민주주의 사회를 형성해가는 과정에서 사회구성원들은 공론장을 적극 활용하며 보통 선거권은 물론, 언론·출판·집회·결사의 자유를 쟁취해갔다.

공중으로 결합한 사적 개인들—엄격한 신분제도 아래서는 존재할 수 없었던 인간 유형—은 '문예 공론장'(편지 교환에서 시작해 저작 활동까지)을 통해 중세 질서를 비판하는 연장선에서 신문이라는 미디어 공론장을 만들었고 정당을 제도화해갔다. 자유, 평등, 우애의 담론이 공론장을 통해 사람들에게 진리와 법의 정신으로 뿌리 내려감으로써 근대 국가의 헌법과 헌정국가 이념을 정립할 수 있었다.

근대사회를 연 시민혁명 과정에서 신문을 비롯한 인쇄 미디어가 크게 기여한 것은 보수와 진보의 사관 차이를 넘어 엄연한 사실이다. 바로 그렇기에 미디어를 정치현상이나 경제현상 어느 하나로 읽기란 옳지 않다. 대중매체는 명백하게 '정치경제 현상'으로 나타났고 지금도 그렇다.

한국사의 공론장: 갈등구조론

그렇다면 한국에서 공론장은 언제 형성되었을까. 그 물음은 한국사에서 중세 신분제 체제를 넘어서려는 움직임은 어떻게 나타났을까와 이어진다.

한국의 '공론장 형성기'가 지닌 특성을 분석하기 위해서는 먼저 조선 후기 공론장의 맹아부터 파악해야 하고, 이를 위해 조선시대의

'공론' 구조에 대한 전반적 이해가 필요하다. 조선왕조가 건국 원년의 《태조실록》에서부터 공론을 '천하국가의 원기元氣'라 규정한 데서 확인할 수 있듯이, 공론의 이념은 언로言路 사상이나 간쟁諫諍의 정신과 더불어 통치 체제를 밑받침한 이데올로기였다. 하지만 자급자족적인 농업을 중시하고 공업과 상업을 천시했기 때문에 이 시기의 '공론'이 지닌 커뮤니케이션의 한계는 뚜렷했다.

조선의 양반계급이 백성을 위한다며 내세운 '민본정치' 또한 '군자는 생각이 자신의 위치에서 벗어나지 않아야 한다'君子 思不出其位는 《논어》의 사고에 머물러 있었다. 조광조와 이율곡이 공론을 중시했지만, "공론이 조정에 있으면 나라가 치治한다"는 율곡의 말에서 드러나듯이, 그들이 갖는 공론은 백성들의 여정輿情이 접근할 수 없는 신분적 제약성을 가지고 있었다. 조정의 언관 또한 사림이라 불린 선비사회에 근거를 둔 여러 당파들의 당리당략에서 자유롭지 못한 실정이었다. 양반들은 토지와 신분에 더해 유학을 중심으로 자신들의 커뮤니케이션 단위를 형성함으로써 기득권을 안정적으로 유지하고 지배층으로 뿌리를 깊숙이 내려갔다. 요컨대 조선의 공론 구조는 '사대부 계급만을 위한 공론권'으로 폐쇄적이고 중앙 지향적 성격을 벗어나지 못했다.

하지만 임진왜란과 병자호란을 거치면서 조선 사회는 전환점을 맞는다. 농업에서 생산력의 발전에 따른 신분제 질서의 동요와 부의 축적에 따른 상업과 수공업, 광업의 활성화는 그에 걸맞은 커뮤니케이션 체계를 요구할 수밖에 없었다. 조선왕조 스스로 '변화'를 의식해 공론에 참여할 수 있는 범위를 확대함으로써 여론을 수렴하는 모습을 보인 것도 그 때문이다.

특히 정조는 백관들로부터 백성에 이르기까지 다양한 사람들의 의견을 수시로 청취하기 위해 구언求言의 교서를 내려 상소문을 요구했다. 서계書啓와 언계言啓를 통해 관료들의 의견을 듣고, 거리에서 하층민들의 호소를 직접 청취하기도 했다. 지방에 암행어사 파견까지 형식과 내용에 구애받지 않고 여론을 조사하고 수집했다. 백성들의 원망과 분노를 통제하기 위해 신문고를 다시 만든 영조에 견주어 한 발 더 들어간 셈이다.

신하들의 반대가 컸음에도 정조가 백성의 의견을 직접 듣는 기회를 대폭 늘림으로써, 백성이 말로써 군주에게 직언할 수 있는 '격쟁' 제도에 제한이 없어졌다. 정조는 죽기 2년 전인 1798년에 삼남의 수령들에게 민은民隱(백성들에게 가해진 폐단)에 관련되는 모든 사실을 낱낱이 보고하라는 '윤음'을 내리기도 했다. 민의가 상달될 수 있는 통로를 적극 제도화하여 사회문제를 파악하는 한편, 새로 성장하는 사회세력을 체제 내로 흡수해서 사회를 안정시키려는 의도였다. 실제로 국왕의 여론 수렴 대상과 폭은 이전 시기에 비해 크게 확대되었다. 민의 수렴 과정에서 드러나는 새로운 여론의 향방을 파악할 수 있는 기회를 갖게 된 것은 당시 사회가 이룬 '성과'였다.

30명의 수령들이 정조에게 올린 보고서를 통해 우리는 이미 정조 시대에 군역과 전정田政, 환곡還穀의 폐단이라는 삼정三政 문란으로 민중의 고통이 극심했다는 사실을 생생하게 들여다볼 수 있다. 그럼에도 정조 사후 조선의 정치 지배세력은 자신의 이권만 챙기는 '세도정치'로 치달았다. 19세기에 민중들의 항쟁이 줄기차게 일어난 이유이다. 〈춘향전〉을 비롯한 판소리의 방각본이 발간되고 유포되면서 아래로부터 의사 표현의 욕구가 커져가고 민중 봉기가 곳곳에서 일어나던 1870년대에 조선은 개항을 맞았다.

사농공상의 엄격한 서열 속에서 상인과 공인을 억압하는 강력한 중앙집권 체계—그것이 신문의 탄생을 늦추는 가장 큰 요인이었다. 상공인들이 힘을 모아 세력화할 틈이 보이지 않았기 때문이다—를 형성했던 조선 사회에 변화의 파고가 높게 일었다.

1883년 첫 근대 신문으로 한성순보가 조선 사회에 등장했다. 개화파가 주도해 창간했지만 일본의 권유와 도움 아래 신문이 발행된 사실에 유의할 필요가 있다. 조선의 개화파에게 신문 발행을 권유한 인물은 일본 메이지유신의 이데올로그 후쿠자와 유키치였다. 그는 조선의 개화파와 연계를 통해 일본의 영향력을 확대하려는 의도로 박영효에게 접근해 신문 발행을 적극 권했다. 실제로 후쿠자와의 제자들이 박영효의 귀국 때 함께 조선에 와 한성순보 창간에 참여했다. 그 결과 한성순보의 지면은 왜곡될 수밖에 없었다. 제국주의 열강의 침략적 성격을 독자에게 알려 주기는커녕 중국(청)에만 비판적이고 영국·미국과 일본에 우호적인 보도가 대다수였다.

게다가 한성순보는 관보였기에 신문 제작의 물적 토대가 정부였으며 편집을 맡은 기자들도 모두 관리 신분이었다. 한성순보 스스로 지면(5호, 1883년 11월 11일 자)을 통해 "정치 사회에 이익이 되지 않는 한사만설閑辭慢說 같은 것은 일체 게재하지 않고 관보의 체제를 유지할 것"이라고 밝혔다.

요컨대 한국 최초의 신문 한성순보는 밖으로부터 영향, 곧 외세에 대한 인식이 투철하지 못했고 위로부터 만들어진 관보의 성격으로 말미암아 아래로부터 민중의 열망을 담아갈 수 없었다. 문제는 첫 근대 미디어의 등장에 나타난 그 구조적 성격이 한국 언론의 역사적 전개 과정에서 줄곧 관철되어갔다는 데 있다. 그것은 우리 사회 내부에서 자주적으로 근대 정치경제체제를 형성하지 못한 자연스러운 귀결이다. '중세의 신분제에 바탕을 둔 폐쇄적 커뮤니케이션 구조를 벗어나 모든 사람이 자유롭고 평등하게 참여해서 여론을 형성하는 마당'으로서 공론장 개념으로 본다면, 박영효·유길준을 비롯한 개화파는 외세로서 일본을 경계는커녕 의도했든 아니든 친일의식을 심어갔고 '국민'을 계몽의 대상으로 바라보는 한계에서 벗어나지 못했다.

조선왕조 시대가 저물어갈 무렵에 향회가 민회로 이어지고 또 그것이 갑오농민전쟁 시기에 집강소라는 정치적 공론장으로 결실을 맺었음에도, 개화파와 그들의 대변지였던 근대 신문들은 아래로부터 민중의 요구를 시종일관 적대시하거나 외면했다. 결국 한국의 근대 공론장은 밖으로부터 형성됨으로써 아래로부터 민중 요구를 배제해 공론장 자체의 결정적 한계를 지니게 되었다. 조선 사회 내부에서 움튼 공론장의 맹아가 자라나 근대 공론장을 온전히 형성하기 전에 자본주의 열강과 부딪쳤고, 그 결과 한국 공론장은 자주적 발전의 길을 걷지 못했다.

근대 언론의 생성문제를 두고 그동안 언론학계에서는 이식론과 접목잡종론이 대립되어왔다. 이식론은 "서구의 근대 신문은 어떠한 시원으로부터 출발해서 봉건사회의 커뮤니케이션 형태로 형성되어진 뒤에 다시 자연발생적으로 근대사회의 근대 신문으로 발전·성립되어진 것인 데 반하여, 비서구사회의 근대 신문은 그 전반적 근대화 과정에서 있어서와 마찬가지로 인위적·인공적 또는 타율적 노력에 의하여 비자연발생적으로 부식되어진 것"이라고 설명한다. 언론사학계에서 가장 일반화된 이식설에 의문을 제기한 연구자들은 "이식설처럼 서구사회의 근대적 언론 문물을 받아들여 생성된 것은 사실이지만, 이를 그대로 이식해서 부식시킨 것은 아니며, 그것을 능동적이고 선별적으로 수용하고 또한 우리의 전통적 신문 현상에 접목시켜 우리 나름대로 한국화해서 일본이나 중국 또는 미국의 근대 신문들과는 그 특성이 다른 독특한 한국적 신문으로 생성되었다고 보는 것이 오히려 더 타당하다"고 주장한다. '한국의 전통적 신문 현상'으로 조선시대 '조보'를 들고 그것에 '외래의 근대 신문 문물'이라는 '접'을 붙임으로써 근대 신문이 생성되었다는 설명이다.

접목론은 이식론에 내포된 조선 사회 내부의 연속성을 강조했다는 점에서 큰 의미가 있다. 하지만 근대 신문의 현상을 중세시대의 조보와 "접목시킴으로써 우리 근대 신문은 서양의 근대 신문과 우리의 전통적 신문 현상의 중간의 형질을 지니게 된 잡종"이라는 분석에서 멈추고 있다. 이에 따라 접목잡종론은 조보와 '접목'된 신문이 근대사회의 바탕인 공론장과 빚을 수밖에 없는 갈등을 파악하기 어렵다. 이식론과 접목잡종론은 역사 현상에 대해 제도적 변화에만 연구를 한정함으로써 현상이 지닌 사회구조적 변화를 간과하고 있다는 공통점을 지닌다.

그런데 한국에서 공론장 생성은 유럽과 다른 길을 걸었다는 사실에 주목할 필요가 있다. 유럽에서 공론장은 카페와 선술집에서 시작해 문예 공론장을 거쳐 신문을 통해 중세 신분제 체제를 무너뜨림으로써 근대 민주사회를 여는 데 핵심적 구실을 했다.

한국에서 공론장의 출범은 전혀 달랐다. 조선 사회 내부에서 싹트고 있던 주막과 여항의 공론이 문예 공론장으로 발전하고 이것이 향회와 민회의 정치적 공론장으로 전개되고 있었지만, 마지막 단계인 신문을 자주적으로 만들지 못했다. 중세 체제의 내부에서 지배세력의 한 당파인 개화파의 필요성과 외세의 의도가 맞아떨어져 신문이 창간됨으로써, 아래로부터 형성된 유럽의 공론장과는 큰 차이를 보였다. 이는 서양의 신문 개념을 조선에 처음 소개하고 신문 창간에 깊이 관여한 유길준의 글에서도 엿볼 수 있다. 유길준은 "신문사의 역할이 국가를 위하여서는 간관諫官의 직책을 다하고 있으며 우리 사회를 향하여서는 사필史筆의 구실을 하고 있다"고 설명함으로써 중세시대의 사관이나 간관의 연장선에서 근대 신문을 바라보고 있다. 그 결과 "만약 신문사가… 망령되게 국가의 법령을 논란하고 사람들의 언행을 비판"하면 "정부가 내리는 벌을 면하기 어렵다"고 주장하거나, 심지어 "나라를 존중하고 임금을 사랑하는 데에 정성을 다하는 글은 세상 사람들의 충성심을 고무시키게 된다"고 왕에 대한 충성을 강조했다.

반면에 '국민'에 대한 인식은 전혀 다르다. 유길준은 "국민의 언론에 대한 관심을 널리 진작하여 야비하고 비루한 습속이라든가 더럽고 지저분한 습관이라든가 속이거나 거짓된 행실이라든가 불공평한 조치 등등을 대중을 상대로 여론화하여 논박하며 또는 신문지상에 열거함으로써 지탄하여 국민들로 하여금 이러한 논박과 지탄을 꺼리게"해야 한다면서 "국민의 지식이 부족한 나라인 경우, 갑작스럽게 그 나라 국민들에게 국정참여권을 주어서는 안 된다"고 못박았다. 공론장의 개념—중세의 신분제에 바탕을 둔 폐쇄적 커뮤니케이션 구조를 벗어나 모든 사람이 자유롭고 평등하게 참여해서 여론을 형성하는 마당—에서 본다면, 박영효·유길준을 비롯한 개화파는 '국민'을 계몽이나 교육의 대상으로 바라보는 한계에서 벗어나지 못함으로써, 아래로부터 맹렬하게 형성되고 있었던 공론장과 중세 신분 체제를 변혁하려는 열망을 적대시하게 되었다.

신문이 근대 사회를 열어나가는 데 공론을 모아간 '유럽의 길'과 달리 아래로부터 공론화 요구와 갈등 구조를 이룬 것이 '한국의 길'이었다. 한국 저널리즘이 '발생'할 때, 아래로부터 올라오는 열망을 표출하는 공론장이 아니라 아래로부터 백성이나 의병들의 요구를 적대시하는 '구조'가 형성된 것이다. 저자가 한국 언론의 생성을 종래의 이식론이나 접목잡종론과 달리 '갈등구조론'으로 학술지에 제시한 이유다.

최초의 민간지로 평가받는 독립신문도 갈등 구조에서 벗어나지 못하고 의병을 내내 '비도'로 보도했다. 외세와 손잡은 위로부터 아래를 배제하면서 신문이 발행되며 형성된 공론장이 한국 언론의 '원형 구조'가 되었다. 5.18민중항쟁을 폭도로 보도한 언론은 의병을 비도로 보도한 독립신문—한국 언론이 그 창간일 4월 7일을 신문의 날로 기념하고 있을 만큼 학계에서 긍정적 평가가 지배적인 신문—으로부터 얼마나 독립해있는가?

개화파들은 '개화'의 과정에 민중의 참여를 원천적으로 봉쇄했다. 공론장 진입이 가로막힌 민중의 집단행동이나 봉기에 대해선 단호하게 응징했다. 심지어 외세인 일본과 손잡는 일도 서슴지 않았다. 동학농민들의 대량 학살과 전봉준 처형이 대표적 보기다.

개화파들이 제국주의를 오판했을 뿐만 아니라 아래로부터의 참여를 배제함에 따라 민중들을 끌어안고 민족운동을 전개하는 것은 처음부터 기대할 수 없었다. 그 점에서 개화파 신문들이 주도한 공론장은 아래로부터 민중의 요구를 담아내지 못함으로써 '공론장 아닌 공론장'이 되고 말았다.

3·1봉기와 지하신문

개화파들의 공론장에서 일본에 대한 경계의식이 시나브로 사라지던 1910년 조선왕조는 무너졌다. 일제는 조선 민중의 국권을 빼앗은 뒤 통감부를 총독부로 개편 확대하면서 식민지 지배에 들어갔다. 곧바로 언론·출판·집회 및 결사의 자유를 박탈했다. 러일전쟁 뒤 때늦게 민중의 요구를 담아내던 신문들을 폐간한 것은 더 말할 나위 없다. 총독부는 항일 색채가 가장 뚜렷했던 대한매일신보에서 '대한'을 빼고 총독부 기관지 매일신보를 만들었다. 사실상 한글로 발행되는 유일한 신문이었다. 반면에 일본어 신문은 경성일보를 비롯해 대도시에서 총 16개를 발행했다.

조선 민중은 자신을 표현할 미디어를 지니지 못한 상황에서 동학의 후신인 천도교 조직을 기반으로 1919년 3월 1일 조선독립을 선언하고 강력한 독립운동을 펼쳤다. 흔히 3·1'운동'으로 규정하고 비폭력을 강조하지만 3월 1일 독립만세운동으로 시작한 봉기는 거대한 물결을 이루었다. 집회 1,542회, 참가 인원 202만 3,089명에 이른다. 사망자와 부상자 수를 보면 봉기의 규모를 충분히 짐작할 수 있다. 사망자 7,509명, 부상자 1만 5,961명에 이르렀다. 5만 2,770명이 일제에 체포되었다.

대대적인 만세운동의 이면엔 지하신문들의 활약이 컸다. 전봉준과 의형제를 맺은 아우이자 천도교 지도자였던 손병희는 독립선언과 동시에 조선독립신문을 인쇄해 배포토록 지시했다. 조선독립신문은 1919년 3월 1일 자로 독립선언서와 함께 천도교 본부가 경영하는 보성사에서 발행됐다. 조선독립신문은 그 제호에서도 또렷하게 드러나듯이 독립선언이라는 역사적인 사실을 보도하고 앞으로 전개 과정을 전체 민중에게 전달하기 위한 민족적 사명을 스스로 담당하고 나섰다는 뚜렷한 의미를 갖는다.

조선독립신문이 전국 곳곳에서 재발행되며 유포된 사실은 공론장을 형성하려는 아래로부터 민중의 요구가 불붙었음을 뜻한다. 신문과 더불어 "독립 만세"의 부르짖음이 전국적으로 번져갔다. 신문을 만들며 민중을 우매하다고 낮춰보았던 개화파 인사들이 하나둘씩 친일파로 변절해갔을 때, 민족독립에 나서고 신문을 만들어 간 주체들은 바로 그들이 무지몽매하다고 업신여겼던 민중이었다.

조선독립신문이 물꼬를 트자 50여 종의 지하신문들이 곰비임비 선보였다. 총독부 기관지 매일신보가 3·1 독립만세운동을 단순한 소요사건으로 가볍게 다룬 것과 정반대로 '지하신문'들은 삽시간에 조선인들에게 절대적 영향력을 끼쳤다. 일제는 손 놓고 있지 않았다. 33인의 대표 손병희를 3월 1일 곧장 체포했고 조선독립신문 발행인 윤익선도 당일 오후 6시에 긴급 구속했다. 보성사를 폐쇄한 데 이어 인쇄공장 감독 김홍규까지 체포해 신문 발행을 불가능하게 만들었다. 그러나 조선독립신문은 장소를 옮겨가며 등사판으로 계속 발행됐고, 체포되면 또 다른 사람들이 등사판 신문으로 속간했다. '게릴라식 신문 발행'이라고 평가할 수 있다.

일제는 새로운 총독을 임명하며 그해 8월부터 이른바 '문화통치'로 전환했다. 가장 대표적인 '회유책'이 한국인에게 한글판 '민간 신문' 발행을 허용하겠다는 정책이었다. 한국인에게 한글 신문의 발행을 허용한다고 발표하자 한국의 '유지'들은 경쟁적으로 나섰다. 신문지법에 따라 발행 허가를 얻기 위해 총독부에 신청서를 제출했다.

그 결과는 일제가 계획한 대로였다. 공식 '허가'를 받아 3개 신문이 창간되는 과정에서 지하신문들은 탄압받아 소멸하고 말았다. 1920년에 들어서서 조선일보, 동아일보, 시사신문이 창간되었다. 발행 허가 내용에서 볼 수 있듯이 조선일보와 시사신문은 각각 '조일동화주의'朝日同化主義 단체인 대정실업친목회장 예종석과 '신일본주의'를 내세운 국민협회의 협성구락부파協成俱樂部派 이동우 명의로 발행을 허가받았다. 동아일보는 총독부 기관지인 매일신보의 편집주임을 지낸 이상협을 발행인 겸 편집인으로 내세워야 했다. 조선 민중에게 한글 신문 허용으로 공론장이 열렸다고 하더라도 온전한 것은 전혀 아니었음을 확인할 수 있다.

당시 일본 고등경찰과장의 다음과 같은 진술은 왜 일제가 민족진영에 동아일보 발행을 허가했는지 드러내준다.

> 동아일보를 한다는 청년들이 장래 조선의 치안을 소란케 할 것인가 안 할 것인가를 판가름하는 중심인물들임에도 틀림없다. 그럴수록 이런 인물들을 항상 한자리에 모이게 하는 것은 매우 중요한 일이라고 생각한다. 즉, 적을 알아야 이 쪽의 방비책도 쓸 수 있을 줄 안다. 저의 정보망만으로 그들의 동정을 완전 파악할 수는 없다. 신문을 허가함으로써 그들의 동정을 낱낱이 알 수 있을 줄 믿는다. 뿐만 아니라 그들을 모아 놓아야만 일조유사시에 일망타진하는 경찰 행동을 취할 수 있다. 그리고 일단 문제가 생겼을 때는 정간이든 발행 중지든 마음대로 시킬 수도 있다. 이 신문을 허용하는 것은 백 가지 이득이 있을지언정 한 가지 해도 없을 줄 안다.

왜 창간을 허용했는지 조선 총독의 발언을 통해 더 분명히 알 수 있다. 동아일보가 허가된 뒤 서울 진고개(지금의 명동) 일대의 일본상인연합회 대표들이 사이토를 찾아와 항의하자 사이토는 "동아일보는 조선민족의 뱃속에서 끓어오르는 가스를 배출하는 굴뚝이다. 가스는 배출하지 않으면 쌓이고 쌓여서 끝내는 폭발한다"고 무람없이 내뱉었다.

조선 · 동아일보 창간과 친일 행보

일제가 열어놓은 공론장은 아래로부터 민중 요구를 담아내기보다는 그 요구를 통제하기 위한 것이었다. 노골적인 친일지로 출발한 조선일보나 시사신문과 달리 '민중의 표현기관'을 사시로 천명하고 나선 동아일보의 초대 사장이 박영효였다는 사실은 상징적이다. 철종의 사위였던 그는 일본 후쿠자와 유키치의 권유를 받아 한성순보를 창간하는데 앞장선 인물이다. 1910년 이른바 '한일합방'의 '공로'로 일본의 귀족이 되어 '박영효 후작'으로 활동하고 있었다. 당시 이완용이 백작이었던 사실에 비추어보면 그보다 높은 귀족이 되었던 박영효의 '공로'가 어떤 것이었는지는 미루어 짐작할 수 있다.

사장 박영효는 신문사 안팎의 눈총을 받으며 곧 물러났지만 동아일보에 대한 민족진영의 의혹은 시간이 갈수록 짙어갔다. 우려는 이광수가 1924년 1월 2일부터 6일까지 동아일보에 '민족적 경륜'을 연재해 자치운동을 주장하면서 현실로 나타났다. 이광수는 5회에 걸친 장문의 사설을 통해 일본을 부정하는 무장 항일노선의 무모함을 지적하고 일본의 주권 아래 법률이 허용하는 범위 안에서 자치를 목표로 해야 한다는 주장을 폄으로써 많은 사람들을 경악시켰다. 대한민국임시정부가 수립되었음은 물론, 만주에서 항일독립운동이 벌어지고, 국내에선 노동운동과 농민운동이 본격화하던 시점이기에 동아일보의 '민족적 경륜' 파장은 더 클 수밖에 없었다. 춘원의 '경륜'은 같은 시기에 대한매일신보의 논설위원이었던 단재 신채호가 의열단과 함께 '조선혁명선언'을 발표해 독립투쟁의 길을 천명한 것과 대조적이다.

동아일보와 조선일보의 논조는 1930년대에 이르면 총독부 기관지인 매일신보와 다를 게 전혀 없을 만큼 변질됐다. 이를테면 두 신문은 우리 민중의 원흉인 일본 '천황'의 생일을 맞아 '천장절'을 기리는 사설을 해마다 내보냈다.

> 춘풍이 태탕하고 만화가 방창한 이 시절에 다시 한 번 천장가절天長佳節을 맞이함은 억조신서億兆臣庶가 경축에 불감不堪할 바이다. 성상 폐하께옵서는 육체가 유강하옵시다고 배승하옵는 바, 실로 성황성공誠惶誠恐 동경동하同慶同賀할 바이다. 일년일도 이 반가운 날을 맞이할 때마다 우리는 홍원한 은恩과 광대한 인仁에 새로운 감격과 경행이 깊어짐을 깨달을 수가 있다.

극존칭에 자신을 한없이 낮추는 비굴한 논조로 일관한 이 사설은 조선일보 1939년 4월 29일 자 지면에 실려 있다. 이미 조선일보는 1937년 1월1일 자부터 1면에 일왕 부부의 사진을 거의 전면을 차지할 만큼 크게 실었다.

일본 왕만이 아니라 일본군에 대해서도 조선일보는 1937년 7월 19일 자부터 '아군' 또는 '황군'으로 표기하기 시작했다. 8월 12일 자 조선일보는 독자들에게 '국방 헌금'을 걷는 사고社告를 실었다. 신문사와 사원들의 '헌금 솔선'을 밝히며 시작한 사고는 고정란으로 날마다 실렸다. 이듬해인 1938년 1월 1일 자 1면에도 어김없이 일왕 부부의 사진을 실었다. 한걸음 더 나아가 총독이 제창한 '내선일체'를 미화하는 특집기사를 실었다. 4월 들어 일제가 육군특별지원병제도를 만들자 조선의 젊은이들을 침략전쟁의 총알받이로 내몰기 시작했다.

1938년 6월 15일 조선일보는 육군지원병훈련소의 개소를 맞아 사설과 1면 머릿기사로 "조선통치사의 한 신기원을 이룩한 것"으로 평가하며 '황국신민'으로서 "황국에 대하여 갈충진성竭忠盡誠을 다할 것"을 촉구했다. 조선청년이 대일본제국의 군인이 될 수 있는 길이 열렸다고 흥분한 것이다. 1940년 4월에 들어서면 일본 왕 앞에 신민臣民으로 보도했던 조선 백성을 신자臣子로 불렀다.

동아일보 또한 정도의 차이가 있을 뿐 크게 다르지 않았다. 동아일보는 체육부의 이길용 기자가 손기정 선수의 베를린올림픽 금메달 수상 사진에서 가슴에 붙은 일장기를 지워 신문에 내보내자 그를 해고했다. 무기정간 끝에 1937년 6월 2일 속간한 동아일보는 그날 자에 실은 '사고'에서 "대일본제국의 언론기관으로서 공정한 사명을 다하여 조선 통치의 익찬을" 다짐했다.

1937년 9월 7일 자 사설 '애국일'에서 서슴없이 '아방' 또는 '아군'이라는 표현을 쓰기 시작했다. 1938년에 들어서면서 '언론 보국'도 더 노골화한다. 4월에 일제는 침략전쟁을 위한 육군특별지원병제를 실시하고 조선의 혼을 빼앗는 '교육령'을 개정해 공포했다. 이 제도에 반대해 독립운동가들이 투쟁을 벌이다 40여 명이 투옥됐지만, 동아일보는 '축하 사설'을 내보냈다(1938년 4월 3일 자).

지원병 제도의 실시는 조선 민중에게도 병역의 의무를 부담시키는 제일보다. 이러한 정세에서 미나미 총독의 영단은 역대 총독이 상상도 하지 않던 병역의 의무를 조선 민중에게 부담시키는 제일보를 답출踏出케 한 것이다. 이에 조선 민중도 이 제도가 실시되는 제1일부터 당국의 지도에 순응하여서 그에 협력하지 않으면 아니될 것이다.

총독부가 실시한 조선인 지원병 모집을 "영예"라고 평가한 동아일보는 1939년 전사자가 발생하자 "조선 지원병의 영예"라고 보도했다. 이튿날에는 일제 침략의 총알받이로 죽어간 희생자의 집안을 찾아가 '영예의 전사한 이인석 가정방문기'를 싣는다. 기사 제목은 '전사는 남자의 당연사-부군 못지않은 부인의 결의'다. 기사는 다음과 같이 고인의 아내를 찬양했다.

생활은 곤란함에도 불구하고 지원병을 지원하였던 터인데 이군의 부인은

“전선에서 돌아가셨다는 소식을 들었습니다마는 남자의 당연한 일이오니 슬픈 것은 조금도 없습니다” 하고 부군에 못지않은 굳은 뜻을 보이었다.

일본 왕의 생일을 ‘황공’ 속에 경축하는 것 또한 조선일보와 어금버금했다. 적잖은 조선 민중이 만주나 상해로 가 피 흘리며 독립운동을 벌였던 상황에서 두 신문은 ‘성전에 참가하여 용감히 싸우는 지원병’이라는 큰 제목 아래서 ‘일본 군인으로 나가라’는 부추김도 서슴지 않았다. 아무리 ‘느슨한 기준’을 적용해보아도 반민족적 선동이자 범죄였다.

아래로부터 민중의 요구를 배제하고 더 나아가 민중을 외세의 총알받이로 내몰았던 것은 한국 공론장의 식민지적 성격을 입증해준다. 따라서 일제 말기에 이르러선 두 신문은 한국 언론이었다기보다 그들 스스로 사고를 통해 천명했듯이 ‘일본제국의 언론기관’으로 보는 게 옳을지 모른다. 두 신문사는 일제로부터 폐간당했다고 주장하지만, 수백억 원의 보상금을 받고 총독부 기관지로 통합된 것이 진실이다. 전쟁을 확대하던 일본은 당시 자국 안에서도 신문을 통폐합하며 종이와 기름 따위의 전략물자 통제에 들어간 상황이었다.

현대 한국의 미디어 공론장: 미군정의 탄압과 분단

현대 한국의 미디어 공론장은 1945년 8월 15일 이후 형성됐다. 미군은 9월 8일 오후 인천에 상륙한 다음날 북위 38도선 이남을 점령했음을 선포하는 '포고 제1호'를 발표했다. 하지 중장은 9월 11일에 가진 기자회견에서 "미군이 진주해 온 후인 현재, 조선에는 문자 그대로의 절대한 언론 자유가 있는 것이다. 미군은 조선 사람들의 사상과 의사 발표에 간섭도 안 하고 방해도 안 할 것이며 출판에 대하여 검열 같은 것을 하려 하지도 않는다"고 밝혔다. 다만 조건은 있었다. "미군은 언론 자유에 대하여 취재를 방해하고, 검열을 하려하지는 않으나 그것이 정당한 의미의 치안을 방해하는 것이라면 이런 경우는 별도로 강구"하겠다고 경고했다.

해방 공간에서 다시 활성화한 공론장에서 아래로부터 요구는 단연 '친일파 청산'과 '토지 개혁'이었다. 하지만 미군정이 친일 지주들과 그들이 만든 신문들을 직간접적으로 도우면서 친일 청산의 민족적 과제는 점차 흐지부지되어 갔다. 당시 중도적인 신문들이 친일파들의 발호를 우려한 것도 이 때문이다. 가령 자유신문은 미군정의 무분별한 통역 정치를 비판하고 '영어 구사력의 재주만으로 민족의 안위를 경시한 채 사리사욕을 도모하는 자들'의 각성을 촉구했다(1945년 10월 12일 자). 애국자를 고문하던 일제 고등계 형사들을 경찰 책임자로 재등용한 미군정의 인사 정책을 비판하며 경찰 경험이 없더라도 민중과 친할 수 있는 인물을 선택하라고 충고도 했다(1945년 10월 15일 자). 중앙신문도 자주사상을 갖지 못한 채 명리를 따라 바람 부는 대로 처신하는 친일파를 민족의 열망에 따라 민족반역자로 처단하라고 주장했다(1945년 10월 3일 자).

결과는 정반대였다. 누구나 친일파 청산을 시대적 과제로 제기하던 상황에서 친일의 또렷한 과거 때문에 감히 신문을 다시 낼 '뜻'을 이루지 못하던 조선일보와 동아일보가 각각 11월 말과 12월 초에 미군정의 도움—신문을 발행할 인쇄소를 알선해줌으로써 두 신문사 모두 그 사실을 복간호에 알릴만큼 결정적인 도움—을 받아 복간하면서 공론장을 왜곡해갔다.

또 다른 요구인 토지 개혁은 민중의 생활세계로부터 나온 가장 절박한 삶의 문제였다. 그 시기 농업 상황은 식민지 권력과 유착하였던 지주가 전체 농업인구의 2~4퍼센트였음에도 전체 논의 66퍼센트와 밭의 52퍼센트를 소유하고 있을 만큼 비정상적이었다. 따라서 일제가 주도한 토지조사사업으로 뒤틀려진 토지 소유 관계를 벗어나, 직접 생산자가 토지를 소유하게 함으로써 농업생산력을 높이는 것은 근대사회를 열기 위한 시대적 과제이자 아래로부터의 공론이었다.

기실 토지 개혁은 비단 지주-소작 관계에서 비롯되는 문제만은 아니었다. 식민지 경제의 폐허를 딛고 독자적인 경제를 운영하려면 먼저 자금 및 원료 조달을 통해 공장 가동을 회복하는 것이 급선무였다. 그러려면 '적산기업'을 생산적인 평화산업으로 전환함과 동시에 토지 개혁으로 농민에게 토지를 분배하고 식민지 지배에 편승해온 지주계급을 정리해서 농업생산력을 높여야 했다. 그것은 좌파나 우파의 문제가 아니라 근대사회를 열어가는 문제였다.

하지만 미군정은 토지 개혁에 관심이 없었다. 38선 이북에서 1946년 3월 '무상몰수 무상분배'의 전면적 토지 개혁이 단행되고, 남쪽의 전농(전국농민조합총연맹)이 일본인 소유 농지의 몰수를 요구하며 토지개혁법 초안을 작성해 미군정에 제출했을 때도 모르쇠를 놓았다. 해방일보는 조선에 아직까지 중세 지주제의 유제가 남아있어 전 인구의 3퍼센트에 불과한 소수 지주가 경작지 58퍼센트를 독점하며 소작농 위에 군림한다고 비판했다.

1946년 10월에 대구에서 민중항쟁이 폭발하자 미군정은 워싱턴의 국무성 권고를 받아들여 토지 개혁을 서두르기 시작했다. 하지만 지주 출신이 대부분을 차지한 '과도입법의원'의 반대로 토지개혁법안은 상정 자체가 지연되었다. 이들은 '유상몰수 유상분배' 안에 의해서도 토지 개혁을 할 생각이 없었던 것이다.

당시 지주 세력을 정치적 기반으로 한 한민당의 기관지 동아일보는 토지 개혁에 적극 반대했다. 신문은 사설 '조국재건의 전면적 재검토'(1946년 9월 24일 자)에서 "국외에 시장을 갖지 못한 우리는 좁은 국내시장밖에 없고 그것은 곧 농촌을 의미하는 것이니 농촌의 부담을 과중히 하는 것은 공업 발전을 저지하는 결과를 가져올 것"이라며, 토지 문제는 이북의 방식을 일률로 적용해서는 안 된다고 주장했다. 하지만 1948년 3월 1일 남쪽만의 단독선거 실시를 공포한 미군정은 민심을 의식해 '귀속농지 불하'를 추진했다. 토지 개혁이 불완전한 형태로나마 시작된 까닭은 간명했다. 소작농을 비롯해 친일 지주 청산을 요구하는 민중의 투쟁이 곳곳에서 벌어졌기 때문이다.

미군정은 초기에 언론 자유를 보장한다고 선언했지만 이내 탄압에 나섰다. 특히 남쪽만의 단독정부 수립을 비판하는 언론을 폐간시

킴으로써 해방 공간의 공론장을 미국의 틀에 맞춰 재편성했다. 먼저 1946년 5월 18일 해방일보가 무기정간 처분을 당하며 사실상 폐간됐다. 석 달이 지나 9월 6일에는 당시 발행부수에서 동아일보와 조선일보를 앞서고 있던 세 신문, 조선인민보·현대일보·중앙신문이 포고령 위반으로 무기정간을 당하며 그 또한 사실상 폐간당했다. 해방공간에서 발행부수 4위였던 동아일보나 그보다 못했던 조선일보는 미군정의 언론 탄압이 없었다면 결코 오늘날과 같은 위상을 가질 수 없었다. 많은 이들이 놓치고 있는 우리 언론사의 진실이다.

남쪽만의 단독 선거로 이승만 정부가 등장하면서 공론장을 제약한 틀은 한층 공고화했다. 단독 정부를 수립한 직후인 1948년 9월 22일에 이승만은 이른바 '좌경언론'을 뿌리 뽑는다는 '명분' 아래 다음과 같이 7개항의 '언론 단속 사항'을 발표했다.

1. 대한민국의 국시국책을 위반하는 기사
2. 정부를 모략하는 기사
3. 공산당과 이북 괴뢰 정권을 인정 내지 비호하는 기사
4. 허위의 사실을 날조 선동하는 기사
5. 우방과의 국교를 저해하고 국위를 손상하는 기사
6. 자극적인 논조나 보도로서 민심을 격앙 소란케 하는 외에 민심에 악영향을 끼치는 기사
7. 국가의 기밀을 누설하는 기사

이승만 정권이 발표한 7개항의 기준을 따르면, '모략'이나 '인정' 또는 '악영향' 따위의 추상적인 '단속 조항'들에서 드러나듯이, 국가는 물론이고 이승만 정부에 어떤 비판도 언론이 할 수 없다. '제도언론'의 틀을 제시한 이승만 정권은 국가보안법까지 제정해 법적 체제를 '완비'했다.

4월혁명과 군사쿠데타: 민족일보 조용수 사형과 박정희 독재

바로 그 국가보안법과 제도언론의 체제가 1960년 4월혁명으로 무너지면서 아래로부터 공론장 요구는 다시 폭발적으로 분출했다. 4월혁명 직전 41개에 머물던 일간지가 1961년 2월에는 124개로 늘어났으며 주간지도 136개에서 513개로 급증했다. 통신은 14개에서 285개로 증가했다. 공론장이 폭발적으로 넓어진 것이다.

무엇보다 1961년 2월 13일 창간된 민족일보가 단숨에 동아일보와 조선일보를 추격할 만큼 독자를 확보했다. 하지만 아래로부터 공론장 요구가 결실을 맺어갈 무렵에 '흔들리는 반공체제'를 바로잡는다는 명분으로 군부의 쿠데타가 자행되었다. 또 다시 아래로부터의 공론장 요구가 억압된 것이다. 쿠데타 군부는 언론 자유를 압살했다. 일간지 76개(중앙 49개, 지방 27개)와 주간지 453개(중앙 324개, 지방 129개) 등록이 취소되었다.

쿠데타 군부는 권력을 쥐고 사흘만인 5월 19일에 민주·진보진영을 대변하는 민족일보를 전격 폐간하고 발행인 조용수 사장을 구속했다. 그해 12월 22일 조 사장을 기어이 사형시키는 야만을 서슴지 않았다. 민족일보가 폐간당한 날 조선일보는 '제2단계에로 돌입한 혁명과업의 완수를 위하여' 제하의 사설에서 "군사혁명"은 "거군적인 단결과 함께 국내외적인 찬사와 지지"를 받았다고 썼다. 동아일보는 다소 늦게 사설 '혁명 완수로 총진군하자'(5월 26일 자)에서 "5.16 군사혁명이 민주적이냐 또는 합헌이냐 혹은 지휘권을 누가 가지고 있느냐 하는 문제의 논의는 이미 기정사실화한 이 혁명을 반공, 민주건설을 향해 이끌고 나가야 할 이 단계에 있어서 백해무익한 것"이라고 주장함으로써 쿠데타를 정당화했다.

육군 소장 박정희는 대장으로 초고속 승진한 뒤 군복을 벗은 자신도 군정의 민간 이양에 참여하겠다는 해괴한 논리를 펴며 대선에 나섰다. 대통령 자리에 앉은 박정희의 권력욕은 끝을 몰랐다. 3선을 목적으로 다시 개헌에 나섰다. 당시 정부여당은 야당 신민당 의원 3명을 포섭해 '개헌선'을 확보하고, 대한반공연맹과 재향군인회를 비롯해 50여 개의 사회단체들을 동원해 개헌 지지 성명을 발표하게 했다. 국회를 날치기로 통과한 3선 개헌안은 1969년 10월에 치른 국민투표에서 총유권자 77.1퍼센트 참여에 65.1퍼센트 찬성으로 확정되었다. 언론이 한 목소리로 3선 개헌을 지지했기 때문이다.

국민투표를 하루 앞둔 날 조선일보는 "'영광의 후퇴'보다 '전진의 십자가'를, '나는 나를 버리고 국가를 위해 한번 더'" 따위의 기사를 내보냈다. 박정희의 3선 개헌 추진을 마치 희생인 듯 찬양한 기사이다. 이어 11명의 '각계 인사들이 본 성장 한국'이란 제목의 기사에선 "건설 중단은 혼란만 초래"한다거나 "안보 위해 정치적 안정을", "정국의 안정이 제일조건", "대외적으론 국위선양", "훌륭한 영도자를 중심으로"와 같은 낯 뜨거운 보도와 논평들이 쏟아졌다. 국민투표를 하루 앞두고 내놓고 찬성표를 던지라는 명백한 '선동'이다.

국민투표가 끝나자 '국민의 심판은 끝났다'(1969년 10월 19일 자)제목으로 사설을 내보냈다. "비록 치열한 반대세력이었다 할지라도 민주주의의 원칙대로 이제는 다수결에 복종하는 수밖에 없을 것"이라며 더는 개헌에 대해 논의하지 말 것을 주장했다. 자유로운 논의가 기초인 공론장에 언론 스스로 선을 그은 꼴이다.

3선 개헌에 신문사들이 적극 협조한 것은 이미 권언유착의 구조가 형성되고 있었기 때문이다. 박 정권은 3선 개헌 이태 전인 1967년부터 신문사들에게 일반 자금의 대출 금리보다 훨씬 낮은 금리로 혜택을 주었다. 신문 용지에 대한 수입관세에선 특혜가 더 두드러졌다. 일반 수입관세가 30퍼센트인데 비해 신문 용지는 4.5퍼센트였다. 게다가 저리의 차관 대출 특혜까지 더해졌다. 일반 기업들로서는 꿈도 꿀 수 없는 특혜였다.

박 정권과 신문 사이에 싹튼 유착을 가장 극명하게 보여준 것은 조선일보다. 신문사 사옥과 코리아나호텔을 짓기 위해 정부가 대일청구권 자금으로 받은 거액의 상업차관을 손에 넣었다. 1968년 3월 15일, 발행인 방우영은 기자협회보와의 인터뷰에서 "코리아나호텔이 완성될 예정인 1970년을 '조선일보 비약의 해'로 설정했다"고 밝혔다. 3선 개헌은 바로 그 '비약의 해'를 앞두고 일어났다.

3선 개헌이 이뤄짐에 따라 1971년 4월 27일 대통령 선거가 치러지지만 박정희는 3선에 만족하지 않았다. 1972년 10월 17일 유신을 선포하며 대통령 직선제마저 없앰으로써 형식적으로나마 남아있던 민주주의를 압살했다. 하지만 조선일보는 다음날 사설 '평화통일을 위한 신체제'(10월 18일 자)에서 적극 찬성하고 나섰다.

> 앞으로의 보다 보람되고 영광스러운 삶을 얻기 위하여 진정한 알맞은 조치임을 기쁘게 생각한다… 가장 적절한 시기에 가장 알맞은 조치… 비상 사태는 민주제도의 향상과 발전을 위하여 하나의 탈각이요, 시련이요, 진보의 표현임을 믿어 의심치 않는다.

중앙일보도 같은 날 사설 '평화통일을 위한 정치체제 개혁'을 내보냈다. "격변하는 국제정세에 능동적으로 대처해 나가기 위해 정상적 방법이 아닌 비상조처를 취하게 된 것"이라며 "우리는 박 대통령이 비상한 결의를 갖고 대담한 체제 개혁 행동을 취하게 된 충정을 충분히 이해하고 적극적으로 받아들여야 할 것"이라고 주장했다. 심지어 "국민은 경거망동을 삼가고 일체 혼란의 발생을 자진해서 억제토록 해야 할 것"이라고 '훈계'했다. 동아일보도 같은 날 '비상계엄 선포의 의의'란 사설에서 다른 신문에 비해 조금 완곡한 표현이었지만 헌정을 중단한 유신 선포를 "평화지향적"이고 "자유민주주의적"이라고 썼다.

독재자가 '종신 집권'을 사실상 선언하고 공론장 자체를 부정하는 헌법을 제도화하려는 순간에 신문이 이를 적극 찬양하고 나선 것이다. 특히 유신 선포에 저항하지 말라는 중앙일보의 훈계 사설은 앞서 3선 개헌 때 조선일보가 "반대세력이었다 할지라도 민주주의의 원칙대로 이제는 다수결에 복종하는 수밖에 없을 것"이라고 주장한 것과 궤를 같이 한다.

여기서 KBS를 비롯해 방송사들에 대한 분석을 논외로 하는 까닭은 1980년대 말까지 텔레비전 방송은 사실상 '군부 정권의 나팔수'였기 때문이다. 방송사 기자들은 정부 각 부처의 출입기자실에도 함부로 들어오지 못할 만큼 기자로 대우받지도 못했다. 국정 홍보방송이자 시청자들을 오락과 쇼에 몰입하게 만드는 정부 기구의 하나였다.

권언유착, 그 낯 뜨거운 아침들

1972년 10월 28일 조선일보 사설 제목은 '유신적 개혁의 기초-민주주의의 안정과 번영을 위한 헌법'이다. 사설은 "발의 측의 문제의식이 이렇듯 왕성하고 과감한 개혁이 담긴 개혁안을 우리는 일찍이 본 적이 없다"고 극찬했다. 대통령 직선제 폐지와 통일주체국민회의를 통한 간선제에 대해선 "대통령을 직접 선거함으로써 빚어졌던 여러 가지 폐해와 부작용을 일소할 수 있게 된다"고 주장했다. 대통령이 체육관 선거를 통해 사실상 '총통'으로 변신한 상황에 대해 대통령의 권한이 "알맞게 강화되고 있다"고 평가한 것이다.

비상계엄 아래 반대운동이 원천적으로 봉쇄된 상황에서 유신헌법 찬반투표가 치러졌고 언론의 적극 가담으로 압도적 찬성이 나왔다. 박정희가 유신헌법 개헌안을 공고한 1972년 10월 27일부터 12월 말까지 모든 신문의 1면과 7면에는 '통일을 위한 구국영단 너도 나도 지지하자' 또는 '새 시대에 새 헌법, 새 역사를 창조하자'라든가 '뭉쳐서 헌정 유신, 힘 모아 평화통일' 따위의 문화공보부가 만든 표어들이 날마다 6단 크기로 실렸다.

조선일보는 투표 결과가 나오자 사설 '새 역사의 출발'(1972년 11월 23일 자)을 내보냈다.

> 그 어느 때보다 압도적인 지지와 찬성을 나타냈다. 조국통일과 민족중흥의 제단 위에 모든 것을 바친 그(박정희)의 뜨거운 애국심과 뛰어난 영도력에 대한 무한한 신뢰와 성원의 발현이다.

새 헌법에 따라 통일주체국민회의가 박정희를 단독후보로 뽑자, 조선일보는 사설(1972년 12월 23일 자)을 통해 "우리가 필요로 하는 이에 합당한 후보인물을 추천하는 절차를 다 한 것으로 알고 있다"고 주장했다. 찬가는 아직도 부족했다. 대통령으로 뽑힌 뒤의 사설(12월 28일 자)을 보자.

> 무엇 때문에 지난 10년 동안 5, 6, 7대나 대통령을 역임한 그를 또 다시 환

영하는 것인가. 한 마디로 말해서 그것은 그의 영도력 때문이다. 그의 높은 사명감과 뛰어난 능력과 역사의식의 정당성 때문이다. 우리는 더욱 전망적인 민족통일의 사명감과 구국중흥의 신념에 불타는 탁월한 영도자를 가졌다.

하지만 아래로부터 민중의 요구는 전혀 달랐다. 1969년 3선 개헌과 1972년 '유신헌법'으로 구축된 박정희의 파시즘에 정면으로 맞서는 운동이 아래로부터 일어났다. 1974년 1월 8일 박정희가 긴급조치를 선포한 까닭이 여기에 있다. 언론은 '유신헌법을 부정, 반대, 비방하거나 헌법 개폐를 주장, 발의, 제안, 청원을 할 경우 영장 없이 구속하고 15년 이하의 징역을 살리고 비상 군법재판에서 처단한다'는 내용의 '긴급 독재조치'를 적극 환영했다. 긴급조치가 언론의 재갈을 물리고 공론장을 부정하는 것이었음에도 언론이 항의는커녕 되레 지지와 환영에 나선 것이다.

공론장이 아래로부터 민중의 요구와 단절된 원형적 '갈등 구조'가 일제 강점기와 해방공간의 미군정기, 이승만 독재와 군부독재 시대를 거치며 전혀 변함없이 지속되어 왔음을 확인할 수 있다. 아래로부터 그 억압적 갈등 구조를 해소하려는 흐름도 면면히 이어졌다. 유신체제의 폭압 아래서도 그 흐름은 어김없이 표출되었다.

3/ 언론개혁운동과 동아사태

"더 본질적이고 '무서운 힘'이 숨어 있던 그 모습을 확연히 드러내고 있는 것이다."

대학생들의 언론화형식부터 기자들의 자유언론실천선언까지

쿠데타로 집권한 박정희 정권의 개발독재가 장기화하고 언론이 그에 부닐면서 대학가는 술렁거렸다. 각 대학 교내에서 '언론 화형식'을 열며 언론의 타락과 무기력을 통렬하게 비판하고 나섰다. 1971년 3월 26일 대학생 50여 명이 서울 광화문 동아일보 사옥 앞에서 "민중의 소리 외면한 죄 무엇으로 갚을 텐가"라는 펼침막을 들고 '언론인에게 보내는 경고장'과 '언론화형선언문'을 낭독했다. 대학생들의 경고장 내용은 자못 준열했다.

우리는 더 이상 좌시할 수 없어 이 쓰러져 가는 민주의 파수대 앞에 모였다. 나오라, 사이비 언론들이여, 나오라. 이 민주의 광장으로 나와 국민·선배에게 속죄하라. 선배 투사의 한 서린 해골 뒤에 눌러 앉아 대중을 우민화하고 오도하여 얻은 그 허울 좋은 대가로 안일과 축재를 일삼는 자들이여! 나오라… 정치 문제는 폭력이 무서워 못 쓰고, 사회 문제는 돈 먹었으니 눈감아 주고, 문화 기사는 판매 부수 때문에 저질로 치닫는다면 더 이상 무엇을 쓰겠다는 것인가. 신문이 신문을 위해 있는 것이 아니요, 대중을 위해 있는 것일진대, 폭력이 무서웠다고, 돈이 좋았다고, 그렇게 나자빠져 버리면 그만인가. 도둑 지키라는 파수꾼이 망보기꾼으로 둔갑한 꼴이 아니고 무엇인가! 듣건대 일선 기자의 고생스런 취재는 겁먹고 배부른 부차장 선에서 잘리기 일쑤고, 힘들게 부차장 손을 벗어나면 편집국장 옆에서 중앙정보부원이 지면을 난도질하고 있다니 이것이 무슨 해괴한 굿거리인가.

대학생들이 동아일보사 앞으로 간 이유는 당시 한국을 대표하던 언론사였기 때문이다. 독자들 가운데는 동아일보에 과연 그런 시절이 있었을까 싶겠지만, 1990년대 초까지 그가 지닌 권위는 감히 어떤 언론도 넘볼 수 없었다. 이승만 정부 수립 이후 1990년대 중반까지 기자 생활을 한 기자라면 누구나 동의할 터다. 1970년대 초반에 조선일보에서 일했던 기자도 "당시 동아일보는 동아일보 외에 모든 한국의 신문을 합친 것 이상의 권위가 있었다"고 회고했다. 다름 아닌 언론화형선언문에도 조선일보와의 비교가 나타난다.

동아야, 너도 보는가. 하늘 무서운 줄 모르고 올라만 가는 조선의 저 추잡한 껍데기를. 너마저 저처럼 전락하려는가. 동아야, 너도 알맹이는 사라지고 껍데기만

남았는가. 우리는 신문 경영자가 이미 정상배로 전락했음을 단정하고 또한 신문을 출세의 발판으로 이용하려는 가짜들이 적지 않음을 알고 있다. 여기서 우리는 한 가닥 양심을 지니고 고민하고 있는 언론인이 어딘가에 있으리라 믿으며 그들께 호소한다. 신문은 이미 인적으로 동일체성을 상실하고 있으며 거기에는 엄연한 대립 관계가 존재함을 직시하고 과감히 편집권 독립 투쟁에 나서라. 그것은 결코 반항도 아니요, 자신의 존재 이유의 확인에 불과한 것이다.

학생들은 경고장 마지막 부분 결의에서 "언론은 권력으로부터 독립하라. 특히 자주적인 편집을 방해하는 중앙정보부원을 신문사에서 축출하라"고 촉구했다. 유인물을 낭독하면서 행인들에게 나누어주던 학생들은 급습한 경찰에 끌려갔다. 편집국 창문에서 연행되는 학생들을 내려다보던 기자들은 큰 충격을 받았다. 대학생들의 언론 비판은 학교별로 이어졌다.

1971년 4월 15일 동아일보 기자들은 중앙정보부원의 사내 상주와 출입을 거부하고 기자적 양심에 따라 진실을 자유롭게 보도할 것을 결의하는 선언문을 채택했다. 기자들의 첫 언론 자유 수호 선언이었다. 김상만 사장과 간부들이 만류했음에도 강행한 선언대회에는 기자들과 문제의식을 공유한 논설위원 송건호, 사회부 데스크 김중배가 합류했다. 동아일보 기자들의 선언은 언론계에 큰 파문을 일으켰다. 다음날 한국일보 기자들이 언론 자유 수호 선언에 나섰으며 17일엔 조선일보, 중앙일보 기자들이 함께했다. 5월 초까지 전국 14개 언론사로 퍼져갔다.

그러나 그해 10월 박정희 정권의 위수령 발동으로 언론 자유는 다시 움츠러들었다. 언론 자유 수호 선언에 조직적 뒷받침이 없었기에 더 그랬다. 동아일보 편집부 성유보 기자는 1970년대 언론계는 '술 중독의 사회'였다며 다음과 같이 통렬히 비판했다.

> 박정희 정권은 1967년부터 모든 언론사에 중앙정보부원과 경찰의 정보형사들을 출입시키기 시작했다. 잇단 '기사 협조'라는 이름의 압박으로 정치·경제·사회적 정책기사는 제대로 보도되지 못했다. 일선 기자들은 '취재가 제대로 안 되니까', '취재를 했더라도 데스크들에 의해 원고가 곧바로 쓰레기통에 들어가서 기사가 신문·방송에 별로 보도되지 않으니까', '재수 없으면 몰래 정보기관에 끌려가 심한 고통을 겪으니까', 취재하러 신나게 돌아다닐 이유가 없었다. 무료해진 기자들은 출입처에서 받은 '촌지'로 주로 포커판에 매달렸다. 그리고 저녁에는 '촌지 뒷돈'으로 술판을 벌여 곤드레만드레가 되었다.

기자들이 언론 자유 수호 선언을 했지만 중앙정보부 요원들은 여전히 편집국에 무시로 들락거리며 지면 구성을 좌지우지했다. 기자 개개인이 언론의 자유와 편집권 독립을 외치기에는 현실이 너무 엄혹했다. 권력에 맞서 싸우려면 해직과 감옥살이를 각오해야 했다. 더욱이 '고참'이나 간부들 중에는 정권의 강압에 치열한 고뇌는커녕 순응하고 더 나아가 적극적으로 협력하며 자기 영달을 꾀하는 기자들이 적지 않았다.

1973년 10월 초에 서울대에서 유신체제 이후 최초의 반정부 시위가 일어났다. 그 기사가 중앙정보부 개입으로 강제 누락되자 동아일보는 해당 지면에 기사를 채우지 않고 구멍 뚫은 듯 백지로 발행했다. 언론 탄압의 실상을 대내외에 알리자는 의도였다. 기자들은 2차, 3차 언론 자유 수호 성명을 채택했지만 성과는 그때그때의 땜질식 대응에 그쳤다.

유신체제 아래서 민청학련과 인혁당 사건으로 숱한 청년·학생이 연행되고 민주화운동가들이 사형 선고를 받기까지 그들의 최후진술은 물론이고 변호인들의 변론 내용조차 신문에 보도되지 않자 기자들의 자괴감은 점점 깊어갔다. 구속자 가족들의 피 맺힌 호소를 듣고 기사를 작성해도 부·차장이나 편집국장의 '문'을 통과하지 못한 채 휴지통에 떨어지는 것을 본 기자들의 가슴에 차곡차곡 분노가 쌓여갔다.

1974년 3월 8일에 동아일보 기자들은 사장 김상만을 비롯한 경영진의 부당한 인사와 독선적 운영에 힘을 모아 맞서고자 노동조합을 결성했다. 노조를 창립하며 1단으로라도 민주화운동 기사를 싣자는 결의를 다졌다.

하지만 박정희 정권은 노동조합 설립신고필증을 내주지 않았다. 그럼에도 동아일보 노조는 언론 자유를 되찾기 위해 조직을 강화해갔다. 긴급조치 1호와 4호는 유신 철폐 투쟁을 일시적으로 누그러뜨렸지만 미국, 일본, 유럽에서 한국의 민주화를 위한 단체들이 결성되었다.

1974년 7~8월 미국 하원 외교위원회에서 '한국 인권문제청문회'가 열렸다. 미국 정계에서 한국의 인권 탄압과 전체주의적 통제를 이유로 경제·군사 원조를 크게 삭감하자는 여론이 커져가자 박정희는 8월 23일 긴급조치 1호와 4호를 해제했다. 가을에 대학이 개학하면서 '민청학련 구속자' 석방과 언론 자유를 요구하는 운동이 본격적으로 일어났다. 9월 23일 강원도 원주교구에서 신부 300여 명이 천주교정의구현전국사제단을 결성하고 인권과 민주 회복을 위한 기도회를 잇달아 열기로 결정했다. 9월 26일 사제단은 서울 명동성당에서 2,000여 명의 성직자와 신도가 참여한 가운데 '순교자 찬미 기도회'를 열고, 유신헌법 철폐와 긴급조치 무효화, 국민의 기본권 보장, 민주헌정 회복을 요구하는 시국선언문을 발표했다.

10월 24일 동아일보 기자 180여 명은 뜻을 모아 '자유언론실천선언'을 발표했다.

> 우리는 오늘날 우리 사회가 처한 미증유의 난국을 극복할 수 있는 길이 언론의 자유로운 활동에 있음을 선언한다. 민주사회를 유지하고 자유국가를 발전시키기 위한 기본적인 사회 기능인 자유언론은 어떠한 구실로도 억압될 수 없으며 어느 누구도 간섭할 수 없는 것임을 선언한다. 우리는 교회와 대학 등 언론계 밖에서 언론의 자유 회복이 주장되고 언론의 각성이 촉구되고 있는 현실에 대해 뼈아픈 부끄러움을 느낀다. **본질적으로 자유언론은 바로 우리 언론 종사자들 자신의 실천 과제일 뿐 당국에서 허용받거나 국민 대중이 찾**

아다 쥐어주는 것이 아니다. 따라서 우리는 자유언론에 역행하는 어떠한 압력에도 굴하지 않고 자유민주사회 존립의 기본 요건인 자유언론 실천에 모든 노력을 다할 것을 선언하며 우리의 뜨거운 심장을 모아 다음과 같이 결의한다.

1) 신문·방송·잡지에 대한 어떠한 외부 간섭도 우리의 일치된 단결로 강력히 배제한다.

1) 기관원의 출입을 엄격히 거부한다.

1) 언론인의 불법 연행을 일절 거부한다. 만약 어떠한 명목으로라도 불법 연행이 자행될 경우 그가 귀사할 때까지 퇴근하지 않기로 한다.

1974년 10월 24일 동아일보사 기자 일동

10.24 자유언론실천선언은 유신의 서슬이 시퍼렇던 암흑의 시대에 절실하고 절박한 절규였다. 동시에 한국 현대 언론사에 한 획을 긋는 사건이었다. 중앙정보부의 육체적 고문을 비롯한 모진 탄압이 불을 보듯 뻔한 데도 자유언론 실천의 깃발을 높이 들고 '정보부 기관원'의 언론사 출입을 정면으로 거부하고 나섰다. 실천 선언의 파급 효과는 3년 전에 낸 첫 언론 자유 수호 선언의 수준을 훌쩍 넘어섰다. 그날 오후 한국일보와 조선일보 기자들이 자유언론실천선언에 나섰고 다음 날에는 경향신문, 중앙일보를 비롯해 31개 전국 신문·방송·통신사 기자들로 퍼져갔다.

유신체제 아래서 억압받고 있던 민중들은 적극 호응했다. 하지만 자유언론 실천에 나선 기자들이 싸워야 할 대상은 정치권력만이 아니었다. 편집국 내부의 데스크들과 싸워야 했다.

동아투위: 1975년 동아사태와 거리의 언론인들

기자들은 신변의 위험을 무릅쓰고 분투했음에도 사태는 참혹하게 전개됐다. 박정희 정권은 광고주들을 압박했다. 자유언론실천선언이 나오고 두 달도 안 된 시점인 1974년 12월부터 지면에 광고가 사라지기 시작했다.

정권의 광고 탄압에 맞서 민중의 '백지 광고'가 쏟아지는 상황이었음에도 정작 경영진은 박정희 정권과 '야합'하기 시작했다. 자본가 김상만—김성수의 맏아들—은 1975년 3월 8일부터 '경영난'을 이유로 자유언론 투쟁에 앞장선 기자들을 무더기로 해임하기 시작했다.

자본가의 야합과 횡포에 항의해 신문·방송·잡지 실무 제작진의 과반인 160여 명이 제작 거부와 사내 농성에 돌입했다. 자본가에게 기자들을 자르면 안 된다고 읍소했던 편집국장 송건호가 사표를 던진 것이 그때였다.

농성 엿새째인 3월 17일 새벽 3시, 언론자본이 동원한 괴한 200여 명이 산소용접기와 해머와 각목을 들고 농성장으로 난입해 들어왔다. 날이 밝을 때까지 필사적으로 저항하던 기자들은 모두 쫓겨났다. 해직된 113명은 '동아자유언론수호투쟁위원회'(동아투위)를 결성하고 신문사 밖에서 투쟁을 이어갔다.

동아일보 기자들을 '제압'한 박정희 정권은 두 달 뒤인 5월 13일 긴급조치(긴조) 9호를 선포했다. 긴조 9호는 "유언비어를 날조, 유포하거나 사실을 왜곡하여 전파라는 행위"와 "집회, 시위 또는 신문, 방송, 통신 등 공중 전파수단이나 문서, 도서, 음반 등 표현수단에 의하여 현행 헌법을 부정, 반대, 왜곡 또는 비방하거나 그 개정 또는 폐지를 주장, 청원, 선동 또는 선전하는 행위"를 금했다. 긴조 9호가 발동된 1975년 5월 13일부터 중앙정보부는 더 악명을 떨치며 무소불위의 힘을 휘둘렀다. 권력이 막강해질 대로 막강해진 중앙정보부 김재규 부장이 박정희에게 총을 쏜 1979년 10월 26일까지 4년 5개월은 민주주의 암흑기였다. 방송은 물론 모든 신문이 긴급조치 9호에 위반될 가능성이 있는 기사나 논설은 담지 않았다.

동아투위를 결성한 '거리의 언론인'들은 1978년 1월 1일 자로 발행한 '동아투위소식'을 통해 제도언론이라 불러온 기성 매체들을 "권력의 주구, 민중의 배신자, 민족의 반역자"라고 비판했다. 4월 7일 신문의 날을 맞아서 '제도언론 타도'를 주창했다.

1978년 10월에 자유언론실천선언 4주년을 앞두고 열린 동아투위 상임위원회는 언론의 '비겁한 침묵'과 '진실 왜곡'을 더 이상 방관할 수 없다는 결론을 내렸다. 10.24 선언 4주년 기념일에 발행할 동아투위소식지에 1977년 10월부터 1978년 10월까지 1년 동안 제도언론이 외면한 사건들을 종합해서 알리자고 뜻을 모았다.

서울 명동의 음식점에서 연 '10.24 자유언론실천선언 4주년 기념식'에서 배포한 동아투위소식지에는 "보도되지 않은 민주·인권 사건일지(민권일지)" 제목 아래 125건의 사례가 담겼다. 박정희 정권은 11월 1일 '민주인권일지'를 작성한 책임을 물어 안종필을 비롯해 동아투위 집행부를 긴조 9호 위반 혐의로 구속했다. 동아투위는 새 집행부를 구성해서 무죄 석방 운동을 벌였다.

동아투위 해직기자들이 구속된 사건의 진상은 어떤 신문과 방송에도 보도되지 않았다. 그래서 한국 언론사상 단일 사건으로 가장 많은 언론인이 구속된 사실을 민중들은 알 수 없었다. 동아투위 해직기자들이 고문과 투옥으로 고통받고, 생계마저 어려울 때 자본가 김상만은 모르쇠를 놓았다.

아래로부터 민중의 요구는 마침내 1979년의 부마항쟁으로 분출되었고 1980년 '서울의 봄'을 이루었다. 언론계에서 동아투위 기자들의 복직을 요구하는 성명이 나오고 언론 자유가 살아나려던 그 시점에 이른바 '신군부'의 쿠데타가 일어났다. 군부독재 아래서 국가 폭력을 방조했던 언론은 신군부에 서슴지 않고 추파를 던졌다. 1980년 민주화의 봄을 피로 물들이고 전두환 정권이 들어서기까지 언론은 '일등공신'이었다. 12.12 하극상의 군사반란으로 군부를 장악한 전두환-노태우 일당이 비상계엄을 전국으로 확대함으로써 5.17쿠데타를 일으켰을 때, 언론은 침묵하거나 적극 지지했다. 가령 중앙일보는 가장 발 빠르게 '자제와 화합으로 국가적 시련을 극복하자'는 제하의 사설(1980년 5월 19일 자)에서 "계엄령의 확대 시행은 그 목적이 사회 질서, 사회 활동의 정상화를 위한 불가피한 수단일 수밖에 없다"고 정당성을 역설했다.

오월 학살에 눈감고 권언복합체를 형성하다

민중은 달랐다. 군부의 총칼에 맞서 민주주의를 외쳤다. 5.18민중항쟁이 그것이다. 언론은 국가폭력의 극한인 군부의 학살에 눈 감았다. 첫 보도는 1980년 5월 22일 자로 계엄사가 발표한 내용을 고스란히 실었다.

조선일보는 사회면 머리기사(1980년 5월 25일 자)로 '무정부상태 광주 1주/바리케이드 너머 텅 빈 거리엔 불안감만'을 내보냈다. "고개의 내리막길에 바리케이드가 쳐져 있고, 그 동쪽 너머에 '무정부 상태의 광주'가 있다. 쓰러진 전주, 각목, 벽돌 등으로 쳐진 바리케이드 뒤에는 총을 든 난동자들이 서성이고 있는 것이 멀리서 보였다"고 보도했다. 당시 사회부장인 김대중 기자가 직접 쓴 '르포 기사'이다. 같은 날 사설 '도덕성을 회복하자'는 "비극의 나라를 우방으로 둔 그 나라에 대해서 목하 거추장스런 짐이 돼 있는 우리로선 당혹스런 착잡한 심정마저 누를 길 없다"고 썼다. 미국에 대한 한국 언론의 대표적 과공 또는 아부다. 언론이 학살자 전두환 일당을 적극 도우면서 오월에 학살당한 수백 명의 민중은 1987년 6월항쟁 때까지 '폭도'로 불렸다.

언론은 민중 학살을 외면한 데 이어 '전두환 영웅화' 보도를 쏟아냈다. 모든 신문과 방송이 앞 다투어 '인간 전두환'을 찬양하고 나섰다. 특히 조선일보 기사 '인간 전두환-육사의 혼이 키워낸 신념과 의지의 행동'(1980년 8월 23일 자)은 정상적인 기사라고 보기 어려울 정도다.

동기생일지라도 어쩌다 그를 대할 때면 감히 범접할 수 없는 거대한 암벽을 대하는 느낌이 들 때가 있으며, 불의를 보고 참지 못하는 천성적인 결단은 그를 군의 지도자가 아니라 온 국민의 지도자 상으로 클로즈업시키기에 부족함이 없었다. 12.12사건만 해도 그렇다. 정승화 육군참모총장 쪽에 서면 개인 영달은 물론 위험 부담이 전혀 없다는 걸 그도 잘 알았으리라. 10.26사태 이후 그가 보여준 일련의 행위는 육사에서 익히고 오랜 군대생활에서 다져진 애국심을 바탕으로 한 도덕적 행위라는 게 주위의 얘기다.

기사에 따르면 광주에서 저지른 민중 학살도 "도덕적 행위"가 된다. 같은 날짜 조선일보 사설은 '전두환씨를 차기 대통령으로 추대한 전군지휘관회의'에 대해 "건국 이래 모든 군이 한 지도자를 군적 총의로 일사불란하게 지지하고 추대한 예는 일찍이 없었다"며 '갈채'를 보냈다. 다음날(8월 24일 자)은 통단 사설을 내보낸다. '길-새로운 길잡이가 나타나는 데 부쳐'이다.

어떠한 국민도 정치에 참여할 수 있다면서 어떠한 일이 일어나더라도 군인만은 절대적인 중립을 지키고 오로지 군사적인 임무에만 전념하여야 한다고 생각한 데는 분명히 사고와 인식의 맹점이 있다. 군이 안보의 견지에서 정치에 관심을 가지는 것은 당연하며, 군이 진일보하여 나라의 강력한 구심체를 형성하고 지도력을 발휘하는 것 또한 이 나라에서 현실을 사는 논리의 필연적인 귀

결인 것이었다.

언론의 영웅화 작업에 힘입은 전두환은 8월 27일 사임한 최규하를 이어 대통령에 취임한다. 중앙일보는 바로 다음날인 8월 28일부터 네 차례에 걸쳐 '솔직하고 사심 없는 성격 전두환 대통령 어제와 오늘-합천에서 청와대까지'를, 동아일보도 다음날에 '새 시대의 기수 전두환 대통령, 우국충정 30년-군 생활을 통해 본 그의 인간관'을 내보냈다.

"전두환에게서 높이 사야 할 점은 아무래도 수도승에게서나 엿볼 수 있는 청렴과 극기의 자세로, 사람 치고 대개가 물욕에 물들었지만 그는 항상 예외"라는 동아일보 보도(1980년 8월 29일 자)는 훗날 그 '수도승'이 1997년 대법원 확정판결에서 선고받은 추징금 2205억 원에 비춰볼 기사다.

언론은 박정희와 유착했듯이 전두환과의 밀월을 1987년 6월항쟁 직전까지 이어갔다. 전두환 정권에 자발적으로 호응함으로써 언론은 제도언론 단계의 단순한 '유착'을 넘어 군부와 함께 폭력적 지배구조를 이룬 '권언복합체'로서 작동했다.

전두환 정권의 폭압에 맞선 민주화운동가들이 구속되어 모진 고문을 당할 때 언론은 모르쇠 하거나 한술 더 떴다. 가령 1985년 10월 29일과 30일 자로 발행된 신문들을 보자. 언론은 서울지검이 발표한 '서울대 민주화추진위원회(민추위) 사건'을 1면 머리기사로 보도했다. "학내외 시위와 노사분규를 배후 조정"한 "자생적 사회주의 집단"이라는 이름으로 민추위 사건을 보도하며 이 사건 배후로 발표된 민주화운동청년연합(민청련) 의장인 김근태의 '정체'가 '적색분자'라고 강조했다. 그 시점에 김근태는 감옥에 갇힌 채 물고문과 전기고문으로 만신창이가 되어 있었다.

심지어 중앙일보는 '북괴의 인민민주주의 혁명론'과 '민주주의 민족민주혁명론'을 비교하는 표를 게재했다. '검찰의 민추위 수사가 뜻하는 것'이란 제하의 기사(1985년 10월 30일 자)는 "직업혁명가를 자처하는 일부 재야단체 인사들과 과격 운동권 학생들과의 보이지 않는 연결고리를 절단하는 작업이야말로 순수한 학생·근로자를 보호하고 사회 안녕 질서를 위해 가장 절실하고 시급한 과제임이 틀림없다"고 주장했다. 기사의 수준이 공안 검찰의 발표문과 비금비금한 상황에 이른 것이다.

보도지침 받아쓰기

언론의 왜곡보도 '배후'에는 전두환 정권이 문화공보부 홍보정책실을 통해 날마다 신문을 어떻게 만들 것인지 내려보낸 이른바 '보도지침'이 있었다. 당시 문화공보부는 권력의 이해관계라는 단 하나의 잣대로 주요 사건에 대해 '보도 가可'나 '보도 불가' 또는 '절대불가' 따위의 판정을 멋대로 내렸다. 기사를 어느 지면에 몇 단으로 싣는가에 머물지 않았다. 신문 표제나 사진을 편집하는 방법까지 구체적으로

'지시'했다.

보도지침은 대부분 언론에 수용됐다. 행간에 진실을 담으려는 노력조차 찾아보기 어려웠다. 언론의 외면과 방조로 아무런 견제도 받지 않던 권력은 성고문이라는 범죄까지 저지르게 된다. 1986년 6월에 경기도 부천서의 문귀동 경장은 민주화운동에 나선 여성에게 '자백'을 받아내겠다며 성고문을 저질렀다. 언론은 성고문 사실을 당사자가 용기 있게 고발했는데도 모르쇠만 놓다가 검찰의 주장만을 일방적으로 대변했다. 검찰이 수사 결과를 발표한 1986년 7월 17일 신문사 편집국에 보낸 보도지침은 다음과 같다.

- 오늘 오후 4시 검찰이 발표한 조사결과 내용만 보도할 것
- 사회면에서 취급할 것(크기는 재량에 맡김)
- 검찰 발표문 전문은 꼭 실어줄 것
- 자료 중 '사건의 성격'에서 제목을 뽑아 줄 것
- 이 사건의 명칭을 성추행이라 하지 말고 성모욕 행위로 할 것
- 발표 외에 독자적인 취재보도 내용 불가
- 시중에 나도는 반체제측의 고소장 내용이나 기독교교회협의회(NCC), 여성단체 등의 사건 관계 성명은 일체 보도하지 말 것.

모든 언론이 그 '지침'을 충실하게 따랐다. 조선일보는 "성적 모욕 없었고 폭언 폭행만 했다"(1986년 7월 17일 자)로 제목을 구성했고, "운동권, 공권력 무력화 책동"이란 제목까지 내보냈다. '부천서 사

건-공안당국의 분석'(1986년 7월 17일 자)에서는 "급진세력의 투쟁전략 전술 일환-혁명 위해 성까지 도구화한 사건"이라고 사건의 성격을 악의적으로 규정했다. 당시 한국기독교교회협의회KNCC 인권위원회 보고서는 조선일보의 성고문 기사를 왜곡보도의 대표적 사례로 꼽았다.

언론이 지배체제의 한 축이 됨으로써 아무런 견제를 받지 않던 공안당국에 의해 마침내 대학생 '살해'가 저질러진다. 1987년 1월에 일어난 박종철 고문치사 사건이 그것이다. 이 시기 국가폭력으로 살해당한 이가 박종철이 처음은 아니었다. 부천서 성고문 사건이나 박종철 고문치사처럼 세상에 알려지지 않았으나, 군부독재 내내 '권언복합체' 의 폭력 구조 아래서 수많은 대학생과 노동인들이 의문의 죽음을 당해야 했다.

민주화운동에 나선 대학생들을 골라 강제로 군에 입대시킨 '강제징집'으로 숱한 젊은이들이 의문의 주검으로 발견됐다. 시위 학생을 강제 연행하거나 기소한 상황에서 정상적인 군 입대 절차 없이 강제징집하고 악랄하게 '정보망'으로 이용한 초법적 과정이 일상적으로 일어났다. 만일 언론이 '권력 감시'라는 제 구실을 충실히 했다면, 강제 징집이 계기가 된 숱한 의문사는 없었을 수 있다. 그 점에서 권력과 '복합체'를 형성한 언론의 책임은 컸다.

1987년 6월 9일 대통령 직선제 개헌을 요구하며 시위에 나선 대학생 이한열이 최루탄에 맞아 쓰러지면서 민주항쟁의 불길은 거세게 일어났다. 6월항쟁으로 1980년대 지배체제인 권언복합체의 한 축인 군부가 퇴각하기 시작했다. 하지만 또 다른 축인 언론은 고스란히 남아 폭압적인 지배체제를 유지하는 핵심으로 작용했다. 세련된 언술로 과거 군부의 논리를 사회구성원들에게 일상적으로 전파하는 '언론권력'이 등장한 것이다. 바로 그만큼 언론개혁이 시대적 과제로 떠오르는 것도 필연이었다.

군부의 퇴각과 언론권력의 등장 그리고 언론민주화운동

이미 6월항쟁이 일어나기 1년 전에 민주언론운동협의회(민언협)는 성명을 내고 군부독재로부터 "특혜와 비호를 받으면서 한편으로 권력의 시녀 되기를 강요받아온 제도언론 내 젊은 기자들"에게 "민중의 저 고난에 찬 투쟁대열에 과감한 실천으로 뛰어들 것을 촉구"했다. 민언협은 유신독재에 맞서 자유언론을 실천하다가 동아일보와 조선일보에서 해직된 기자들과 전두환 집권 과정에서 해직된 기자들이 1984년 12월에 세운 조직으로 송건호가 의장을 맡았다. 1980년대 언론개혁운동의 구심점이던 민언협의 창립선언문을 짚어보면, 언론운동의 방향을 두 가지로 제시하고 있음을 새삼 발견할 수 있다.

먼저 언론민주화다. 민언협은 최소한의 인간다운 삶을 요구하는 노동운동과 농민운동이 오늘의 언론에 어떻게 취급되고 있는가를 물은 뒤 "제도언론 속에서 오늘의 범죄적 언론에 양심의 고통을 느끼는 사람들"은 '언론민주화 운동' 대열에 동참하라고 제안했다. 민언협은 이어 '새로운 언론'을 운동 방향으로 설정했다. "표현수단을 빼앗긴 민중"들의 새 언론에 대한 요구에 부응하여 "민중적·민족적 요구"에 굳건히 선 언론을 창설하겠다고 다짐했다.

'언론민주화'와 '새로운 언론'이라는 언론운동의 두 방향은 1987년 6월항쟁 이후 결실을 맺었다. "제도언론 속에서 오늘의 범죄적 언론에 양심의 고통을 느끼는 사람들"은 언론노동조합 결성에 나섰고 일부는 '새로운 언론' 창간에 동참했다. 민언협이 주도해 '국민모금'으로 창간한 한겨레가 그것이다.

6월항쟁 당시 모든 신문과 방송이 전두환과 노태우가 합작한 6.29 선언으로 이제 민주화가 달성됐다고 주장할 때 전국에 걸쳐 노동운동이 일어났다. 한국 언론은 군부정권 아래서 내내 억압되었던 노동운동이 기지개를 펴자 불편해하거나 적대적인 시선을 던졌다.

하지만 노동조합 설립이 크게 늘어나면서 언론계에서도 움직임이 일어났다. 한국일보 기자들이 10월 29일 처음으로 노조를 결성했고 11월 18일에 동아일보 기자들도 노동조합을 설립했다. 언론자본가 김상만은 아버지 김성수로부터 '노조는 안 된다는 유훈'을 받았지만, 6월항쟁이 열어놓은 민주화공간에서 더는 노조를 부정할 수 없었다. 12월에 들어서면서 전국의 모든 언론사에 노동조합 설립이 이어졌다.

언론노동조합의 합법화로 기자들은 언론민주화운동을 조직적으로 전개할 수 있는 공간을 언론사 내부에 확보했다. 권력과 손잡고 '제도언론'에 이어 '권언복합체'의 길을 달려온 언론자본과 마주 앉아 편집과 경영 문제를 논의할 수 있는 합법적 토대를 마련한 것은 중요한 변화였다. 기업별 노동조합의 형태로 창립한 언론노동조합들은 이듬해 전국언론노동조합연맹(언론노련)을 결성하면서 본격적인 언론민주화운동에 돌입했다.

때마침 1988년 12월에 언론청문회가 열렸다. 전두환 정권에서 언론이 권력과 유착한 사실로 조선일보 자본가 방우영이 가장 많은 질문과 추궁을 받았다. 여든 살을 앞두고 국회 청문회에 불려나갔던 동아일보 자본가 김상만은 곧바로 장남 김병관을 사장에 앉히고 한 발 물러섰다.

1989년 3월 25일 사장에 취임한 김병관은 4월 1일 창간기념일을 맞아 신문에 낸 취임사에서 "동아일보의 거룩한 창간 전통에 다시 한 번 중흥의 불을 댕기는 제2의 창간을 이룩해야겠다는 결의"를 밝혔다. 동아일보사는 김병관의 제2창간 선언을 "민주주의의 기초가 마련된 1980년대를 지나 민주화, 세계화, 정보화의 시대로 들어선 1990년대에 맞춘 새로운 이정표였다"며 "이는 동아일보를 21세기 종합 미디어그룹으로 도약시키기 위한 준비이기도 했다"고 높이 평가했다.

그런데 김성수에서 김상만을 거쳐 3대째 신문사를 세습한 김병관이 제2창간을 내건 배경에는 위기의식이 깔려 있었다. 전두환 정권과의 밀월로 빠르게 부수 확장을 해온 조선일보가 동아의 발행부수를 바짝 추격해오고 있었다. 더구나 자신들이 대거 해고한 동아투위 기자들과 송건호를 중심으로 한겨레가 창간되었다.

김병관은 1980년대 명칼럼으로 그나마 동아일보의 '명성'을 지킨 논설위원 김중배를 편집국장에 임명했다. 김병관과 김중배는 동갑으로 각각 광고국과 편집국에 몸담고 있을 때부터 종종 술잔을 나눈 사이였다. 김중배는 몇몇 후배들과 함께 신문이 나아갈 방향에 대해 초안을 만들어 김병관에게 건네며 "사장의 의견을 중요하게 참고하겠지만 그렇다고 편집국장으로서 하는 일에 너무 개입하는 것은 절제를 하는, 서로가 그런 전제에서 자리를 맡으면 좋겠다"고 말했다.

그런데 얼마 가지 않아 자본가 측근들이 편집국장 김중배를 흔들기 시작했다. 경영진 일부와 이미 편집국장을 역임한 고위간부들 사이에 "우리 신문에 읽을 만한 기사가 없다"거나 "노선이 문제"라는 이야기들이 나돌았고, 조선일보처럼 만들어야 한다는 요구도 있었다. 편집국장 김중배는 "조선일보처럼 만들어서 동아일보가 1등을 지킬 수 있으면 그런 길을 선택할 수 있다. 그런데 내 판단은 글쎄다"라고 말했다. 김중배는 지금 조선일보를 따라가면 제일 잘해야 2등이고 2등에서도 떨어질 가능성이 높다고 사장에게 강조했다. 나중에 동아일보 노조도 노보 제목으로 '남의 흉내를 내는 사람은 제일 잘해야 2등밖에 못됐다. 그리고 2등이 되기도 어렵다'고 썼다.

1990년 10월 5일 군 정보기관인 국군보안사령부가 민간인을 사찰했다는 사실이 윤석양 이병의 기자회견으로 불거지자 김중배는 한겨레와 함께 연일 1면과 사회면 머리기사로 다루며 사안의 심각성을 부각했다. 당시 기자협회보는 "보안사 사찰 보도와 관련해 동아일보가 지면 구성, 보도 태도, 접근 방식 등에 있어 타지에 비해 돋보였다. 동아는 이 사건을 정면으로 다루어 정치사찰 금지와 군의 정치적 중립의 계기로 삼으려는 적극적 자세를 보였다"고 평가했다.

김중배 편집국장이 사내 안팎에서 호응을 얻고 있을 때, 페놀이 낙동강으로 유입된 사건이 터졌다. 1991년 3월 14일에 경북 구미의 두산전자에서 원액을 담아둔 탱크로부터 페놀 30톤이 흘러내려 대구의 상수원을 오염시키고 수돗물에서도 악취가 난 사건이다. 페놀은 낙동강을 타고 계속 흘러 대구는 물론, 부산과 마산을 포함한 영남 모든 지역이 '페놀 수돗물' 파동에 휩쓸렸다. 사건을 덮는 데 급급한 두산그룹에 '불매 운동'이 일어났다. 두산전자는 조업 정지 처분을 받았지만, 단순 과실이라는 이유로 20일 만에 조업 재개가 허용되었다. 그런데 4월 22일 페놀 탱크에서 다시 2톤이 낙동강에 유입되는 사고가 일어났다. 항의 시위가 확대되면서 두산그룹 회장이 물러나고, 환경처 장·차관이 경질됐다.

김중배는 대구에서 '시민 취재반'을 만들 구상을 했고 환경운동가 최열도 참여했다. 김중배는 사장 김병관에게 '편집국은 낙동강 페놀 사건을 집중적으로 계속 보도하겠다. 우리 신문이 경북에서 열세라니까 판매 쪽에서도 캠페인을 같이 했으면 좋겠다'고 제안했다. 김병관은 그 자리에서 판매이사를 불러 편집국을 도우라고 지시했다.

그런데 며칠 뒤 달라졌다. 두산그룹에서 김병관 사장을 비롯해 이사들을 찾아다닌 뒤였다. 주필을 비롯해 이사들이 모인 자리에서 사장은 돌연 편집국장을 추궁했다.

"아니, 신문사가 그 신문사의 대광고주를 그렇게 함부로 비난을 해도 되는 거요?"

김중배는 사장의 돌변이 개탄스러웠다. 그 뒤 편집국 안팎에 '김중배 사회주의를 경계해라'는 말이 나돌았다. 전국 곳곳에서 골프장이 온 산을 만신창이로 만든다는 기사를 사회면 머리로 올렸을 때도, '우루과이라운드가 온다'는 연재물을 통해 농업의 미래로 유기농을 비롯해 대안을 제시해갈 때도 경계하는 목소리들이 나왔다. 이웅고 사장과 동창이자 동아일보 이사인 변호사가 김 국장을 만나자고 하더니 보도 방향과 관련해 '대한민국은 자유민주주의 국가이고 시장경제를 중시한다'고 강조했다.

편집국장 김중배는 담담하게 답했다. 우리 헌법은 자유민주주의를 지향하면서 기본권 조항으로 인간에 대한 존중, 노동에 대한 존중을 담고 있다, 더구나 제헌헌법부터 말하면 그 시작은 사회적 경제다, 그런 것을 살리는 것이 왜 '좌경'이고 '사회주의'냐고 반문했다. 김중배는 정당한 비판은 얼마든지 받아들이겠는데 그런 식으로 비판을 하면 어떻게 하느냐고 덧붙였다.

이웅고 김병관 사장은 1991년 8월 1일 김중배 편집국장을 돌연 경질하고 조사연구실로 발령 냈다. 이어 편집국 기자들에게 '발신자'가 명시되지 않은 문건을 회람시켰다.

> 동아일보의 사시가 말하듯이 동아는 어디까지나 민족, 민주, 문화주의를 소명으로 삼고 있으며, 내가 말하는 제2의 창간도 이 사시를 한층 더 높은 경지로 승화시키는 데 있다. 더욱이 통일을 앞두고 급변하는 국제정세 속

에서 이 사시를 시대성에 맞게 구현하는 데 제2창간의 뜻이 있는 것이지 동아의 근본 이념이나 철학을 재정리하는 데 있지 않다. 그러나 어떤 이가 혹 내 제2창간의 뜻을 잘못 이해하거나 자기 나름의 해석을 통해서 우리 동아가 흡사 사회계층 간 위화감을 조장하고, 또 극소수의 반체제인사들에 의한 체제의 성토광장으로 이용할 소지나 우려를 준다면 이 기회에 제2창간의 뜻을 분명히 해야겠다. 불의나 부정이나 독재 등을 묵과하는 신문이 되어서는 절대로 안 되지만 우리의 사시인 민주, 민족, 문화주의와 자본주의체제를 부정하고 극소수의 극렬분자들을 단지 '소수'요, '약자'이기 때문에 비호할 수는 없는 것이다. 근래 우리 지면에 특히 서평란(예: 윤정모 책, 폴 바란 책), 난맥 매듭을 풀자(안병욱), 자전수필 필자(빈민운동가)의 선택이나 그들 말의 인용 등은 동아를 아끼는 독자들의 빈축을 사고 있을 뿐 아니라 동아의 노선을 의심할 정도의 비판이 있음은 매우 유감스러운 일이다. 비판 없는 체제의 옹호도 우리의 사시가 용납하지 않을 터이지만 체제 부정이나 국민의 위화감 조성에 지면을 할애함은 용납할 수가 없어 편집진의 변화를 통해 동아 편집 방향의 재정비를 제2창간 실현의 시작으로 삼으려고 한다.

발신자 표시는 없지만 사장 김병관의 지침임을 모를 기자는 없었다. 문건에 확연히 나타나듯이 '3세 자본가' 김병관은 편집국장을 돌연 경질하면서 "체제 부정이나 국민의 위화감 조성에 지면을 할애함은 용납할 수가 없어 편집진의 변화를 통해 신문의 편집 방향을 재정비"하겠다고 못 박았다.

문제는 '체제 부정'이나 '국민의 위화감 조성' 근거로 언론자본이

들먹인 사례에 있다. 윤정모의 소설을 서평란에 소개하고 역사학자 안병욱이나 빈민운동가 제정구의 글을 지면에 실었다는 것이 '체제 부정 편집'의 '증거'라고 주장함으로써 언론자본가의 민주주의관이 얼마나 편협한지 단적으로 드러냈다.

군사독재 체제에서 상대적이나마 '야당지'의 모습을 보였던 신문사에서 자본가가 자신의 뜻과 다르다는 이유로 편집국장을 전격 해임한 사태는 자유언론 수호에 나선 기자들을 대량 해고한 1975년 동아사태에 이어 언론자본이 공론장 형성에 얼마나 큰 장애물인가를 다시 확인해준 사건이었다.

회람된 문건은 편집권에 대한 자본가의 자의적 판단과 전횡 의지를 민낯으로 드러내고 있었다. 그럼에도 아무도 나서지 않았다. 노동조합을 창립할 때 내세운 과제가 '편집권 독립'이었음에도 그랬다. 당시 7년차 기자였던 저자는 언론자본가의 편집권 유린이 단순히 동아일보만의 문제가 아니라 한국 언론이 직면한 문제라고 판단했다. 기자협회보에 '숨은 권력과 편집국 민주주의'(1991년 8월 14일 자) 제목의 글을 기고해 전국의 모든 기자와 문제의식 공유에 나섰다.

> 권력은 그것이 노골적으로 드러나고 철권을 휘두를 때 차라리 정직하다. 은폐된 곳에서 그의 논리를 냉혹하게 관철하는 '숨은 권력'은 그 가면을 벗기지 못할 때까지 '민주주의의 수호신'으로 자처하기 마련이다… 민족의 표현 기관을 자임해온 한 신문에서 오랜 세월 독재와 싸워온 편집국장을 13개월 만에 경질한 사실이 알려지면서 다양한 해석들이 제기되고 있다.

물론 이러한 사태들에서 과거와 같은 '정직한 권력'의 손은 보이지 않는다. 그러나 더 본질적이고 '무서운 힘'이 숨어 있던 그 모습을 확연히 드러내고 있는 것이다… 모든 권력으로부터 편집권의 자유를 확보하는 것, 이것은 민주주의와 통일의 길로 걸어가기 위해 한국 언론이 오늘 반드시 해결해야 할 선행 과제이다. 편집국 민주주의가 없다면 한국 언론의 내일도 한국 사회의 성숙한 민주화 전망도 어두울 뿐이다. 무엇보다 언론 자유를 위해 언론인으로서 열린 마음이 필요하다. 닫힌 금단의 문은 그래서 열려야 한다.

그럼에도 편집국과 노동조합의 침묵은 이어졌다. 1991년 9월 6일 저녁, 동아일보사 4층 편집국에서 국장 이·취임식이 열렸다. '동아일보 편집국장' 이전에 군부독재와 맞서 싸운 칼럼으로 언론계 젊은 기자들로부터 존경을 받고 있던 김중배는 "이 자리에 목욕재계를 하고 나왔다"며 이임사의 운을 뗐다.

1990년대가 열리면서 우리는 권력보다는 더 원천적이고 영구적인 도전의 세력에 맞서게 되었다는 게 신문기자 김중배의 진단입니다… 정치권력만이 아니라 가장 강력한 권력은 자본이라는 생각을 떨쳐버릴 수 없습니다. 그 사태에 우리는 직면하고 있는 것입니다. 그리고 자본주의체제가 지속되는 한 언론에 대한 자본의 압력은 원천적이고 영구적인 것입니다… 이 도전에 대한 언론의 응전은 어떠해야 할 것인가? 이것을, 저도 소주 좋아합니다만, 소주 한 잔 먹고 개탄하고 한풀이하고 분노를 토로하고 이런 것만으로 우리가 이것을 극복할 수 있는 것인가? 그리고 이것은 영원한 도전입니다. 그리고 원천적인 도전입니다. 이것을 즉흥적인 순발적인 그런 감상, 격정만으로 우리가 극복하고 대응할 수 있는 것인가? 그것이 여러분의 숙제이면서 동시에 제 숙제입니다. 이것은 정말로 우리 선후배, 동료 여러분들의 숙제입니다… 제가 어떤 결단을 함으로써 그것이 풀어진다고 생각을 하는 그런 환상주의자는 아니올시다. 누군가 돌멩이 하나를 던져야 파문이 일어날 것이 아닌가, 그런 충정으로 저는 감히 오늘 이 환송회의 자리가 김중배가 동아일보 편집국장 자리를 물러서는 자리가 아니라, 김중배가 동아일보를 물러서는 자리의 환송회로 인식하고 저는 물러가고자 합니다.

자본의 언론 지배를 통렬히 경고한 김중배는 "1990년대 들어 언론이 이제 권력보다 더 원천적이고 영구적인 제약 세력인 자본과의 힘겨운 싸움을 벌이지 않으면 안 되는 시기에 접어들었다"며 "최근 동아가 취한 일련의 인사 조치와 국장 경질 뒤 자유로운 편집을 제약하고 자본의 논리를 강요하는 일명 '보도지침'이란 괴문서가 사내에 공공연히 나돌고 있는 것은 바로 그 대표적인 사례"라고 말했다. 침묵하는 기자들에게 신문자본과의 싸움에 나서줄 것을 촉구하고 사표를 던진 것이다. 편집권을 유린한 동아일보사 자본가를 '숨은 권력'으로 비판했던 저자도 같은 날 사표를 썼다.

1991년 동아사태: 원천적인 언론자유 위협

기실 자유언론 실천에 나선 기자들이 대량 해직된 1975년 동아사태에서 자본이 정치권력과 야합한 사실에 주목한다면, '자본과의 싸움'이 새삼스럽게 1991년에 처음 제기된 것은 아니다. 다만 1975년 동아사태 이후 독재권력 뒤에 '숨은 권력'으로서 사실상 신문 제작에 무소불위의 힘을 '채찍과 당근'으로 휘둘러온 자본이 1991년 동아사태를 계기로 언론자유를 위협하는 최대 장애물로 정체를 드러냈다고 판단할 수 있다.

무릇 자본으로부터 언론 자유를 지켜내는 과제는 일차적으로 언론노동인들이 스스로 나서서 풀어가야 할 일이다. 김중배와 저자가 사표를 던지자 동아일보사노동조합은 '발행인과의 대화'를 요구했다. 9월 19일 노조가 주선해 발행인과 만난 자리에서 기자들은 사장이 회람시킨 '보도지침'에 항의했다. "문제의 발단이 된 '보도지침'에 대해 사장의 분명한 의사 표시가 있어야 한다. 잘못됐으니 취소하겠다든지, 정정하겠다든지, 아니면 유감이라든지 분명히 말해야 한다"는 기자들의 요구에 김병관은 "절대 취소도 정정도 않겠다. 분명히 말하지만 그것은 보도지침이 아니고 신임국장에게 준 메모에 불과하다. 그것을 어떻게 소화하느냐는 국장의 자유다"라고 단호히 답하며 기자들의 기세를 다시 꺾었다.

'1991년 동아사태'는 그해 8월 1일 편집국장 전격 경질에서 편집국 기자들이 발행인과 만나 집단 항의한 9월 19일까지 전개된 일련의 사태를 아우른다. 동아일보사의 의미 축소와 다른 언론사들의 침묵으로 일반인들에게는 알려지지 않았지만, 그 사건으로 표면에 드러난 언론자본의 권력은 지금도 동아일보는 물론 대부분의 언론사 내부에서 왕국을 이루고 있다.

해방 이후 한국 언론을 나름대로 대표하던 동아일보는 두 번의 동아사태를 거치며 '숨은 권력'으로서 언론자본이 신문 제작의 전면으로 나섰지만, 결과는 참담했다. 동아일보의 몰락이 그것이다. 동아일보의 몰락은 언론자본의 문제가 왜 중요한가를 생생하게 웅변해주었다.

4/ 언론자본과 김대중·노무현

"이윽고 2005년 1월 1일 '신문 등의 자유와 기능보장에 관한 법률'(신문법)이 국회를 통과했다. 하지만 열린우리당과 한나라당만의 야합으로 입법되었다. 언론개혁 입법의 고갱이인 편집권 독립은 실종되었다. 자유언론을 위한 장치들은 논의조차 되지 못했다. 신문사 소유 지분 분산 조항이 삭제되고 편집위원회는 임의기구로 전락하고 말았다."

언론권력은 6월항쟁으로 군부가 물러난 뒤 권력의 빈 공간을 자본과 나눠가졌다. 1991년 동아사태는 그 전환이 표면으로 드러난 상징적 사건이었다. 동아일보가 조선일보 논조를 따라가면서 한국 언론의 헤게모니는 해방 이후 처음으로 변화를 맞았다.

1920년 창간 이후 언제나 열등감으로 경쟁의식을 지녔던 동아일보를 제친 조선일보 자본가는 내놓고 자신의 힘을 드러내기 시작했다. 3당 합당으로 군부와 손잡은 김영삼이 1992년 5월 29일 집권당(민자당)의 대통령 후보로 결정되자 사설을 통해 당내 화합을 이루라고 '충고'했다. 당 내부의 갈등만 잠재운다면 김영삼의 집권은 확실하다고 판단했을 터다.

그런데 1992년 12월 대선 정국에 돌연 변수가 생겼다. 현대그룹 정주영이 통일국민당을 만들며 대통령이 되겠다고 나섰다. 당시 삼성그룹보다 영향력과 인지도가 높던 현대그룹의 자본가 정주영의 출마는 기득권세력의 표를 분산시킬 가능성이 높았다. 그래서였다. 조선일보를 비롯해 한국 언론의 정치보도는 정주영과 국민당에 내놓고 냉랭했다. 자칫 김대중 후보의 당선을 불러올 수 있다고 우려했기 때문이다.

YS 장학생과 정주영의 흥분

군부독재의 후신인 집권당 후보를 교묘히 편드는 언론 보도가 끝없이 이어지자 정주영의 통일국민당은 1992년 9월 9일과 10일에 걸쳐 거의 모든 일간지 1면에 "공무원과 언론은 공명선거를 가늠하는 두 잣대입니다" 제목으로 광고를 냈다. 대통령 선거 국면에서 갈수록 노골화하는 언론의 편향성을 더는 좌시할 수 없다는 위기감이었다. 광고는 "언론은 더 이상 정권의 도구가 아니다"라며 "언론계에는 '김영삼 장학생'이라는 말이 있다. 조직적으로 신문·방송에 영향력을 심고 있는 것은 이제 비밀이 아니다"라고 폭로하면서 "공정보도는 국민의 힘으로 지켜야 한다"라고 호소했다.

다른 신문사와 함께 통일국민당의 언론 비판 광고를 1면에 실은 조선일보가 마치 한국 언론을 대표하듯 정면으로 나섰다. 일단 통일국민당의 고액 광고료를 챙긴 조선일보는 이틀 뒤 '국민당 광고와 언론' 제하의 사설(9월 11일)을 통해 언론계에 "김영삼 장학생"이 있다는 광고 문구를 콕 집어 비판했다.

> 그런 말은 가십거리나 구전으로는 있을 수 있으되, 공당이 그것을 객관화시키고 사실인 것처럼 내외에 천명하고자 할 때는 명백한 근거가 있어야 한다. 이 광고는 그런 말이 있다고 자신의 거증 책임을 피해 가면서 비밀이 아니다라고 덧붙임으로써 그것을 기정사실화하고 있는 것이다. 이것은 논리적으로도 아주 빈약한 것이며 보기에 따라서는 마타도어적 수법이라는 비판을 받을 수 있다.

사설은 또 "언론계 사람들도 정견이 있는 한에는 김영삼 씨에 투표할 사람도 있을 것이고 정주영 씨에 투표할 사람도 있을 것이다. 그때 정 씨에 호의적인 사람은 그렇다면 일괄 정주영 장학생이라고 불러야 할 것인지도 한 번 따져볼 만한 일"이라면서 "국민당이 현대를 전 사원의 당원화로 이용하려 해서는 안 될 것이며, 재벌이 언론매체를 소유해서는 안 된다고 한 정주영 씨의 발언도 실천적으로 입증돼야 할 것"이라고 국민당과 현대그룹, 문화일보를 '압박'했다.

언론계에서 유명했던 'YS 장학생'은 출입기자 시절부터 정치인 김영삼이 주는 촌지를 받아 챙기며 중견 또는 고위간부에 이른 기자들을 일컫던 말이다. 정기적으로 촌지를 받은 그들은 언론사 내부의 동향과 취재정보를 YS에게 건넸다. 참고로 '전두환 장학생'들은 전두환이 현직일 때는 물론 퇴임한 뒤에도 설에 세배를 가서 두둑한 돈 봉투를 챙겨온 기자들이다.

민자당의 재집권 전략인 '김영삼 대통령 만들기'는 공안몰이까지 동원했다. 여론을 몰아가려면 당연히 언론의 도움이 필요했다. 이미 전두환 군부와 내놓고 밀착했던 조선일보 자본가 방우영이 앞장선 것은 물론이다. 국가정보기관이 먼저 나섰다. 선거를 석 달 앞두고 안기부는 '평양의 지령'에 따라 조선노동당을 추종하는 지하당을 결성한 혐의로 '중부지역당' 총책 황인오·인욱 형제를 비롯한 6명을 검찰에 구속 송치했다. 안기부는 다시 10월 6일에 '적발된 조직은 남로당 이후 최대 간첩조직'으로 중부·경인·영남·호남 4개 지역당 가운데 충청과 강원을 관할하는 당이라고 추가 발표했다.

조선일보는 1992년 10월 7일 자 1, 2, 3, 4, 5, 22면에 걸쳐 기사, 해설, 칼럼, 사설 들을 총동원해 '간첩 사건'을 대대적으로 보도했다. 1면에 큼직하게 '남한조선노동당 62명 구속'을 주제목으로 편집하며 '안기부 발표 3개 간첩망 300여 명 추적 북한서열 22위 이선실 암약/남로당 후 최대 연공 수립기도/장관급 간첩 등 10여 명이 지휘/경인-영남-호남 지역 수사 확대'를 부제목으로 부각해 달았다. 그날 사설 두 편 모두 관련 사건을 다뤘다. 제목 그대로 '안기부는 무얼 했나'를 묻고 '적화는 이미 전개되고 있었다'며 안보 위기의식을 한껏 고조시켰다. 사설은 "이번 간첩단은 단순히 기밀을 탐지하는 간첩망이 아니라, 하나의 거대한 정치활동 집단이었다. 그들의 활동은 음지에 숨어서 수군거리는 정도가 아니라, 공공연히 우리의 정계 일각과 공개적인 운동권 일각에 섞여서 주사파 혁명을 고창하고 있었다"며 불안감과 경각심을 한껏 높였다.

정주영에 대한 경계도 잊지 않았다. 사설 '보수진영의 분열인가'(10월 24일 자)를 통해 국민당 후보를 '견제'하고 나섰다.

한국 정치는 지금 어디로 가고 있는가? 양김 대결 구도로 예상됐던 정국이 국민당의 출현에 이어서 새한국당의 등장으로 계속 변수를 파생시키고 있다. 국민의 입장에서 최종적인 태도 결정을 하기에는 여러 갈래로 나뉘는 요즘의 정국이 너무나 현란하고 어지럽다… 우리의 입장에서 국가 발전이나 21세기 준비를 위해 할 수 있는 일의 선택의 폭은 결코 넓지가 않다. 그야말로 몇 개 안 되는 것이고 빤한 것이다. 그런데도 그 빤한 것을 하겠다는 사람들이 이렇게 많이 제각기 당을 따로 만들어 가지고 대선에 뛰어드는 이게 과연 잘 되는 일인지 어리둥절해진다. 단순하게 말해서 **민자당이나 국민당 및 새한국당은 모두가 노선 상으로는 합당을 한대도 이상할 것이 없어 보이는 보수당들이다**… 더군다나 지금의 대선 정국은 내각책임제 하가 아니라 대통령 중심제임을 상기할 때, 범보수가 이처럼 제각기 당을 따로 차려서 대통령 후보를 서로 낸다는 것은 참으로 기이한 노릇이다.

그랬음에도 정주영 후보는 사퇴하지 않았다. 선거가 다가오자 논설실장 류근일이 11월 28일 자에 '정주영 변수' 제목으로 칼럼을 쓰고 노골적으로 정파적 주장을 폈다.

> 이번 선거의 뇌관은 정주영 후보가 쥔 꼴이 됐다. 그가 만약 굉장히 많이 득표를 하면 그는 이 나라의 대통령이 된다. 반면에 그가 적당히 많이 득표를 할 경우엔 그는 김영삼 씨를 떨어뜨리고 김대중 씨를 당선시킬 것이다… 과연 어떻게 마음을 정해야 할 것인가. 우선 정해야 할 것은 양 김 씨 중 누구를 고를 것인가 위주로 판을 봐야 할지, 아니면 양 김이냐 정 씨냐 위주로 판을 봐야할 지를 가름하는 일이다. 만약에 전자의 경우로 정해진다면 그땐 정 후보는 아예 계산에서 빼버리면 된다. 그리고 양 김 씨 중 누가 덜 나쁜지를 가려내면 된다… 이런 식으로 해서 40퍼센트 안팎의 미정표 유권자들은 이제 정주영 변수가 작용하는 3자 대결 구도에서 자신의 선택을 좁혀가야 한다. 정주영 씨에게 굉장히 많은 표를 허락함으로써 그를 당선시킬 것인가, 또는 그에게 적당히 많은 표가 가게 함으로써 김대중 씨를 당선되게 할 것인가, 아니면 그에게 아주 조금만 표를 줌으로써 김영삼 씨를 당선시킬 것인가. 이 세 가지 선택의 기로에서 유권자들은 투철한 판별력으로 그들의 도덕성과 진실성의 높낮이를 정확하게 꿰뚫어 보아야 할 것이다.

정주영 후보로서는 기가 막혔을 터다. 반면에 김영삼 후보로선 언론의 편향적 보도가 정말 든든하지 않았을까. 언론의 결정적 공헌은 선거를 앞두고 전 법무부장관 김기춘과 부산 지역 기관장들이 총동원된 '관권선거 모의 사건'이 불거졌을 때 이뤄졌다.

“우리가 남이가”

1992년 12월 11일, 김영삼 후보의 측근 김기춘이 부산 초원복국집에 부산시장·검사장·경찰청장·안기부지부장·교육감·기무부대장·상공회의소장을 모아놓고 노골적으로 지역감정을 부추겨 민자당 후보를 지원하자고 모의했다. 명백한 '관권선거 모의'였다. 주고받은 대화 내용 또한 공분을 샀다.

모임의 좌장 격인 김기춘은 “부산·경남 사람들 이번에 김대중이 정주영이 어쩌니 하면 영도다리에서 칵 빠져 죽자”라 했고 “하여튼 민간에서 지역감정을 좀 불러일으켜야 돼”라는 말도 무람없이 꺼냈다. 명색이 '부산기관장 모임'에서 지역감정 조장을 모의해놓고는 “훗날 보면 보람 있는 시민이라고 다들 느끼게 되지 않겠는가”라며 어이없는 자평을 늘어놓았다.

대화를 녹음한 테이프가 12월 15일에 공개됐다. 유권자들은 큰 충격을 받았지만, 조선일보 독자를 비롯해 많은 유권자들은 '관권선거 모의'에 전혀 다른 인식을 할 수밖에 없었다. 조선일보는 다음날 신문 1면 머리로 '기관장 모임 4명 전격 경질/부산 시장 해임·경찰청장·기무대장 등 직위해제' 제목을 달고 노태우 대통령이 '관련자 단호 조치'를 지시했으며 김영삼 후보도 '엄중 문책'을 요청했다는 사실을 부제목으로 편집했다. 머리기사 제목보다 훨씬 더 큰 글자로 '비방·폭로전 절정'을 달고 '각 당, 투표 전야 금품 감시 비상/탈법 사례 무더기 고발'을 부제목으로 한 기획기사를 돋보이게 편집함으로써 독자들이 '초원복국집 관권선거 모의' 또한 절정에 이른 비방·폭로전의 하나처럼 받아들일 가능성을 높였다. 정작 녹음테이프가 공개된 사실은 '부산시 기관장 7명 민자 후보 지원 논의/음식점 아침식사 대화 녹음테이프 공개' 제하에 '국민당 주장'이라는 전제까지 붙여서 '비방·폭로전 절정' 기사 바로 아래에 상대적으로 작게 보도했다.

같은 날짜 사설 '관권 버릇'은 초원복국집 모임이 "공식적인 대책회의라기 보다는 김기춘 전 법무장관의 초대에 응한 회동이었을 수도 있다"면서 그들이 선거 막바지의 중요한 시기에 관권 개입의 의혹을 샀고 정치적 중립을 지켜야 할 공무원의 자세를 일탈했다는 비판을 면키 어렵다고 썼다. 이어 "또 한 가지 간과할 수 없는 것은 보안을 생명으로 하는 안기부·기무사 책임자들의 행적까지 그대로 노출된 점이다. 정보기관 책임자들의 언행이 일반인에 노출돼 녹음 상태로 공개됐다는 것은 여간 심각한 일이 아니다"라고 주장했다. 정보기관 책임자들이 다른 기관장들과 머리를 맞대고 지역감정을 부추기는 방법으로 관권·부정선거를 모의한 사실보다 그들의 언행이 노출된 것을 심각하게 인식해야 한다는 쪽으로 교묘하게 방향을 돌렸다.

이윽고 선거 당일 아침 '부산 모임과 도청과…' 제목의 사설은 "이번의 도청 사건은 목적과 관계없이 부도덕한 것이며, 앞으로 우리 사회의 관행과 시민생활에 적지 않은 부작용을 파급시킬 것"이라 주장해 '관권선거 사건'이 어느새 '도청 사건'이 되었다. 사설은 또 "기관장 모임을 도청함으로써 국민당은 선거 전략상 호재를 잡았는지는 모르겠지만, 공공사회의 국민생활에 미칠 정보정치의 악영향을 고려할 때 도청 행위는 비판받아 마땅하다"고 주장했다.

선거가 김영삼의 승리로 끝나자 검찰의 태도는 분명했다. 공식 석상이 아닌 사적 모임에서 나눈 대화를 가지고 처벌할 수는 없다며 초원복국집에 모였던 기관장들을 모두 무혐의 처분했다.

1993년 2월 출범한 김영삼 정부는 언론과 '전리품'을 나눠가졌다. 김영삼은 1994년 10월에 당시 임명직이던 서울시장에 조선일보 편집국장 출신 최병렬을 앉히고 12월에 내각을 전면 개편하며 역시 편집국장을 역임한 김용태와 주돈식을 각각 내무부와 문화체육부 장관에, 김윤환을 정무1장관에 기용했다. 서울시장까지 포함해 국무회의에 참석하는 조선일보 전직 기자들이 4명이나 된 셈이다. 당시 자본가 방우영은 1997년에 낸 회고록에서 "좋은 땅에 좋은 씨를 뿌린 조선일보사이기에 많은 인재를 키웠고 또 이런 선배들이 계셨기에 오늘의 위상을 성취할 수 있었다"고 자부심을 드러냈다. 조선일보가 신문시장에서 어떻게 '1등 신문'으로 급성장했는가를 스스로 '폭로'한 대목이다.

공직자 '사상검증'과 안티조선운동

1992년 대선에서 김영삼 대통령 만들기에 앞장섰고 재임 기간에 언론권력으로 확고하게 자리를 굳힌 조선일보는 1997년 대선에서도

'킹메이커'를 자임하며 '이회창 대통령 만들기'에 적극 나섰다. 그 시기에 '맹활약'한 주필 김대중은 그를 '총애'한 방우영과 함께 언론권력의 상징이 되었다. 선거를 이틀 앞두고 조선일보사 앞에 모여 편파보도에 항의하는 국민신당 당원들 앞에 나타난 조선일보 주필은 "너희는 싹 죽어, 까불지 마!" 따위의 언론인으로선 해서는 안 될 말들을 거침없이 내뱉었다.

오만보다 더 큰 문제는 언론인으로서 주필 김대중의 시대 인식이다. 대선을 앞두고 IMF로부터 구제 금융을 받는 사태에 이르면서 김영삼 정권의 실정은 누가 보더라도 명백한 상황이었다. 대선은 마땅히 IMF사태를 불러온 집권당에 대한 심판이어야 했다. 더구나 김 주필이 호기를 부린 그 시점에서 명색이 '민주공화국'인 대한민국은 단 한 번도 평화적 정권 교체를 이룬 경험이 없었다.

조선일보를 비롯한 대다수 언론이 박정희, 전두환과의 유착에 이어 직선제 개헌 이후 1987년 대선에서 노태우, 1992년 대선에서 김영삼에 노골적으로 편향된 보도를 하고 1997년 대선에서도 이회창에 치우친 보도를 하면서 언론권력에 대한 경계심은 퍼져갈 수밖에 없었다.

언론이 스스로 권력의식을 지닌 채 보도와 논평을 하고, 민주주의의 기본적 제도인 선거에 노골적으로 개입할 뿐더러 경제 발전이나 노사관계 보도와 논평에서도 기득권 세력을 일방적으로 대변하자 언론을 개혁해야 한다는 여론이 높아갔다.

언론권력의 편파적 보도를 넘어 김대중 후보가 당선되면서 유권자들의 동향에 예민할 수밖에 없는 국회의원들 가운데 언론개혁 입법에 관심을 표명하는 정치인들이 늘어났다. 언론계 안에서는 언론노동조합을 중심으로, 밖에서는 언론운동 단체들이 언론을 비판하며 언론개혁운동을 펼쳐갔다. 1998년 8월에 전국언론노동조합연맹은 민주언론운동시민연합(민언련, 민언협의 후신)을 비롯한 사회단체들과의 연대 조직인 언론개혁시민연대(언론연대)를 창립했다. 언론연대는 신문사 안에서 누구도 견제할 수 없는 언론자본가의 권한을 제한하지 않으면 예전에도 그랬듯이 앞으로도 권력이나 자본과 언제든 유착 또는 밀착할 수 있다고 판단했다. 편집의 자율성을 보장하는 입법 운동에 나선 이유다.

언론연대가 창립되고 두 달 뒤에 언론개혁운동이 폭넓게 공감대를 얻게 된 사건이 일어났다. 조선일보가 사실 관계를 왜곡하면서 김대중 정부의 공직자 '사상'을 검증하겠다고 나섰기 때문이다. 월간조선 1998년 11월호는 '대통령 자문 정책기획위원장 최장집 교수의 충격적 6.25전쟁관 연구'라는 선정적 제목의 기사를 내보냈다. 조선일보는 그 기사를 부각해 월간조선 11월호가 발매됐다는 사실을 독자들에게 공지했다.

정책기획위원장 최장집은 월간조선이 사실을 왜곡했다며 배포금지 가처분 신청을 냈다. 그러자 조선일보는 10월 24일 자 신문 1면에 시커멓게 큰 제목으로 '대구폭동은 인민항쟁/6.25는 민족해방전쟁'을 달며 '최장집 위원장 논문서 주장'이라는 부제를 더했다. 최 위원장이 "대한민국의 정통성을 부정하고 있다"는 월간조선의 입장을 그대로 담은 양상훈 기자—그로부터 18년 뒤 전 편집국장 강효상이 공개적으로 '기회주의자'라 부른 주필—의 기사였다. 이어 4면은 광고까지 들어내고 전면을 털었다. 4면은 맨 위에 '김일성의 남침전쟁이 어찌 민족해방전쟁인가-최장집 위원장 반론에 대한 월간조선의 반박요지'라고 제목을 달고 "6.25 전엔 남한이 미국의 식민지였다는 논리"라고 비난했다. 바로 옆에는 '최장집씨 학문적 성향 왜 문제 되는가-대통령 자문 핵심공인… 검증 마땅'이란 제목이 더해졌다. 4면 제목만 보더라도 의도를 알 수 있다. "최 위원장의 용어 분석-'공산폭동'→'인민항쟁', '남침'→'민족해방전쟁', '폭동진압'→'탄압·테러'"에 이어 "김일성 6.25 남침 의미 모호하게 축소, 기습 남침 분명한데 '자연발생'인양 묘사"와 "좌파를 '혁명적 민족주의 세력'으로 미화" 같은 자극적 제목을 줄줄이 달았다.

하지만 최 위원장은 자신이 "6.25는 김일성의 위대한 결단"이라 했다거나 "6.25는 미국의 남침 유도에 의해 일어났다"고 주장했다는 보도는 전혀 사실이 아니라고 강조했다. 실제로 최장집이 쓴 논문에 "6.25는 김일성의 '위대한' 결단"이라는 표현은 전혀 없다. 다만 "그(김일성)의 우세에 대한 지나친 과신이 그를 전쟁을 통한 총체적 승리라는 유혹에서 헤어 나올 수 없게 하였고, 결국 그는 전면전이라는 역사적 결단을 내렸던 것이다. 무엇보다도 김일성의 오판을 유도하였던 요소는…"이라고 서술했다. 오판이라 한 말은 빼고 앞에 '역사적 결단'만 강조한—게다가 논문에는 없는 '위대한'까지 덧붙여—확연한 왜곡 보도이다. 최장집은 '역사적'이라는 표현은 긍정적 의미가 아니라 그것이 이후 한국 사회에 지속적인 영향을 끼쳤다는 의미라고 밝혔다.

최 위원장은 또 “6.25는 미국의 남침 유도에 의해 일어났다고 주장했다”는 기사 또한 왜곡이라고 반박했다. 학술논문에서 다양한 관점을 소개하는 글과 그것을 주장하는 글은 엄연히 다르다는 것이다.

최 위원장이 법원에 낸 ‘월간조선 배포금지 가처분 신청’은 11월 11일 받아들여졌다. 그러자 조선일보는 12일과 13일 잇따라 사설을 통해 이를 언론 자유에 대한 탄압으로 몰아갔다. 최장집은 공직에서 물러나 3년이 지났을 때 당시 사건을 회고하며 다음과 같이 조선일보의 문제점을 지적했다.

> 한반도에 있어서 냉전질서는, 적대와 증오의 남북한관계를 형성, 지속시켰을 뿐 아니라, 남북한 각각의 사회 내부에 적대관계를 사회질서의 중심에 놓는 냉전반공주의의 기득 구조를 만들어냈다. 한국 사회에서 이 질서를 가장 전투적으로, 가장 도덕십자군적으로, 가장 이데올로기적으로 유지, 온존시키고자 하는 이데올로기 부문을 보통 극우라고 말할 때 조선일보는 그 중심에 위치한다. 극우적 냉전반공주의는 공산주의를 절대악으로 규정하고, 자신의 이념을 수용하지 않는 사람, 집단, 부문, 세력을 용공적인 것으로 규정하는 이데올로기적 힘이다… 조선일보와 같은 언론이 정부공직자의 적격 여부를 판단할 수 있고, 나아가 그렇게 해야 할 사명감을 가졌다고 하는 발상은, 사회의 극우적 여론을 대변하는 사적 판단이 사상적 테러의 방법을 통하여 공적영역의 심판관 역할을 하는 것이나 다를 것이 없기 때문이다.

그것은 민주주의의 원리와 분명 충돌한다고 할 수 있다… 조선일보의 주장대로라면, 극우적 이데올로기와 가치관에 가까운 사람 이외에는 공직자의 자격 요건을 갖기 어렵다. 그것은, 냉전반공주의의 이념 이외의 다른 이념을 갖는 개인, 그룹, 부문은 정치 과정에 참여해서는 안 된다는 배제의 이념이며 가치로서 민주주의의 원리에 어긋나는 발상이 아닐 수 없다.

최장집은 '극우적 냉전반공주의 신문'이 민주적 절차도 법적 절차도 아닌 여론몰이 방법으로 공직자의 자격, 심지어 '시민의 자격'까지 자의적으로 규정하고 사회에 강요하는 현상은 민주주의에 심각한 위협이라고 단언했다. 대통령 자문 정책기획위원장 최장집은 이듬해인 1999년 4월 사표를 냈다.

겉으로 보기에는 조선일보의 승리처럼 보였다. 하지만 조선일보가 최 위원장을 '친북 공직자'로 몰아가자 사회단체를 중심으로 '조선일보 허위·왜곡보도 공동대책위'가 꾸려졌다. 이어 조선일보에 기고하거나 인터뷰를 거절하는 본격적인 안티조선운동이 전개되었다. '조선일보바로보기'(조선바보) 시민모임이 만들어졌고 '조선일보 없는 아름다운 세상을 만드는 시민들의 모임'(조아세)도 등장했다.

언론 내부에서도 언론개혁운동이 탄력을 받았다. 최장집이 대통령 정책기획위원장 시절에 쓴 글이나 발언도 아니고 교수 시절에 쓴 학술논문을 사실과 다르게 왜곡하며 사상을 검증하겠다고 나서는 언론의 행태는 그만큼 언론사 내부에 권력의식이 충만해있기에 가능한 일이다.

언론노조와 언론연대는 자본이 편집국을 지배하고 있는 상황에서 기자들은 기득권을 대변하도록 순치되고 있다고 판단했다. 자본가의 눈에 밉보이면 기자로서 승진은 물론, 정년조차 보장받지 못하기에 어쩔 수 없이 그의 정치 성향을 따라갈 수밖에 없다고 본 것이다.

언론자본가들이 개개 언론사 내부에서 '왕'으로 군림하며 경영권은 물론 편집권을 좌지우지하는 현실을 고치려면 먼저 언론사 경영의 투명성을 들여다볼 필요가 있었다. 오랜 세월 군부독재와의 밀월 속에 천문학적 이윤을 챙겨온 언론자본가들이 내야할 세금은 법대로 냈는지, 또 세습 과정에 상속세는 제대로 냈는지가 언론운동 단체들의 가장 큰 관심이었다. 언론 현업인 단체들이 언론사 세무조사를 정당한 법 절차에 따라 실시하라고 촉구한 이유다.

마침 언론자본이 편집국 민주주의를 압도할 때 어떤 결과가 빚어지는가를 여실히 보여준 '보도 참사'가 나타났다. '대구 부산엔 추석이 없다' 제목의 동아일보 1면 머리기사(2000년 9월 9일 자)가 그것이다. 문제의 기사는 '부도직격탄 피해지역 현지르포'라는 부제를 달았다. 르포는 "추석 분위기가 썰렁하다. 전국 어디를 둘러봐도 마찬가지다. 천고마비, 청명해야 할 가을하늘이 잿빛처럼 느껴진다. 소원을 빌 둥근 보름달을 보는 것만으로 만족해야 할까"라고 사뭇 감성적으로 시작한다. 기사는 이어 신발과 건설업체들의 부도로 대구와 부산 경제가 어렵다고 썼다.

그런데 기사 자체에 치명적 오류가 드러났다. 기사에 붙인 전국 도별 부도율 표를 보면 광주 지역이 가장 높다. 사실 관계의 앞뒤가 맞지 않아 '기사가 안 되는 기사'였음이 드러난 셈이다. 오후 6시 안팎에 발행되는 조간신문 1판에서 1면 머리기사를 읽은 편집국 기자들 가운데 당연히 이의를 제기한 기자가 있었을 터다. 하지만 동아일보는 사실과 다른 주장에 지나지 않는 기사를 수도권에 배달되는 최종판까지 1면 머리 그대로 편집했다. 기사의 모순을 드러낸 '부도율표'만 슬쩍 삭제했을 뿐이다. 아니 숨겼을 뿐이다. 아울러 대구 지역 부도 기업에 대한 내용을 추가했다. 사실을 생명으로 삼아야 할 신문사가 1면 머리기사의 핵심 내용이 진실이 아님을 확인한 뒤에도 '분식'을 해서 그대로 내보낸 지면은 한국 신문의 '사실 확인'이 얼마나 자의적인가를 상징적으로 보여준 사례다.

그렇다면 왜 동아일보는 '기사가 안 되는 기사'를 1면 머리로 최종판까지—그것도 진실을 은폐하면서까지—고집했을까. 동아일보가 문제의 기사를 내보내기 한 달 전에 자체 조사한 구독률과 관련이 있다. 조사 결과 동아일보는 조선일보와 중앙일보에 견주어 영남 지역에서 열세로 나타났다. 자본가 김병관과 고위 간부들은 영남 지역에서 독자를 늘리기 위해 호남 출신 대통령인 김대중 정부를 비판해야 한다고 의견을 모았다. 미디어오늘에 따르면, 김병관은 추석 직전에 고위 간부들에게 보낸 '편지'에서 영남 지역에 '신경을 쓰라'고 지시했다. 그로부터 1년 뒤 현직 논설위원의 토론회 발언에서 진실이 확인되었다.

2001년 10월 '언론개혁과 뉴미디어 정책토론회'에 토론자로 나선 동아일보 논설위원은 "(김대중) 정부의 언론탄압 조치는 영남 시장 확보를 위해 DJ 비판 기사를 브레이크 없이 경쟁적으로 과장·확대·왜곡해서 써온 3개사(동아·조선·중앙)에 '괘씸죄'를 적용"한 결과라고 주장했다. '대구 부산엔 추석이 없다'는 기사가 실리게 된 배경을 설명하면서 그 발언을 했다. 얼결에 자신들의 의도를 실토한 셈이다.

'보도참사' 톺아보기: 계속되는 사실 왜곡, 지역감정 조장

신문들이 영남의 독자를 확보하기 위해 사실까지 왜곡하며 김대중 정권을 비판했다는 '실토'는 곰곰 짚어볼 사안이다. 신문사가 망국적 현상인 지역감정 해소에 나서기는커녕 되레 자신의 경영 이익을 위해 증폭시켰다는 사실을 뜻하기 때문이다.

더구나 "DJ 비판 기사를 브레이크 없이 경쟁적으로 과장·확대·왜곡해서 써온 3개사"의 목적은 단순히 '영남 시장 확보'가 아니었다. 자신들의 이해관계와 정치적 의도가 깔려 있기 때문이다. 어떤 '이해관계'와 '정치적 의도'가 담겨 있는지 자세히 톺아보자.

우리가 생생하게 경험했듯이 신문시장을 독과점한 조·중·동은 영남 지역에 기반을 둔 특정 정당과 깊은 연관을 맺고 있다. 심지어 보수 성향의 언론학자들조차 '노무현 대통령 탄핵 관련 TV 방송 내용 분석 보고서'에서 세 신문과 특정 정당의 연관성을 적시할 정도였다. 보고서는 "언론 매체들은 그들이 대리하는 권력과의 공조 관계를 지속적으로 유지하면서 정파적 성향을 더욱 노골적으로 드러내기 시작했다"며 "이른바 빅3으로 불리는 조선, 중앙, 동아일보는 한나라당의 후원자"로 활동하며 "권력투쟁의 대리인 역할을 수행하였다"고 적었다.

여기서 '대구 부산엔 추석이 없다'는 기사를 다시 읽어보자. 기사는 추석 연휴를 앞두고 대구의 재래시장인 서문시장 상인들이 이구동성으로 "아이들 옷 이외에 팔리는 것이 없을 정도"라고 말했다고 전했다. 이어 260여 개의 의류점포를 비롯해 1,400여 개의 점포가 밀집한 부산의 대표적인 재래시장인 남포동 국제시장도 '추석대목'은 실종됐다며 다음과 같이 썼다 .

> 액세서리 가게를 기웃거리는 손님 외에는 썰렁한 모습. 이른 저녁 셔터를 내려버리는 가게도 적지 않다. 옷가게를 하는 김모씨(여). 몇 년 전만 해도 이때쯤이면 다른 사람의 어깨와 부딪히는 게 다반사였다며 "추석 경기예, 요즘 부산에 그런 것이 어디 있어예"라며 강한 사투리로 반문했다. 대표적 번화가인 광복동. 사람이 북적거리기는커녕 한산한 느낌이고 부산역 앞엔 빈 택시만 붐비고 있다. 택시기사들은 손님이 없어 아예 차 밖에 나와 삼삼오오 모여 신세 타령이다. 한 기사는 "경기가 좋을 때는 손님도 가려 태우고 합승도 했다. 요즘은 사납금을 벌기도 어렵다"고 푸념했다. '한국 신발산업의 메카'로 불렸던 부산 사상공단에서 과거의 영화를 찾는 것은 불가능했다. 문을 닫은 공장이 많고 어쩌다 만난 근로자들의 표정에도 그림자가 짙게 드리워져 있다.

2000년 기사라고 믿기에는 오늘의 풍경과 너무나 닮은꼴이다. 동아일보가 김대중 정부 시절에 영남에서 독자를 늘리려고 의도적으로 쓴, 그것도 대구·부산이 광주보다 부도율이 적었다는 객관적 사실을 은폐하며 쓴 기사였지만, 그 뒤 이명박 정부와 박근혜 정부는 물론 문재인 정부가 들어섰음에도 그 기사가 전하는 풍경은 여전히 현실감 있다. 경제생활의 어두운 '그림자'가 내내 짙은 사실은 무엇을 의미할까? 민중들의 경제적 어려움이 지역의 문제는 결코 아님을, 지역에 기반을 둔 정권의 문제는 더욱 아님을 일러준다.

언론자본가 김병관이 '김중배 노선'을 색깔까지 칠해 몰아낸 뒤 '조선일보처럼 만든 성과'는 객관적 수치로 나왔다. 1994년 가을에 광고주협회가 실시한 열독률 조사를 보면 조선일보 24퍼센트, 동아일보 21퍼센트, 중앙일보 10퍼센트 순이었다. 1991년 동아사태 이후 3년 만에 '발행부수 부동의 1위' 자리를 잃은 셈이다. 더 충격적인 수치가 있다. 1990년대의 외형적 성장을 부각하며 광화문 네거리에 새 사옥을 과시하고 '대구 부산엔 추석이 없다'는 기사를 진실까지 은폐해 1면 머리기사로 올렸음에도 2001년 3월 조사에서는 조선일보 16.2퍼센트, 중앙일보 16.0퍼센트, 동아일보 12.4퍼센트로 2·3위 순위마저 바뀌었다.

하나 더 유의할 지점은 '김중배식 독자 확보'와 '김병관식 독자 확보'의 차이다. 신문이 더 많은 독자를 바라는 것은 당연한 이치다. 그런데 김중배식 독자 확보 전략이 '대기업의 페놀 방류' 사건처럼 그 지역에서 살아가는 민중의 고통을 의제로 설정하고 해결책을 제시하는 방법이라면, '김병관식 독자 확보'는 진실을 은폐하면서까지 지역감정을 조장하며 독자를 확보하려는 방법이다. 전자는 동아일보가 시대 변화와 함께 더 많은 민주주의를 담아가자는 전략이고 후자는 "국민의 위화감 조성에 지면을 할애함은 용납할 수가 없"으며 조선일보처럼 만들어야 한다는 전략이다. 한 사람은 동아일보의 지가를 올린 언론인이고 한 사람은 신문사 자본가의 3세였다. 그 차이가 1980년대 직선제 개헌에 힘을 보탠 동아일보의 운명을 갈랐다.

언론사 세무조사와 언론자본가 구속

언론개혁 여론이 높아가고 언론 현업인 단체들의 거센 요구와 집회가 이어지자 대통령 김대중은 2001년 1월 11일 새해 연두 기자회견에서 '투명하고 공정한 언론개혁의 필요성'을 거론하고 나섰다. 이어 국세청은 1월 31일에 언론사 세무조사를 실시하겠다고 발표하고 2월 8일 조사에 착수했다. 같은 시기 공정거래위원회도 '불공정거래행위와 부당 내부거래 실태' 조사에 나섰다.

공정위 조사 결과가 먼저 나왔다. 공정위는 13개 언론사에 시정명령과 함께 242억 원의 과징금을 부과했다. 동아일보 62억 원, 조선일보 34억 원, 중앙일보 25억 원, 문화일보 29억 원이었다. 조·중·동을 비롯한 언론사들이 불공정거래를 일삼고 대기업들의 부당한 내부거래와 다를 바 없는 짓을 저질러온 사실이 드러난 셈이다.

2001년 6월에 발표된 23개 언론사에 대한 언론사 세무조사 결과는 더 충격적이다. 국세청은 23개 중앙언론사와 그 계열기업 및 대주주 등에 대한 세무조사 결과 "총 탈루소득 1조 3,594억 원과 탈루법인세 5,056억 원을 적출했다"고 발표했다. 조선일보는 세무조사 결과 천문학적 탈세가 드러나 자본가인 방상훈이 구속되자 사설 '신문사 발행인 구속되다'(2001년 8월 18일 자)에서 격렬히 비판하고 나섰다.

> 김대중 정권의 '언론개혁' 미명 아래 취해진 언론사 세무조사는 마침내 조선일보와 동아일보 그리고 국민일보의 발행인 또는 대주주의 구속에 이르는 사태로 귀결했다. 이것은 우선 언론을 위해서도 그리고 궁극적으로는 권력을 위해서도 바람직하지 않는 일로 심히 유감이 아닐 수 없다. 이제 미증유의 신문사 대주주 '탈세' 구속 사건은 법에 따라 심판을 받게 됐으며 우리는 법정 공방의 과정에서 공정성이 유지되고 인권이 보장된 재판이 이뤄질 것을 바라며 그 결과 진실이 밝혀지고 그에 따른 책임이 규명되기를 기대할 수밖에 없게 됐다. 그러나 우리는 이 사건의 법적 성격과는 별도로 이 사태의 본질이 무엇인가를 밝히는 데 더 이상 주저할 수가 없다. **이 사건의 본질은 이 정권에 비판적인 논조를 유지해온 조선·동아 두 신문을 꺾어보려는 데서 비롯된** 것이다. 이 정권은 출범 초기에서 중기에 이르기까지 두 신문의 협조를 요구하면서 비판 논조를 회유하려고 부단히 노력해왔음을 당사자인 우리는 잘 알고 있다. 이런 기도가 무위로 돌아가자 드디어 임기 후반인 금년 초 언론사에 세무조사의 카드를 꺼내들게 된 저간의 과정은 애

> 당초 이 사건이 세무조사에 목적이 있었던 것이 아님을 방증傍證하는 것이다. 다시 말해 이 사건의 본질은 세무조사나 '탈세'에 있는 것이 아니라 '언론사 논조'에 있었던 것이며, 세금 문제는 신문사와 발행인·대주주를 여론적으로 흠집내는 데 이용된 셈이다. **세금의 문제는 법의 판가름에 따라 집행될 것이지만 세무조사를 비판언론의 논조를 꺾기 위한 정치적 목적에 이용하려 했던 권력층의 도덕적 윤리적 흠결은 결국 국민에 의해 심판될 수밖에 없을 것이다**… 훗날 이 정권은 언론을 세금으로 바로잡은 정권으로 기억될 것인가, 아니면 세금문제로 언론 자유를 억압하려 한 권력으로 기록될 것인가.

사뭇 준엄하다. 하지만 언론사 세무조사라도 그 대상이 조선일보가 아닌 중앙일보일 때 사설의 논리는 정반대였다. 1장에서 살펴보았듯이 중앙일보 홍석현 사장이 탈세 혐의로 구속될 때 조선일보 사설은 "언론사의 사주라고 해서 중죄인 탈세로부터 자유로울 수 있는가"라고 되물었다. 전형적인 '내로남불'이라고 할 수 있다.

흥미로운 사실은 조선일보가 "언론사는 모든 재산 처리와 세무 관계를 투명하게 해나가야 한다"며 중앙일보와 홍석현 사장을 '훈계'하고 나설 때 이미 자신도 김영삼 정권이 단행한 세무조사에서 엄청난 탈세가 드러난 상황이었다는 데 있다. 다만 김영삼 정권이 공개하지 않고 은폐했기에 일반 독자들만 모르고 있었다. 그 '공공연한 비밀'은 김대중 정권이 세무조사에 들어간 직후에 열린 2002년 2월 일본 도쿄 김영삼 기자회견으로 확인됐다. 한겨레 2001년 2월 10일 자 1면을 보자.

김영삼 전 대통령은 9일 자신의 대통령 재임 시절이던 1994년에 실시한 언론사 세무조사 결과 심각한 비리사실들이 드러났으나 공개할 경우 언론의 존립이 위태로워질 것으로 판단해 공개하지 않았다고 밝혔다. 일본을 방문 중인 김 전 대통령은 이날 도쿄 시내에서 열린 주일특파원들과의 조찬간담회에서 "조사 결과 보고를 받고 보니 내가 몰랐던 게 너무 많았다"며 특히 언론사 사주 쪽의 재산, 가족, 사생활 비리 등 도덕적 문제를 포함한 많은 문제들이 포착됐다고 말했다. 그는 언론사주들의 가족관계까지 모두 조사해본 결과 "가져서는 안 될 (재산을 가진) 사람도 있었다"고 말해 재산 은닉 등 언론사주들의 불법행위가 있었음을 강력히 내비쳤다. 그는 "언론들에 대한 존경심이 무너지고 국민들이 허탈해할 상황"이었다고 말하고 "당시 국세청이 원칙대로 했다면 상당한 세금을 징수했어야 했다"며 "조사 결과 아무것도 없었다고 할 수는 없어서 적당한 수준에서 얼마만 받고 끝내라고 딱 잘라 지시했다"고 밝혔다. 그는 "언론사의 장래를 위해 공개를 안 하는 것이 좋다고 판단했다"며 "만약 그때 세무조사 결과를 공개했다면 (언론사들) 존립에 대단히 큰 문제가 생겼을 것"이라고 말했다. 그는 "언론사도 영리단체인데 10년, 20년 세무조사를 안 받는 것도 문제"라며 "영리를 목적으로 하는 곳에 세무조사는 필요하다"고 지적했다. 그러나 지금 진행되고 있는 세무조사에 대해 그는 "이 시기에 김대중 정권이 한꺼번에 조사를 단행하는 것은 언론 탄압, 정치 보복"이라고 비난하고 이번 조사가 협박용이기 때문에 결과를 공개하지도, 법적 처리를 하지도 않을 것이라는 생각을 나타냈다.

놀라운 '회고'다. 대통령이 언론사 세금을 대폭 깎아주었다는 사실을 대수롭지 않게 밝히는 모습은, 더구나 일본 도쿄에서 기자회견을 열고 자신의 '아량'을 과시하듯 말하는 전임 대통령의 꼴은 망신스럽다. 그럼에도 김영삼의 발언에서도 새겨볼 대목은 있다. 그는 "재산 은닉 등 언론 사주들의 불법행위"가 공개되면 "언론들에 대한 존경심이 무너지고 국민들이 허탈해할 상황"이라고 말했고 "언론사도 영리단체인데 10년, 20년 세무조사를 안 받는 것도 문제"라며 "영리를 목적으로 하는 곳에 세무조사는 필요하다"고 지적했다. 다만 김대중도 자기처럼 "결과를 공개하지도, 법적 처리를 하지도 않을 것"이라고 예측했지만 다 공개되었고 법적 처리도 했다. 언론자본의 탈세 문제에 대한 조선일보 자본의 대응은 위선적일뿐더러 판단의 잣대도 정반대로 오간다는 사실을 확인할 수 있다.

누더기 된 신문법

조선일보를 비롯한 언론자본가들에게 국세청의 세무조사와 법적 처벌은 악몽이었다. 그래서였다. 통상 사설은 속보성을 다투지 않기에 거의 바꾸지 않는 게 일반적이지만 2002년 12월 19일 16대 대통령 선거가 있던 날 아침에 배포된 조선일보는 밤사이에 사설을 전격 바꿨다.

2002년 12월 18일 밤 10시 20분에 정몽준이 노무현 후보 지지를 철회하는 성명을 발표하자 깜깜밤중에 긴급히 사설을 교체한 것은 그만큼 정권 교체를 갈망해서였다. 조선일보가 한밤에 '나라의 명운 결정짓는 날' 제목의 사설을 들어내고 '정몽준, 노무현 버렸다' 사설을 낸 까닭은 급히 쓴 사설 전문에서 어렵지 않게 확인할 수 있다. 독자들로부터 '이회창 후보를 위해 편파보도를 하고 있다'는 비판이 나올 때마다 언제나 '불편부당'을 내세웠던 조선일보는 선거 날 아침에 아예 내놓고 이 후보에 투표하라며 유권자들을 '선동'했다.

16대 대통령 선거의 코미디 대상大賞은 단연 '노무현·정몽준 후보 단일화'다. 선거운동 시작 직전, 동서고금을 통해 유례가 없는 여론조사로 후보 단일화에 합의하고, 선거운동 마감 하루 전까지 공동 유세를 펼치다가, 투표를 7시간 앞둔 상황에서 정씨가 후보 단일화를 철회했다. 이로써 대선 정국은 180도 뒤집어졌다. 이런 느닷없는 상황 변화 앞에 유권자들은 의아한 심정이지만, 따지고 보면 '노·정 후보 단일화'는 처음부터 성립되기 어려운 일이었다. 북한 문제와 한·미관계를 보는 시각부터, 지금의 경제상황과 사회적 문제를 보는 눈이 기본적으로 다른 두 후보가 단지 여론조사에서 우세한 사람을 단일후보로 뽑는다는 것 자체가 어불성설語不成說이었기 때문이다. 비록 투표 직전이긴 하지만, 정씨가 노 후보에 대한 지지를 철회한 것은 결국 이런 근본적 차이를 인식했기 때문이라고 해석할 수 있다. 한편으로는 희극적이긴 하지만, 어쩔 수 없이 벌어진 급격한 상황 변화 앞에서 우리 유권자들의 선택은 자명하다. 지금까지의 판단 기준 전체를 처음부터 다시 뒤집는 것이다. 선거운동이 시작된 지난 20일 동안 모든 유세와 TV토론, 숱한 유권자들의 마음을 졸인 판세 및 지지도 변화 등 모든 상황은 노·정 후보 단일화를 전제로 한 것이었는데, 이 같은 기본 구도가 변했기 때문이다. 오늘 하루 전국의 유권자들은 새로운 출발을 기약하며 투표소로 향할 것이다. 지금 시점에서 분명한 것은 후보 단일화에 합의했고 유세를 함께 다니면서 노무현 후보의 손을 들어줬던 정몽준 씨마저 '노 후보는 곤란하다'고 판단한 상황이다. 이제 최종 선택은 유권자들의 몫이다.

언론운동 단체들은 김대중 정부를 이은 노무현 정부에게 언론사 소유구조 개혁과 편집권 독립의 법제화를 요구했다. 노무현이 김대중 정부의 잘못을 되풀이 하지 않기를 기대했다.

전임 김대중 정부는 언론자본의 불법적 행태와 부도덕한 경영을 드러내는데 그쳤을 뿐 언론운동 단체들이 요구해온 소유구조 개혁과 '편집권 독립' 입법으로 이어가지 못했다. 처음부터 그럴 정책 목표를 세우지 못했고, 그러다보니 정략적이라는 탈세언론의 공세에 제대로 대응하지도 못했다. 당시 그 과정에 깊숙이 개입한 인물이 박지원이다. 그는 세무조사를 하며 정파를 넘어 언론개혁의 시대적 과제를 이뤄야 한다는 문제의식도 전략도 없었다. 세무조사를 통해 언론사 경영의 투명성을 높이는 전환점을 마련했다는 의미 외에는 아무런 결실을 맺지 못했다. 더구나 언론자본가들은 모두 사면을 받았다.

노무현은 대통령 후보가 되는 과정이나 선거 과정에서 언론개혁을 적극 제기했다. 대통령이 되기 전에 조선일보와 인터뷰를 거부했고 선거 기간 내내 정치개혁이나 경제개혁 못지않게 언론개혁을 거론했다. 대통령 탄핵의 무리수로 반사이익을 얻은 열린우리당이

2004년 총선에서 제1당으로 등장했기에 언론개혁 입법 요구는 커져 갔다. 언론연대가 중심이 되어 2004년 9월 21일, 신문법안이 입법 청원되자 열린우리당, 한나라당, 민주노동당의 법안이 제출되었다.

이윽고 2005년 1월 1일 '신문 등의 자유와 기능보장에 관한 법률'(신문법)이 국회를 통과했다. 언론연대가 정기간행물법 개정안을 청원한 뒤 줄기차게 전개한 언론개혁 입법 운동의 열매였다. 하지만 열린우리당과 한나라당만의 야합으로 신문법이 입법되었다. 언론연대가 처음부터 강조했던 언론개혁 입법의 고갱이인 편집권 독립, 곧 편집의 자율성 보장은 실종되었다. 신문사 안에서 황제처럼 언행을 일삼는 언론자본가로부터 언론인들의 자유언론을 보장하기 위한 장치들은 두 당의 야합으로 제대로 논의조차 되지 못했다. 그 결과로 2005년 1월에 제정된 신문법은 신문사 소유 지분 분산 조항이 삭제되었을 뿐만 아니라 편집위원회는 아무런 의미가 없는 임의기구로 전락하고 말았다.

그랬다. 김대중·노무현 정권 10년 동안 언론개혁운동은 정치권을 움직여 언론사 세무조사와 신문법 제정을 이뤘지만 언론 자유를 언제든 위협할 수 있는 언론자본의 권력은 조금도 제한받지 않았다. 한나라당의 방해는 물론 김대중·노무현 정부와 집권당도 언론개혁의 철학이 얕았고 그에 따라 입법 전략과 의지가 부족한 결과였다.

얕은 개혁 그리고 후퇴: 언론자본가들의 혼맥

언론개혁은 언론자본의 전폭적 지지를 받은 이명박 정부가 등장하면서 대폭 후퇴했다. 이명박은 이미 후보 시절에 언론을 산업으로 바라보는 시각을 드러냈다. 2007년 1월 22일 '미디어산업 선진화 포럼' 창립식에 참석한 이명박은 문화콘텐츠 산업이 10~20년 후에도 계속 발전할 수 있는 분야라고 축사를 했다. 이명박은 문화콘텐츠 산업을 "국가적, 전략적, 체계적으로 잘 지원한다면 우리나라가 빠른 시간 안에 전 세계적으로 크게 성장할 수 있을 것"이라고 전망했다. 미디어를 산업으로 보는 전형적인 논리였다. 미디어선진화포럼은 취지문에서 "미디어는 고부가가치 산업으로 우리나라 경제에 새로운 성장 동력으로 기대되고 있다"며 미디어산업 정책에 대한 건설적 비판과 올바른 정책 제안·홍보에 주력하겠다고 활동 방향을 제시했다.

조·중·동의 자본가들은 이명박의 '미디어산업론'에 적극 호응했다. 언론자본가들 자신이 이미 혼맥으로 자본가들과 종횡으로 이어진 상황이었다. 자본가들의 혼맥을 조사한 전 언론노조 위원장 신학림이 2011년에 발표한 결과는 놀랍다. 그가 조사한 조선일보 자본가 방상훈(1948년생)의 혼맥부터 들여다보자.

> 방상훈 사장의 부인 윤순명(1946년생)씨의 8촌 할아버지가 윤보선 전 대통령이다. 방상훈의 차남 방정오의 장인은 이인수(1952년생) 수원대 총장으로 수원대학 설립자 이종욱(1921~2009)의 차남이다. 이 가족은 사학재단을

운영하면서 2개의 골프장을 갖고 있다. 방상훈 사장의 작은 아버지 방우영(1928년생) 조선일보 명예회장은 3녀 1남의 자녀를 두고 있다. 장녀 방혜성(1961년생)의 남편이 서성환 태평양그룹 창업주의 장남 서영배(1956년생) 태평양개발 회장이다. 방혜성은 성덕여중 등을 운영하는 태평양학원의 이사다. 방 명예회장의 차녀 방윤미의 시아버지가 9대 유정회 국회의원을 지낸 김도창(1922~2005) 전 법제처장이다. 3녀 방혜신의 남편이 정연욱(1962년생) 경남에너지 사장이고, 시아버지가 국회 외무위원장을 지낸 정재문(1936년생) 대양산업 회장이고, 정재문 회장의 부친이 7선 의원을 지낸 정해영(1915~2005) 전 국회 부의장이다. 방우영 명예회장의 외동아들 방성훈(1973년생)은 현재 스포츠조선 대표이사 부사장으로 있는데, 그의 장인이 영풍그룹 공동창업주 최기호(1908~1980)씨의 3남 최창근(1947년생) 고려아연 회장이다.

방우영 명예회장의 세 여동생 중 막내가 방선영(1938년생)인데 그녀의 시아버지가 숭실대 이사장과 총장을 지낸 김형남(1905~1978) 일신방직 창업주이고, 남편 김창호(1935년생)는 숭실대 이사장에 이어 일신방직 미주지사를 담당하고 있다. 차남 김영호(1944년생)도 숭실대 재단이사장에 이어 일신방직 회장을 맡고 있다. 그는 또 삼성문화재단 이사도 지낸 바 있다.

방우영 명예회장은 연세대 이사장을 오랫동안 맡고 있고, 방상훈 사장은 숭문고 이사장을 맡고 있다. 이렇듯 조선일보 사주들과 직간접적으로 인연이나 관계가 있는 사학재단이 한 두 개가 아니다. 조선일보가 전교조 문제만 나오면 게거품을 물 듯 전교조 비판과 공격에 열을 올리는 것은 결코 우연이 아니다. 반면, 하루가 멀다하고 사학비리가 터져도 조선일보가 전교조와 전교조 소속 교사들에 들이대는 비판의 잣대는 좀처럼 찾기 어렵다. 그것도 하등 이상할 것이 없다.

중앙일보 홍석현(1949년생)은 그의 매형이 삼성 이건희라는 사실을 상기하는 것만으로 충분할 터다. 문제는 동아일보 자본 또한 삼성과 사돈을 맺은데 있다. 이건희-홍라희 부부의 둘째 사위가 동아일보 사장 김재호(1964년생)의 동생 김재열(1968년생)이다. 언론인 신학림의 노고가 깃든 조사 결과를 다시 들춰보자.

김재호 사장의 증조부가 동아를 설립한 인촌 김성수(1891~1955) 부통령이다. 김 사장의 장인은 이한동(1934년생) 전 국무총리이고 손윗동서가 허태수(1957년생) GS홈쇼핑 대표이사 사장이다. 허 사장의 큰형이 허창수 전경련 회장이자 GS그룹 회장이다. 허창수 전경련 회장의 사돈이 바로 김앤장 법률사무소의 김영무 대표 변호사다. 김영무 대표의 장남 김현주(1972년생) 씨가 바로 허창수 회장의 사위다. 김영무 대표의 장녀 김선희(1974년생)씨의 남편이 정몽구 현대기아차그룹 회장의 둘째동생 정몽우(1945~1990) 전 현대알루미늄 대표의 차남 정문선 비앤지스틸 상무다. 노현정 전 KBS 아나운서가 김선희씨의 아랫동서다. 손윗동서는 구자엽(1950년생) LS산전 회장의 장녀 구은희(1976년생)씨다. 구자엽 회장의 부친이 구태회(1923년생) 전 국회 부의장이고 큰아버지가 구인회(1907~1969) LG그룹 창업주다. 김재호 사장의 작은 할아버지 김상기(1918년생) 전 동아 회장의 장남이 이명박 정부의 외교안보수석에서 물러나 현재 한국국제교류재단 이사장을 맡고 있는 김병국(1959년생) 고려대 교수다. 김성수 부통령의 9남 4녀 중 5남 김상오(1924년생)의 장남이 금년에 고려대 총장이 된 김병철(1949년생) 고려대 교수다. 김재호 사장의 증조부 김성수 부통령의 동생이자 삼양그룹 창업주인 김연수(1896~1979)씨는 슬하에 7남 6녀를 두었다. 이 가족들이 소유, 지배, 경영하고 있는 기업들과 혼맥까지 감안하면 동아 김재호 사장의 배경도 중앙의 홍석현 회장이나 조선의 방상훈 사장 못지않다.

눈여겨볼 지점은 3세 경영자 김병관이 사장으로 취임한 1989년부터 2008년까지 '언론 명가'로서 동아일보가 서서히 몰락해가는 과정에서 김병관이 맺은 혼맥이다. 김병관의 장남은 이한동의 사위다. 이한동은 전두환의 측근으로 정치를 시작해 1980년대 이후 줄곧 정관계 고위직을 옮겨 다니며 자민련 몫으로 김대중 정부 시절에 국무총리를 지냈다. 김병관의 차남은 이건희의 사위다. 그러니까 2000년대 초기에 김병관은 국무총리와 삼성그룹 회장을 사돈으로 둔 언론자본가였다.

여기서 동아일보사 김성수 가문과 삼성의 이병철 가문이 혼인으로 이어진 것은 유의할 대목이다. 기실 동아일보 창업자 김성수 자신이 호남의 최대 지주 집안 출신으로 경성방직을 세운 자본가였다. 근현대사를 거치며 김성수의 후손들은 대기업(돈), 권력(영향력), 사립대학(명예)을 한 손에 거머쥔 핵심 주류세력이 됐다. 어쩌면 그들에게 '대한민국 대표권위지'의 몰락은 아픔이 아닐 수도 있다. 미디어그룹으로 성장했기 때문이다.

동아일보가 삼성 자본과 혼맥으로 이어진 2000년 이후 지면은 자본에 한결 우호적으로 변했다. 삼성을 재벌로 규정하고 비판적인 보도와 논평을 종종 내보냈던 시절은 말 그대로 '옛 추억'이 되었다. 동아일보 자본가이자 고려대 이사장 김병관은 사돈인 이건희에게 명예철학박사 학위를 수여하겠다고 나섰다. 그런데 2005년 5월 2일 오후 5시로 예정된 학위수여식은 뜻밖의 상황을 맞았다. 학위수여식이 열릴 인촌기념관 앞에서 고대 총학생회와 대학생 100여 명이 오후 3시 30분부터 시위에 나선 것이다. 대학생들은 "노동운동 탄압하는 삼성 회장에 철학 박사가 웬 말이냐"고 외쳤다.

이건희는 예정 시간보다 20분 늦은 오후 5시 20분 식장에 도착했지만 대학생들이 입장을 막았다. 가까스로 어윤대 총장과 고려대 관계자들, 수행원들의 보호를 받으며 행사장에 들어갔다. 학교 쪽은 시위 학생 일부가 식장으로 들어오려고 하자 인촌기념관 정문 셔터를 내려 학생들을 차단했다. 시위가 계속되자 김병관 이사장과 어윤대 총장은 이건희 회장을 재단이사장실로 안내해 학위수여식을 진행했다. 김병관 이사장은 축사를 통해 삼성이 400억 원을 기부해 고려대 100주년을 기념하는 삼성관을 지었다고 강조했다. 김병관은 축사에서 "고려대가 이건희 회장에게 박사학위를 수여하게 된 것은 영광"이라며 "이 회장에게 박사학위를 수여한 사실은 고려대의 새 역사 속에 중요한 기록으로 남게 될 것"이라고 주장했다.

조·중·동의 언론자본가들이 이미 한국 사회를 지배하는 자본과 '우리가 남이가'식의 인연을 맺은 상황에서 대통령 후보로 나선 이명박의 미디어산업론은 짙은 유혹일 수밖에 없었다. 한때나마 자신을 구속했던 민주당 정부와 달리 미디어를 산업으로 보는 정부의 출범은 새로운 기회를 열어줄 것이라고 판단했다. 미디어 공론장에서 몸집을 한 겹 더 부풀릴 깜냥이었다. 신방복합체가 바로 그것이다.

2부. 깨시민 현상과 미디어혁명

1/ 미디어혁명의 반혁명

"인터넷 공론장은 언제 어디서든 권력에 의해 뒤틀릴 수 있음을 새삼 확인할 수 있다. 지금의 인터넷 공론장 또한 누군가에 의해 통제되고 있는 것은 아닌지 성찰할 필요가 있다."

미디어 공론장이 어떻게 뒤틀려왔고 언론 불신이 퍼져왔는가를 있는 그대로 인식했다면 우리가 풀어야 할 과제는 분명하다. 미디어 공론장의 재건이다. 한국의 공론장은 1부에서 살펴보았듯이 처음부터 박과 결탁한 위로부터 형성되었기에 그것을 '재건'이라 표현하기가 민망한 측면도 있다.

그럼에도 한 사회를 구성하는 절대다수, 특권이나 특혜가 없는 사람들은 자신들을 표현할 미디어에 대한 꿈을 애면글면 갈무리해왔다. 1990년대 후반부터 지구촌에 퍼져간 정보과학기술 혁명은 그 꿈을 실현할 객관적 조건을 마련해주었다. 미디어 빅뱅 또는 미디어혁명이 그것이다. 미디어 빅뱅은 신문과 방송의 기존 미디어를 넘어 첨단 정보과학기술을 바탕으로 새로운 미디어들이 잇따라 등장해 마치

우주의 수많은 별들을 낳은 빅뱅(대폭발)과 같다는 뜻에서 나온 말이다. 그 양적 변화만 보더라도 가히 혁명적 수준이기에 자연스레 '미디어혁명'이라는 말로 이어졌다.

미디어혁명과 인터넷 신문의 등장

2020년대 독자들에게 미디어혁명이라는 말이 살갗에 와 닿을 변화 가운데 하나가 '넷플릭스'다. 이름 그대로 인터넷net에 영화flick를 더한 미국의 인터넷 동영상 기업으로 월 일정액을 낸 회원들은 개개인이 소유한 미디어를 통해 언제 어디서나 영화를 골라 즐길 수 있다. 코로나19가 지구촌으로 퍼져갈 때 빠른 속도로 미디어시장을 잠식한 넷플릭스는 그 이전에 이미 한국인에게 드라마 〈미스터 션샤인〉으로 당당히 존재감을 알렸다. 국내 지상파 방송들이 감당하기 어려운 400억 원에 이르는 제작비를 선뜻 투자하고 나선 것이다. 미디어혁명 시대에 자본의 영향력이 그만큼 커져간다는 방증이기도 하다.

하지만 미디어혁명은 양적 차원이나 산업 측면에서만 논의될 수 없다. 인터넷시대가 연 새로운 미디어 세상은 15세기부터 전개된 매스컴시대의 일대 전환을 예고하고 있다. 인터넷은 신문과 방송 중심의 언론이라는 고정관념을 벗어나 언론활동의 혁명적 변화를 불러오고 있다. 이미 우리가 미처 의식 못하는 가운데 정치·경제와 사회·문화 전반에 걸쳐 큰 변화를 일으켰고 그 추세는 앞으로도 이어질 전망이다.

무엇보다 대중매체에 의한 일방적 여론 형성 구조가 균열을 일으켰다. 인터넷의 등장에 먼저 발 빠르게 대처한 것은 기존의 대중매체들이다. 1992년 미국 신문 시카고트리뷴이 웹에 기반을 두고 세계 최초의 인터넷 신문을 선보였다. 한국에서는 그로부터 3년 뒤 중앙일보가 인터넷에 기반을 둔 뉴스 서비스를 시작했고, 곧이어 조선일보와 동아일보로 퍼져갔다.

하지만 기존 매체들이 예상하지 못한 방향으로 언론 시장은 급변했다. 신문의 인터넷 판과는 별개로 독자적 인터넷 신문이 등장하기 시작한 것이다. 처음에는 딴지일보(1998년 7월)와 대자보(1999년 1월)처럼 웹진의 형태로 나타났다. 2000년 들어 틀을 갖춘 인터넷 신문이 곰비임비 창간됐다. 금융과 증시를 주로 다루는 인터넷 신문 머니투데이에 이어 오마이뉴스가 문을 열었다.

독자의 참여를 적극 유도한 오마이뉴스는 2002년 대통령 선거를 거치면서 급속도로 성장했다. 기존의 신문과 갈등을 빚으며 언론개혁운동에 공감했던 노무현이 대통령 후보로 떠오르는 과정에서 오마이뉴스 조회 수가 급증했다. 대통령 선거를 하루 앞두고 정몽준이 노무현과의 후보 단일화를 파기했을 때 조회 수는 폭발적으로 늘어났다. 그날 밤에 사설을 바꿔가며 노무현 후보를 비방한 조선일보의 '힘'은 인터넷 앞에 뚜렷한 한계를 드러냈다. 노무현은 대통령에 당선된 뒤 첫 인터뷰를 오마이뉴스와 했다. 외국 신문들은 그를 '세계 최초의 인터넷 대통령'으로 기사화했다.

2000년대의 첫 10년 동안 인터넷 신문은 빠르게 퍼져갔다. 모든 신문사, 방송사가 인터넷 서비스를 시작했다. 인터넷 신문 등록제 도입 첫해인 2005년 말 293개이던 신문 수가 2년이 지나자 3배로 늘어날 만큼 폭발적이었다. 등록하지 않은 중소규모 신문사와 개인사업자로 등록한 인터넷 신문까지 포괄한다면, 한국에서만 1,000여 개를 훌쩍 넘는 신문사들이 그때부터 활동에 들어간 셈이다.

대자보나 오마이뉴스 외에도 민중언론참세상, 프레시안, 레디앙, 민중의소리를 비롯해 편집 틀도 다채롭다. 영국 일간지 인디펜던트가 이미 2006년에 "인터넷의 미래를 알려면 한국을 보라"는 특집기사를 내보냈을 정도다. 인터넷 신문이 봇물을 이루듯 창간되면서 기존의 신문 읽기 문화 또한 달라졌다. 젊은 세대들은 신문을 보지 않는 현상이 또렷해 시간이 갈수록 인터넷 신문만 읽는 비율이 늘어나고 있다. 신문이 자본 중심의 편집과 마녀사냥 논조를 바꾸지 않는다면 외면받을 가능성은 갈수록 커질 수밖에 없다.

그런데 신문은 인터넷 신문이 따라오기 어려운 장점을 지니고 있다. 가령 한국신문협회는 인터넷이 방대한 정보와 신속성을 무기로 신문의 영역을 위협한다고 분석하면서도 과거에 TV가 등장할 때 비슷한 우려가 있었다는 사실을 상기시킨다. 인터넷시대에도 "최고 미디어의 위상은 변하지 않을 것"이라고 자부한다. 신문협회는 그 이유를 다음과 같이 적시한다.

인터넷은 장점만큼 단점도 많다. 우선 정보가 걸러지지 않아 신뢰도가 낮다… (신문은) 무엇보다 정제된 정보, 우수한 해설, 고도의 전문성과 균형 감각을 두루 갖춘 고급 정보원으로서 여론을 선도하는 역할을 한다. 따라서 여론의 동향을 읽어내는 데는 신문만 한 매체가 없다. 더구나 신문은 사회 각 분야의 환경 감시 기능도 있다. 신문은 그래서 지금까지 살아남았고 갈수록 그 역할이 커지는 것이다.

신문협회가 주장하는 근거는 지나치게 주관적이다. 과연 오늘의 한국 신문들이 "정제된 정보, 우수한 해설, 고도의 전문성과 균형 감각을 두루 갖춘 고급 정보원"으로서 제 구실을 다하고 있는가? 그 물음에 선뜻 긍정적으로 답할 사람은 그리 많지 않을 것이다. 독자들은 물론 대다수 기자들도 사실상 언론자본가들의 모임인 신문협회의 '자부'에 회의적일 수밖에 없지 않을까.

신문협회의 주장보다 더 와 닿는 설명은 현직 신문기자의 칼럼이다. "종이신문은 놀림감이 아니다" 제목의 기자 칼럼에서 경향신문 홍진수 기자는 MBC 예능프로그램이 신문 독자를 희화화는 장면에 충격을 받았다면서도 조곤조곤 자기 생각을 밝혔다(2020년 10월 20일자).

종이신문을 본다는 것은 희귀한 행위가 되었다. 그렇다고 해서 종이신문을 보는 것이 놀림감이 되어서는 안 된다…. 독자들이 집이나 사무실에서 아침에 받아보는 종이신문에는 뉴스라는 수많은 상품 중에서도 최상품만 담겨 있다. 신문사는 전날 늦은 밤까지 고민을 거듭해 뉴스를 고르고, 그렇게 쓴 기사를 고치고 또 고친다. 시간이 허락하는 한 문장의 토씨 하나까지 검토한다. 물론 그렇게 한다고 완전무결한 신문이 만들어지지는 않겠지만, 최상에 가까운 상태를 만들려 끝까지 애쓴 결과물이 실린다. 종이신문은 흐름을 타고 뉴스를 읽을 수 있도록 만들어준다. 신문의 얼굴이라고 할 수 있는 1면에서 시작해 마지막 오피니언면까지, 뉴스들을 순차적으로 읽어보면 지금 이 사회의 주요한 현안이 무엇인지 쉽게 눈에 들어온다. 이와 함께 해당 신문사가 뉴스를 취사 선택할 때 어떤 가치를 가장 앞에 두고 있는지도 알 수 있다.

물론 온라인을 비롯한 다양한 경로로 뉴스를 유통하는 것은 거스를 수 없는 대세이다. 머지않은 미래에 종이신문이란 매체는 사라질지도 모른다. 그럼에도 불구하고 지금도 신문사는 종이신문을 정성 들여 만든다. 이유는 단순하다. 그 신문을 스스로 선택해서 보는 독자들이 있기 때문이다. 지금도 생각보다 많은 사람들이 넷플릭스 한 달 구독료보다 많은 돈을 지불하면서 종이신문을 신청한다. 이들은 방송에서 놀리듯 시대에 뒤떨어진 사람들이 아니다. 뉴스를 주체적으로 소비하는 고마운 고객들이다. 독자들에게 꼭 이 말을 전하고 싶었다.

홍 기자의 설명처럼 흐름을 타고 뉴스를 읽을 수 있는 매체라는 점이 신문의 특징이다. 날마다 일어나는 사실들을 지면이라는 한정된 공간에 중요도를 판단해 담되 그 의미까지 짚는 신문 고유의 장점을 인터넷 신문이 대체하기는 앞으로도 어려울 듯하다. 그 신문이 지닌 편집의 편향성까지 읽어낼 때는 생각의 깊이가 더해질 수도 있다.

그럼에도 인터넷 신문의 등장은 기존의 신문이 독점하고 있던 '의

제 설정'agenda setting 권한을 무너뜨렸다는 점에서 큰 의미를 지닌다. 노무현을 대통령으로 뽑는 과정에서 기존의 신문들이 의제 설정을 독점할 수 없다는 사실을 우리 모두 확인했거니와 인터넷 신문은 2020년대인 지금도 스마트폰과 함께 역동적인 공론장을 형성해가고 있다.

인터넷 신문을 비롯해 인터넷이 연 새로운 가능성의 고갱이는 누구나 자신의 의견을 표현하며 여론 형성에 참여할 수 있는 공간을 열었다는 데 있다. 대중매체시대에는 기자가 되어야 세상사에 대해 자기 생각을 펼 수 있었다. 수습기자 시험에 운이 적잖게 작용하거니와 기자직보다 다른 직업을 선택해 자아실현을 해나가는 사람들 가운데 시대를 읽는 감각이 훨씬 뛰어난 사람들이 실제로 많았고 지금도 그렇다. 바로 그 사람들이 자기 일을 하면서도 '기자'로 활동할 수 있는 시대가 열린 것이다.

미디어혁명시대에 누구나 펼 수 있는 언론활동의 공간은 인터넷 신문에만 있지 않다. 2008년 촛불시위 때 포털 다음의 아고라는 인터넷 광장으로 사랑받았다. 그해 100일에 걸쳐 일어난 촛불시위는 미국을 방문한 대통령 이명박의 '쇠고기 수입 졸속 타결'로 불붙었다. 당시 일본은 여전히 미국산 쇠고기를 20개월 미만까지만 수입하고 있었다. 그런데 이명박은 노무현이 미국 압박을 물리치며 유지했던 30개월 미만의 제한마저 없애고 전면 수입키로 합의해주었다. 촛불은 '자유 무역'을 위해 '검역 주권'과 '국민 건강권'까지 소홀히 하는 정치권력을 준엄하게 심판하는 성격을 지니고 있었다. 촛불이 거침없이 타오르자 이명박은 대국민 사과와 함께 재협상을 통해 한시적으로나마 30개월 미만으로 수입을 제한하는 종래의 방침을 유지할 수밖에 없었다.

거슬러 올라가면 미군 장갑차에 참혹하게 숨진 두 여중생을 추모하며 타올라 조지 부시 미국 대통령의 사과를 받아낸 2002년 촛불집회가 인터넷이 새로운 공론장을 형성할 수 있다는 사실을 이미 명징하게 보여주었다. 2008년 촛불 시위에서 '인터넷 기지'였던 아고라에 대한 언론의 평가는 대조적이다. 조선일보는 아고라를 "좌파 세력들의 토론장"으로, 한겨레는 "제2의 명동성당"으로 평가했다.

2017년 촛불혁명도 그 연장선이다. 스마트폰은 촛불의 꽃이고 빛이었다는 말이 네티즌 사이에 나올 정도였다. 페이스북과 트위터를 통해서 촛불은 더 많이 더 오래 타오를 수 있었다. 2002년 촛불집회, 2008년 촛불시위, 2017년 촛불혁명은 구텐베르크의 인쇄혁명에 버금가는 미디어혁명의 잠재력을 생생히 보여준 대표적 사건이다.

집단지성에 대한 '집단공격'

미디어혁명을 설명하는 초기 개념은 '스마트 몹' 또는 '집단지성'이었다. 스마트 몹은 '영리한'이란 뜻의 스마트smart와 군중을 뜻하는 몹mob의 합성어로, 미래학자 하워드 라인골드가 첨단 디지털기기를 갖추고 통신과 연결망(네트워크)을 활용해 정치·경제·사회문화 여러

영역에 영향력을 행사하는 군중의 출현을 이른 말이다.

집단지성Collective Intelligence은 사전적으로 풀이하면 '다수의 개체들이 서로 협력하거나 경쟁을 통해 얻은 지적 능력의 결과로 얻어진 집단적 능력'을 일컫는다. 개체로는 더없이 미미한 개미가 협업으로 만들어내는 거대한 개미집을 관찰한 곤충 학자 윌리엄 휠러는 무리지은 개미가 높은 지능체계를 형성한다며 '집단지성' 개념을 처음 제안했다. 그 개념을 사이버 공간에 적용한 피에르 레비는 '다수의 개인이 협력 또는 경쟁을 통해 구현해낸 집단적 지적 능력'을 집단지성으로 정의했다. 대표적 보기가 '위키피디아'다.

미디어혁명을 바라보는 신문의 반응은 복합적이다. 그들 스스로 가장 먼저 인터넷 서비스를 시작했으면서도 위기의식이 커져갔다. 종래 신문들이 독과점하고 있던 정보 전달력과 여론 형성력을 인터넷이 나눠가졌기에 어찌 보면 자연스런 반응이었다.

다만 신문들이 인터넷을 겨눠 때로는 매도라 할 만큼 편집한 비판적 기사들은 아무래도 지나치다. 심지어 집단지성에 대해서도 신경질적 반응을 보인다. 가령 '인터넷 집단지성, 오해와 착시가 만든 허구' 제목의 기사를 보자. 스스로 '아시아 최초의 인터넷 신문'을 자처할 만큼 인터넷 서비스를 처음 시작한 중앙일보가 2008년 촛불시위 이듬해에 내보낸 기사다(2009년 2월 20일 자).

기사는 소설가 이문열의 강연 내용을 소개하며 그의 입을 빌려 인터넷 광장과 집단지성을 비난했다. 기사에 따르면 이문열에게 인터넷 광장은 "오해와 착시를 활용한 여론 조작과 다수 위장"으로 "집단지성이라는 허구를 만들어"내는 곳이다. 이어 "정보의 파편들을 지성으로 착각한 사팔뜨기 지식인들"에게 독설을 퍼부었다. 이문열의 극우 성향은 새롭지 않지만 그의 강연을 빌려 '인터넷 집단지성'을 '오해와 착시가 만든 허구'로 몰아치는 중앙일보 편집은 눈여겨볼 대목이다. 같은 시대를 살아가는 사람들에 대한 예의도 없고 논리도 천박하기 그지없는 '시국 강연'조차 크게 부각해 편집하는 신문이 이문열로서는 고마웠을 법하다.

인터넷의 확장이 불편한 조·중·동의 언론인들 또한 격렬한 반응을 보였다. 대표적으로 조선일보가 지면을 통해 "한국 언론의 전설"로 추어올린 기자 김대중은 "손도끼와 골프퍼터와 전기총"이라는 살벌한 칼럼 제목에서 다음과 같이 인터넷에 저주를 퍼부었다.

> 인터넷에 들어가 보면 우리는 비참하리만치 비겁하고 상스럽고 악에 받치고 약 올리는 대화들을 목격한다. 우리가 길거리에서 당하는 봉변과 모욕과 폭력은 여기에 비하면 유치하리만치 급級이 낮다. 거리의 무뢰한이나 깡패는 보이기나 하고, 정 죽기살기로 나서면 한 번 붙어볼 수도 있다. 누구처럼 도끼나 골프퍼터로라도 어떻게 해볼 수 있다. 그러나 인터넷의 저질들은 보이지도 않고 총이 있어도 쏠 수가 없다. 잡으려 해도 쉽게 잡히지 않는다. 한마디로 더럽고 비겁하다.

가히 막말이다. 도끼나 골프퍼터로 어떻게 해보고 싶은 그의 용기를 칭찬해야 할까? 딴은 5.18민중항쟁에 나선 민중들을 서슴없이

"총을 든 난동자"로 보도해놓고 사과다운 사과도 하지 않을 만큼 용감한 '기자'다.

그런가하면 대조적으로 신문 읽기의 중요성을 강조하며 그것이 '부자 나라 되는 길'이라고 자부하는 신문도 있다. 가령 "신문은 지식사회의 기반… 10대 신문강국 모두 부국" 이라는 큼직한 통단제목으로 편집된 기사를 읽어 보자(매일경제 2009년 4월 6일 자).

> 신문은 가치 있는 정보를 제공해주는 지혜의 보고다. 단순히 읽을거리를 넘어서 상상력, 비판정신, 논리적 사고와 세상을 바라보는 안목을 키워준다. 신문은 건전한 여론 형성은 물론이고 지식정보화 사회의 기반을 다진다. 선진국일수록 국가경쟁력 차원에서 신문 읽기 활성화에 팔을 걷어붙이고 있는 이유다. 영상매체와 인터넷이 눈부시게 성장해도 읽기를 외면하는 나라에는 미래가 없다는 전략적 판단이 깔려 있다. 신문산업이 발전한 나라일수록 민주주의가 발전하고 경제적으로도 풍요로운 나라다. 노르웨이 일본 핀란드 스웨덴 스위스 영국 독일 룩셈부르크 네덜란드 덴마크 등 '세계 10대 신문강국'은 부자나라로 통한다.

기사는 이어 개탄한다. 한국에서는 "젊은 세대의 신문 기피 현상, 방송과 인터넷 포털의 강세, 무료신문의 범람 등으로 인해 신문 구독률이 갈수록 떨어지면서 신문 산업이 위기에 처해 있다." 신문의 날을 앞두고 같은 날 1면에 편집한 '초중고생에게 신문을 읽게 하라' 제하의 특집 기사에선 "신문 읽기가 나라의 미래를 좌우한다"고 강조한다. 기사는 언론학자의 말을 빌려 "신문을 많이 읽으면 선진국이 된다"며 "핀란드 스웨덴 네덜란드 등 교육 선진국으로 불리는 나라의 학생들이 학업 성취도가 뛰어난 것은 신문을 활용한 읽기와 토론 수업의 결과"라고 강조했다. 핀란드와 스웨덴의 교육제도와 방침이 우리와 전혀 다른 사실을 아예 무시한 주장이다.

더구나 '신문 강국'들이 제작하는 신문의 질과 한국 신문의 질은 차이가 크다. 사실과 달리 '색깔'을 칠하며 '마녀사냥'을 일삼는 보도가 과연 '선진국' 언론에 얼마나 있을까, 또 있더라도 그 발행부수가 얼마나 될까를 짚어볼 필요가 있다. 스웨덴 사민당 정부 초청으로 스톡홀름을 방문했을 때다. 스웨덴 노총LO 간부에게 물어보았다.

"스웨덴에서는 노동운동에 대해 사실과 달리 보도하거나 '마녀사냥'을 하는 신문에 대해 어떻게 대응하는가?"

스웨덴 노총 간부는 질문을 이해하지 못하겠다는 듯이 고개를 갸우뚱했다. 한국 언론이 무시로 자행하는 왜곡 사례를 들어 질문을 보충하자 그가 반응을 보였다. 전혀 예상하지 못한 '반응'이었다. 그는 반문했다.

"아니, 그런 신문을 대체 누가 본단 말인가?"

스웨덴이라면 그런 신문은 발붙일 수 없기 때문에 도통 납득할 수 없다는 표정이었다. '노동운동에 대해 사실과 달리 보도하거나 '마녀사냥'을 하는 신문에 대해 어떻게 대응하는가'라는 문제가 스웨덴에서는 아예 성립할 수 없다. 반면에 한국 사회에선 노동운동에 사실과 다른 보도를 하는 신문들이 발행부수 1, 2, 3위를 차지하고 있다.

하지만 우리가 비관할 이유는 전혀 없다. 한국의 신문 독자 또한 수동적으로만 살아가는 게 결코 아니기 때문이다. 독자들의 언론주권 찾기는 여러 운동으로 전개됐다. 안티조선운동이 대표적 보기다. 2000년 8월에 제1차 '조선일보 거부 지식인 선언'이 이뤄지고 9월에는 제2차 지식인 선언과 함께 '조선일보반대시민연대'가 출범했다. 지식인 선언은 2001년으로 이어져 총 서명자가 1,576명에 이르렀다. 이듬해인 2003년에는 시민단체 상근활동가 1,151명도 조선일보 거부 선언에 동참했다. 앞서 살펴본 '조선바보'나 '조아세'도 이때 결성됐다.

더러는 그 모든 독자운동이 결과적으로 실패한 게 아니냐고 반문한다. 2021년 8월 현재까지도 조선일보 발행 부수가 상당히 부풀려 있다고 하지만 여전히 1위인 것이 사실이기 때문이다. 하지만 현상으로 드러난 사실에만 집착할 때, 사안의 본질을 놓치기 쉽다.

미디어혁명과 함께 전개된 언론주권운동으로 조선일보의 영향력은 크게 떨어졌다. 더는 조선일보가 설정한 의제대로 우리 사회의 여론이 흘러가지 않는다. 조선일보가 여전히 발행부수 1위이기도 하지만 그 신문의 발행부수는 안티조선운동이 처음 벌어지던 시점과 견주어 절반으로 곤두박질했다. 그럼에도 1위인 까닭은 조선일보만이 아니라 동아일보와 중앙일보도 발행부수가 추락했기 때문이다.

2002년 12월 대선에서 '인터넷 대통령'이 등장하고 언론개혁운동이 거세게 일면서 발행부수가 무장 떨어지자 조선일보, 중앙일보, 동아일보 세 신문의 언론자본가들은 위기의식을 느낄 수밖에 없었다.

조·중·동에게 이명박 후보의 미디어산업론은 매우 솔깃한 주장이었고, 반가운 신호였다. 2008년 촛불시위로 이명박이 수세에 몰릴 때도, 100일이 지나자 탄압하고 나설 때도 조·중·동이 정권을 두남두고 맞장구친 것은 이해관계가 맞았기 때문이다. 굴욕적 대미협상이 빚은 촛불집회에서 자신을 엄호해준 조·중·동을 이명박 또한 잊지 않았다. 촛불 민중들이 조·중·동을 대상으로 벌인 광고 불매 운동을 전격 수사하고 탄압한데 이어 신문과 방송의 겸영을 허용하는 쪽으로 미디어법을 개정하겠다고 발표했다.

반혁명: 미디어법 국회쿠데타와 신방복합체

인터넷 확산으로 쌍방향 소통은 물론 민중 스스로 언론활동이 가능해지며 조금씩 수세에 몰리던 조·중·동은 TV방송을 겸영함으로써 여론독과점을 이어가겠다는 전략을 세웠다. 미디어혁명의 흐름에 맞선 반혁명이었다. 집권하자마자 촛불집회에 혼쭐이 난 대통령 이명박이 조·중·동과 함께 그 반혁명을 주도했다.

2008년 12월 집권당 한나라당은 신문과 방송 겸영을 뼈대로 7개 미디어 관련법 개정안을 확정해서 발표했다. 정병국 한나라당 미디어특위 위원장은 "미디어 분야의 복잡한 규제가 산업 발전을 저해하고 있어 규제 최소화에 초점을 맞췄다"고 말했다. 이명박 정권에겐 신문사가 지상파 방송이나 통신사를 겸영할 수 없도록 한 신문법 조항이 미디어산업 발전을 가로막는 규제였다. 방송법 개정안은 신문사와 대기업이 지상파 방송은 20퍼센트, 종합편성·보도전문 채널은 49퍼센트까지 지분을 소유할 수 있도록 했다.

조·중·동은 '신문사의 방송 진입이 허용되면 방송 뉴스의 질이 높아질 것'이라거나 '지금까지 영세성을 면치 못했던 국내 방송 산업에 대기업 자본이 들어가면 글로벌 경쟁력을 갖추게 된다'는 근거 없는 전망을 연속 보도했다. 교수들도 나섰다. 법학 교수 방석호는 이명박 정부가 들어선 뒤 정보통신정책연구원장을 맡으며 "방송통신이 국가경제의 새로운 신 성장 동력"임을 강조했고, 역시 법학교수인 문재완은 "뉴스 취재에 경쟁력 있는 신문사가 방송에 진출함으로써 방송사 간 경쟁이 활성화되고 뉴스의 질도 향상될 것으로 기대된다"고 주장했다. 신문과 방송 겸영법에 앞장섰던 방석호는 공영 국제방송 아리랑TV 사장을 맡았지만 가족까지 동반한 '초호화 출장'으로 물의를 빚고 사임했다. 후임은 문재완이었지만 그 또한 임기 중 사퇴했다.

당시 야당인 민주당과 언론단체들은 한나라당의 언론관련법 개정안을 '미디어 악법'으로 규정했다. 민주당은 "사회적 공론화와 국민적 합의 과정이 없었다"면서 한나라당이 확정한 7개 미디어 관련법 개정을 저지하겠다고 다짐했다. 국회 문화체육관광방송통신위(문방위) 민주당 간사인 전병헌은 "한나라당이 관련법을 일방 제출하려는 것은 다수 힘만 믿고 언론을 장악하려는 저의를 드러낸 것"이라며 "신문·방송 겸영 문제 등은 우리 언론 구조를 근본적으로 바꿀 수 있기 때문에 사회적 공론화와 국민적 합의 과정이 필요한 사항"이라고 비판했다. 민주당에게 한나라당의 미디어 악법은 "여론의 다양성 등 민주질서의 근간을 흔들 수 있기 때문에 절대 수용할 수 없는" 법이었다.

하지만 2009년 2월 25일 국회 문방위원장인 한나라당 고흥길은 민주당과 민주노동당의 강력한 반대에 모르쇠를 놓고 언론 관련 법안을 기습 상정했다. 고흥길은 중앙일보 논설위원, 법안을 뒷받침한 방송통신위원회 위원장 최시중은 동아일보 논설위원 출신이다.

미디어법안 기습 상정 과정에서 조선일보(2009년 2월 26일 자 3면)가 전한 한나라당 내부의 모습은 흥미롭다. 한나라당 최고위원·중진 연석회의에서 상당수가 미디어법안을 뒤로 미루자는 의견을 내놓았을 때다.

> 이런 의견들을 듣고 있던 '대통령의 형' 이상득 의원이 발언에 나섰다. "그렇게 해서는 우리 핵심 지지층을 다 잃는다. 지리멸렬해서는 안 된다. 한나라당이 단합하고 뭉쳐야 한다. 당 지도부에 일임하자." 그는 특히 이번 임시국회 최대 쟁점인 미디어 관련 법안에 대해서도 "상정조차 반대하는 민주당이 협상에 응하겠느냐. 이번에 강하게 가야 한다"고 말했다고 한 참석자가 전했다. 일부에서 나온, 경제 관련 법안을 2월에 우선 처리하고, 미디어 관련 법안은 4월로 미루는 '분리 처리'안에 대해 반대 입장을 분명히 밝힌 것이다… 이 같은 이 의원의 발언은 회의 분위기를 급반전시켰고, 참석자들은 미디어법안 상정 등을 '밀어붙이자'는 쪽으로 결론을 모은 것으로 알려졌다.

조·중·동은 미디어법의 '신속 처리'를 주장한 반면에 언론노조를 비롯한 언론운동 단체는 강력히 반발했다. 그런 가운데 완강했던 민주당이 조금씩 바뀌고 있었다. 민주당 대표 정세균은 2009년 3월 2일 한나라당 대표 박희태를 만나 미디어법을 '사회적 논의기구'에서 100일 동안 논의한 뒤 국회에서 표결 처리하기로 합의했다. 이 지점에서 한나라당의 노회하고 치밀한 전략을 확인할 수 있다. 언뜻 민주적으로 보이지만, 사실상 100일 뒤에는 표결을 강행하겠다는 의미였다. 정세균 대표가 그 의도을 알았든 몰랐든, 그 합의는 100일 뒤 표결 처리의 수순 밟기 또는 명분 쌓기 의혹이 짙었다.

국회는 사회적 논의기구를 '미디어발전국민위원회'로 명명했다. 2009년 3월 6일 국회 문방위는 전체회의를 열고 미디어법안들에 여론을 수렴하겠다며 한나라당 추천 10명, 민주당 추천 8명, 선진당 추천 2명으로 위원회 구성을 의결했다. 위원장은 한나라당과 민주당이 각각 추천한 언론학 교수 김우룡과 강상현이 공동으로 맡았다.

미디어발전국민위원회는 예상대로 100일 내내 겉돌았다. 한나라당 추천을 받은 위원들은 여론조사 방식을 통한 '국민 의견 수렴'마저 거부했다. 6월 25일 위원회는 민주당 추천 위원들이 빠진 가운데 회의를 열고 최종보고서를 문방위원장 고흥길에게 제출했다. 신문사와 대기업의 지상파 방송 진출을 허용하되 겸영은 2012년까지 유예한다는 내용이었다. 민주당은 6월 29일 문방위 회의장 입구에 바리케이드를 치며 한나라당 의원들의 입장을 막았다.

2009년 7월 14일 집권 여당은 미디어법과 비정규직법의 직권 상정을 국회의장에게 요구하고 22일 의장석을 점거했다. 국회의장 김형오는 미디어 관련 법안을 직권 상정하겠다며 오후 2시에 '질서유지권'을 발동했다. 그의 첫 직업이 동아일보 기자였다. 오후 3시, 한나라당 의원들이 본회의장에 들어오면서 의결정족수(148명)를 넘기자 김형오는 부의장 이윤성—KBS '땡전뉴스' 시절에 정치부장과 사회부장을 지낸 방송기자 출신—에게 사회권을 넘겨주었다. 의장석을 두고 한나라당 의원들과 민주당, 민주노동당 의원들이 몸싸움을 벌이던 중에 이윤성이 본회의 개의를 선언했다. 이윤성은 법률안 제안이나 심사 중간 보고서를 단 몇 마디로 설명하고 곧장 신문법 개정법안을 표결에 부쳤다. 표결 과정에 다른 의원 자리에서 전자투표를 하는 한나라당 의원들을 발견한 민주당이 항의했지만, 이윤성은 재석 162명 중 찬성 152명, 기권 10명으로 법안 가결을 선언했다.

더 심각한 사건이 이어졌다. 이윤성은 신문법 개정안과 같은 방식으로 방송법 개정안을 표결에 부쳤다. 그런데 이윤성이 투표 종료를 선언한 직후다. 한나라당 의석에서 '종료하면 안 된다'는 목소리가 다급하게 터져 나왔다. 하지만 이미 전광판에 투표 결과가 집계되어 나타났다. 이윤성은 황망히 국회 사무처 간부들과 소곤거리고 난 뒤 "재석 의원이 부족해서 표결이 불성립되었으니 다시 투표해주기 바란다"라고 말했다. 최대 쟁점인 방송법이 처음 1차 투표에서 의결정족수인 148석에 미달한 145석으로 사실상 부결되었는데도 이윤성은 재투표를 통해 재적 153명, 찬성 150명으로 가결되었다고 '선언'했다.

국회법은 부결된 안건이 같은 회기 중에 다시 발의 또는 제출하지 못하도록 명문화해놓았다. 투표 종료에 이어 결과 집계까지 나온 상황이기에 부결된 방송법 수정안을 이윤성이 재투표에 붙이자 야당 의원들은 일사부재의 원칙을 어긴 위법 행위라고 거세게 항의했다. 더구나 대리투표 의혹까지 제기되었다. 언론노조는 "한나라당 의원 4~5명이 미디어법 표결 당시 다른 의원의 자리에서 투표하는 영상을 찾아냈다"면서 자료를 공개했다.

민주당 대표 정세균은 의원직 사퇴 뜻을 밝혔다. 원내에서만 싸우는 것은 더 의미가 없다며 이강래 원내대표도 의원직 사퇴를 결행할 것이라고 밝혔다. 민주당은 방송법 1차 표결에서 재석의원 수가 정족수에 이르지 못했음에도 다시 표결을 실시해 통과시킨 것은 국회법 위반으로 원천무효라고 강조했다. 다른 법안들 또한 대리투표 의혹이 있다며 헌법재판소(헌재)와 법원에 권한쟁의 심판과 효력정지 가처분 신청을 내기로 했다.

언론노조는 한나라당의 미디어법안 날치기 통과는 '의회쿠데타'라고 맹렬히 비판했다. 미디어 반혁명으로서 조·중·동 신방복합체가 등장하는 법적 근거는 '국회쿠데타'로 이뤄진 셈이다. 다음날 민주당, 민주노동당, 진보신당, 창조한국당 의원 88명은 "22일 신문법 및 4개 법률의 직권상정 과정에서 자신들의 법률 심의·표결권을 침해당했다"면서 헌재에 침해 확인과 해당 법안들의 가결 선포 무효 신청을 냈다.

헌법재판소는 10월 29일 청구인들의 심의·표결권 침해를 인정했다. 그럼에도 법안 가결 무효 청구는 기각했다. 헌재의 기각 결정을 둘러싸고 다시 논란이 벌어졌다. 11월 16일 국회 법사위 전체회의는 헌재 사무처장 하철용을 불러냈다. 민주당 의원 이춘석은 "권한 침해는 인정하면서도 미디어법은 무효가 아니라고 했는데 어느 정도 위법 행위가 있어야 무효라는 것인가"라고 질문했다. 헌재 사무처장은 "이번 헌재 결정 어디에도 유효라고 한 부분은 없다"며 "헌재 결정문에는 법에 어긋난 게 있으니 국회가 자율적으로 시정하는 게 옳다는 말이 들어 있다"고 밝혔다.

법사위 전체회의에 나온 법제처장 이석연도 "헌재 결정은 국회가 미디어법을 고치기 위해 다시 논의하라는 것 아니냐"는 야당 의원의 질문에 "그렇게 본다. 속히 국회가 (위법 사항을) 풀어줘야 한다. 국회가 다시 논의를 해 절차적 하자를 치유하라는 취지로 보고 있다"고 답했다.

요컨대 헌재의 결정은 미디어법 처리 과정에서 의원들의 권한을 침해한 위헌·위법성을 어떻게 제거할지는 국회 자율에 맡길 사안이라는 논리였다. 헌재가 자신들이 "구체적인 실현 방법까지 선택해 무효로 할 수는 없다"고 밝힌 면피성 논리에 기대어 한나라당은 미디어 악법 통과를 기정사실화했고 대통령 이명박은 그것을 선포했다.

2010년 12월 31일 방송통신위원회 전체회의는 종합편성채널(종편) 4개와 보도전문채널 1개를 허가한다는 내용의 '사업자 선정 결과'를 발표했다.

종편은 조선·중앙·동아일보와 매일경제, 보도채널은 연합뉴스에 주었다. 방통위는 심사위원회 채점표를 근거로 중앙일보사가 대주주인 JTBC를 1위, 조선일보사가 대주주인 TV조선을 2위, 동아일보사와 매일경제신문사가 각각 대주주인 채널A와 매일경제TV를 3,4위로 선정했다. 한국경제신문사와 태광그룹은 탈락했다.

중도적인 시민단체인 경제정의실천시민연합까지 논평을 내어 "종편 사업자는 전부 보수매체로, 이후 방송을 통한 건전하고 균형 잡힌 담론이나 의제 형성을 기대하기 어렵고 왜곡 현상과 편파성이 심화될 것이다. 국민 통합이나 합의보다 갈등과 분열이 심화될 가능성이 매우 커 국가적 후유증이 심각할 것"이라고 논평했다. 더구나 종합편성 채널에 특혜까지 주었다. 엄연히 상업 유료방송인데도 '의무 전송 채널'로 규정했으며 편성과 광고에 대한 심의 규정도 느슨했다.

이명박 정권이 밀어붙인 '언론 시장주의'는 '미디어 악법'을 통한 조·중·동 신방복합체 구축으로 반혁명의 정점에 이르렀다. 그런데 그 과정에서 하나 더 주의 깊게 살펴볼 진실이 있다. 대통령 이명박의 형 이상득이 국회에서 앞장서고 집권당과 조·중·동 신문이 자신의 이해관계와 직결된 '신문·방송 겸영' 여론을 조성하려고 지면을 통해 안간힘을 쓰고 있을 때, 인터넷에 다음과 같은 댓글들이 지속적으로 올라왔다.

> "미디어법 개정되면 어떻게 달라지는지 정말 제대로 알고 계신가요? 그저 현란한 말과 선전에 현혹돼 무조건 나쁘다는 편견 아닙니까."(미디어법 개정 정말 시급하다!/ 시골간호사 leese****)

"미디어법 빨리 통과시켜라. 상정이라고 해서 토의라도 해라. 시장을 만들어줘야. 우리기술을 더욱 발전시켜 세계로 나갈 것 아니냐."(융합기술은 우리의 기회/ 파란하늘 his***)

"대기업자본이 방송에 투자되면 우리나라 방송경쟁력도 훨씬 커진다. 이제 국내에서 아웅다웅할 때가 아니다. 전 세계적으로 미디어산업이 재편되는 미디어빅뱅이 한창이다. 더욱 중요한 것은 방송과 통신의 규제를 풀면 2만여 개의 일자리가 만들어진다고 한다. 나라마다 어떻게 하면 더 일자리를 만들까 머리 싸매고 고민한다. 수익창출을 위해 효과적인 방송산업 경쟁력도 키우고 나라의 희망인 젊은이의 일자리도 생기고, 그런데 왜 그토록 극렬히 반대하나?"(미디어법 개정은 일자리 창출 첩경이다/ 시골간호사 leese****)

"지난 연말 여야는 2월중 미디어 관련법을 표결에 부쳐 처리키로 합의한 만큼, 관련법의 조속한 개정을 통해 우리나라가 IT강국으로서 지속 발전할 수 있도록 뒷받침하고, 일자리 창출에 이바지 할 수 있도록 해야 한다"(일자리 창출하는 미디어 관련법 조속개정 필요/ 훈민정음 hangu****)

"무조건 미디어법안 발목잡기는 정말 국민의 지탄을 받을 수 있다. 국민은 일하는 국회, 국민을 위해 땀 흘려 뛰는 국회의 모습을 보고 싶다. 이를 위해서는 국회 정상화를 위해서는 김형오 의장의 결단이 촉구된다. 방송법을 포함한 미디어법안을 직권상정하고 미래 산업으로서 방송이 선진화되는데 결정적인 기여를 한 국회의장으로 기억되길 바란다"(김의장님! 이제 이틀 남았습니다/ 시골간호사 leese****)

"야당은 미디어법을 향해 재벌과 신문이 방송에 진출하면 재벌과 신문이 방송을 장악해 여론을 좌지우지한다고 주장했으나 조금만 찬찬히 들여다보면 도저히 불가능하다. 특히, 야당은 그토록 미디어법안에 대해 죽기 살기로 비난해왔으면서도 정작 어떠한 대안은 전혀 내놓지 못했다. 결국 야당은 폭력국회, 깽판국회 만드는 데는 앞장섰지만 그래서 타임 표지를 장식하는 불명예를 안았지만 '대안정당'으로서 국민들에게는 전혀 각인되지 못했다."(100일은 미디어법 홍보기회다/ 시골간호사 leese****)

"또 다시 민주당이 국회 점거 농성에 돌입했다. 한국 국회가 국제적 망신거리로 다시 한 번 등장할 참이다. 그 한가운데 미디어법이 있다. 미디어법의 핵심은 국민들에게 채널의 선택권을 넓혀주자는 것이다. 지금처럼 다섯 손가락 안에 드는 공중파 방송사의 수를 늘려서 시대에 맞게 다양화하는 것이다. 여기에 대기업도 참여하고 신문사도 들어올 수 있다. **만약 민주당 주장처럼 특정사가 여론을 독과점한다면? 시청자들이 외면하면 된다.** 설마 지금만 하겠는가? 몇몇 방송사에 의해 공공재인 전파가 독과점되고 있는 현실이다. PD수첩의 편견과 잘못된 선동으로 인해 나라가 얼마나 혼란했었는가."(국회를 국제적 망신거리로 만드는 일을 이제 그만/ 열공소녀 leese***).

누구일까. 인터넷에 미디어악법이 통과되어야 청년들의 일자리도 늘어나고 선진화도 이룰 수 있다며 줄기차게 글을 올린 '시골간호사'와 '열공소녀'와 같은 감성적인 별명의 네티즌은. '훈민정음'이나 '파란하늘'과 같은 사뭇 민족적인 별명의 '시민'은.

다름 아닌 국가정보원이다. 국정원은 다음 아고라 자유토론방, 사회토론방, 문화연예토론방에서 조직적으로 '활동'했다. 미디어법을 강행하려던 2009년 2월과 실제로 날치기를 감행한 그해 6월에 집중적으로 글을 게재했다. 말 그대로 '인터넷 여론 공작'이다. 파업까지 벌이며 반대운동에 나섰던 언론노동조합에 대한 원색적 비난도 넘쳐났다.

국정원 댓글부대의 여론 조작

대통령 이명박의 측근인 원세훈은 국정원장으로 2009년 2월 취임하자마자 인터넷 댓글을 통해 여론 조작에 나섰다. 그 첫 번째 여론 조작 대상이 '신문과 방송 겸영'이었다. 국정원 심리전단은 2009년 5월부터 '아고라 대응 외곽팀' 9개를 만들었다. 그 후 24개 팀까지 확대했다. 이명박 정부를 옹호하는 여론 조작을 했다. 군 사이버사령부까지 나섰다. 아고라의 반응을 체크하고 "향후 VIP·정부·군 비난에 대한 감시를 강화할 것"이라고 청와대에 보고했다.

국가정보기관의 인터넷을 통한 여론 조작은 2012년 대통령 선거 과정에서 절정에 이른다. 문재인 정부가 들어선 뒤 국정원 개혁발전위원회 산하의 적폐청산TF에 따르면 '사이버 외곽팀'에서 댓글을 쓰는 민간인들은 '보수 성향의 예비역 군인과 회사원·주부·학생·자영업자들'이었다. 댓글 작업을 한 성과에 따라 국정원이 5만 원에서 50만 원까지 지급했다. 2012년 대선 당시에는 연인원 3,500명 수준의 민간인을 동원한 여론 조작 목적의 점조직을 운영하였고, 한 해 인건비로만 30억 가까이 사용한 것으로 조사됐다.

박근혜가 대통령에 취임한 직후부터 국정원이 조직적으로 대통령 선거에 개입한 사건은 조금씩 전모가 드러나기 시작했다. 채동욱 검찰총장 아래 윤석열 수사팀이 국정원에 대한 본격 수사에 나섰다. 박근혜로선 민감한 문제일 수밖에 없었다. 국가정보기관이 조직적으로 대통령 선거에 개입한 사실이 사실로 드러난다면 명백한 부정선거로 당선된 꼴이기 때문이다. 유권자 대다수인 민중들은 분개하지 않을 수 없었다.

국정원의 선거 개입을 용납해서는 안 된다는 여론이 퍼져가면서 2013년 6월 21일 대학생들이 촛불집회에 나섰다. 27일에는 참여연대, 민주사회를위한변호사모임, 민주언론시민연합, 한국진보연대 등 200여 개 사회단체가 비상시국회의를 구성하고, 28일 대규모 촛불집회를 열었다. 사회단체들은 시국선언을 통해 "국가정보원의 정치 개입 및 선거 개입의 전모와 경찰의 축소 은폐 전모를 규명하라"고 촉구하는 한편, 박근혜 대통령에게 국민이 납득할만한 진정성 있는 해명과 재발방지 대책을 요구했다. 대학가, 종교계, 학계의 시국선언도 줄을 이었다. 국정원의 대선 개입은 보수냐 진보냐의 문제가 아니라 민주주의 문제, 그것도 민주주의의 근간을 뒤흔드는 문제이기 때문에 당연한 대응이었다.

촛불집회는 서울뿐 아니라 광주, 경남, 부산, 대구, 대전으로 확산되었다. 미국과 캐나다, 프랑스의 한인 사회에서도 비판의 목소리가 이어졌다. 프랑스 한인들 137명은 시국선언문을 통해 "국가정보원이 대선에 개입하여 민의를 왜곡하고, 특정 후보의 이해를 위해 복무했다는 사실은 한국 사회의 불의가 이제 민주주의의 근간을 무너뜨리는 수준으로까지 진행되었음을 알리는 신호탄"이라고 비판했다.

하지만 조·중·동 신방복합체와 지상파 방송 3사(KBS, MBC, SBS) 모두 나라 안팎에서 벌어지는 시국선언과 촛불집회를 축소 보도하거나 아예 모르쇠를 놓았다. 대학생들이 국정원의 선거 개입 규탄과 진상 규명을 촉구하며 처음 촛불집회를 연 날(2013년 6월 22일)부터 열흘 동안 중앙일보와 동아일보는 단 한 건도 기사를 싣지 않았다. 민언련의 모니터 보고서에 따르면 KBS와 MBC는 각각 22일과 23일 단신 1건으로 '국정원 사건에 대한 진보와 보수 진영의 집회가 열렸다'고 짧게 대립 양상만 보도했다. 진실을 취재해서 보도하려는 열정은 전혀 보이지 않았다.

조선일보는 기사 두 건을 보도했지만 모두 촛불집회에 대한 폄훼와 비판이었다. 2013년 6월 24일 4면에 편집된 '국정원 규탄 촛불집회에 등장한 박근혜 OUT' 제목의 기사는 "촛불집회에서 박근혜 대통령의 퇴진을 요구하는 구호가 등장했다"면서 "민주당 지도부는 촛불시위에 정권 퇴진 구호까지 등장한 것에 대해선 경계감도 갖고 있다"고 보도했다. 또 "대선에 미친 영향이 거의 없는 국정원 댓글 사건을 야권이 집요하게 정치 이슈화한 근본적 목적이 바로 정권의 정통성에 흠집 내기"라며 "일부 좌파 단체가 제2의 촛불시위를 유도하려는 움직임이 있다"는 익명의 집권당 관계자들의 말을 인용해 색깔 공세를 칠했다. 29일 8면에 편집한 '시국선언 이어 촛불… 국정원 사건 시위, 광우병 때와 닮은꼴' 제하의 기사에선 "2008년 광우병 촛불

시위를 주도한 그룹 중 하나인 한국진보연대가 올해 국정원 선거 개입 사건을 '반미자주투쟁'의 계기로 보고 촛불시위를 '투쟁의 장'으로 활용하려 하고 있는 것으로 알려졌다"면서 마치 '반미투쟁'을 하기 위해 '국정원 촛불 집회'를 열고 있는 듯이 왜곡했다.

조·중·동 신방복합체가 국정원의 선거 개입을 대수롭지 않게 보도해나간 것은 그들 스스로 박근혜 당선 과정에서 편파 보도를 일삼았기 때문으로 풀이할 수 있다. 국정원 '댓글부대'가 신문과 방송의 겸영 여론을 부추겼던 사실을 상기할 필요도 있다.

조·중·동은 2013년 10월에 국가정보원이 조직적으로 개입해 박근혜 후보 지지 댓글을 올리는 불법 활동을 벌인 사실이 드러나고, 심지어 군 사이버사령부까지 대선에 개입한 사실이 밝혀졌음에도 소극적 보도로 일관했다. 그럼에도 윤석열이 이끄는 검찰수사팀은 10월 17일 법원에서 국정원 직원 4명의 체포 및 압수수색 영장을 발부받아 그 중 3명을 긴급체포했다. 진실을 밝히겠다는 결연한 의지였다. 한겨레가 1면 머리로 올린 반면에 조·중·동은 외면했다.

다음날 검찰은 국정원 직원에 대한 압수수색 영장이 '상부에 보고하는 정식 절차'를 거치지 않았다며 윤석열 팀장을 수사에서 배제했다. 윤 팀장은 '수사 상황이 보고될 경우 국정원이 사전 대비를 할 가능성'등을 우려해 보고하지 않은 것으로 알려졌다. 경향신문은 이를 1면 머리로 올려 '채동욱 이어… 이번엔 국정원 댓글 수사팀장 찍어내기' 제목 아래 국정원 선거개입 수사에 정권과 법무부의 '압력', '찍어내기'가 자행되고 있다고 보도했다. 그러나 조선일보와 동아일보는 '검찰, 국정원 직원 체포 때 상부 보고 안한 댓글 수사팀장 직무 배제'(조선일보, 1면), '상부 보고 없이 국정원 직원 체포… 댓글 수사팀장 업무 배제'(동아일보, 10면) 제목으로 윤석열의 책임을 물었다. 중앙일보는 '검찰, 또 수사 갈등… 팀장 업무서 배제'(3면) 제목 그대로 '검찰 내부 갈등'으로 기사화했다. '여야, 윤석열 수사팀 배제 싸고 정면충돌' 제목의 1면 기사에선 국정원의 여론 조작보다 '여야의 갈등'에 초점을 맞췄다.

국회 국정조사에 증인으로 참석한 윤석열은 황교안 법무장관의 외압 의혹을 '상부'에 보고했으나 '야당 도와줄 일 있냐'는 질책을 받고는 사전 보고를 누락했다고 밝혔다. 다음날 조·중·동은 '윤석열, 검사장 모시곤 힘들 것 같아 내가 처리/조영곤, 수사 잘하라 격려했는데 항명하다니'(조선일보, 1면), '조영곤·윤석열 국감서 충돌/검찰 지휘체계 붕괴 생방송'(중앙일보, 1면), '국감장 선 검찰 간부, 초유의 폭로 공방'(동아일보, 1면)으로 제목을 큼직하게 달며 검찰 간부들 사이의 '갈등'이나 '항명'에 초점을 맞춰 보도했다. 반면에 한겨레와 경향은 '윤석열, 국정원 수사 외압… 황 법무와 무관치 않다'라거나 '윤석열, 지검장이 야당 도와줄 일 있냐며 격노'로 제목을 달아 국정원 댓글 수사의 '외압'을 부각했다.

조·중·동은 사설을 통해 자신들의 주장을 더욱 분명히 했다. 수사 중인 팀장의 교체 문제를 '검찰 내분'으로 몰거나, '대선 불복'과 '정쟁'을 한다고 민주당을 비난했다. "국민 앞에서 진흙탕 싸움을 벌이면 정상적인 조직이라 할 수 없다"(조선일보)고 경고하거나 "국민이 언제까지 검사들의 치고 받는 모습을 지켜봐야 하는가"(중앙일보)라고 개탄하고 "검사는 계통을 밟아 수사하고 부당한 지시가 있을 경우 이의를 제기해야지, 독단적으로 처리해서는 안 된다"(동아일보)며 검사 내분 문제로 몰아갔다. 조선일보는 1면 '팔면봉'을 통해 윤석열을 '멋대로 검사'라고 비아냥대는가 하면, 검찰 내의 '이전투구', '내부 갈등'이라며 정치혐오를 부추기는 표현을 사용했다. 민주당에도 "책임 있는 공당에 대선 불복은 상황에 따라 뺐다 불렀다 할 수 있는 전술적 카드가 아니다. 불복을 선언하는 순간 민주당은 돌아올 수 없는 다리를 건너는 것"(중앙일보)이라며, 문재인 후보의 '불공정 대선' 발언은 "패배한 장수의 치졸한 변명 같아 듣기 거북하다"(동아일보)고 비난했다. '선 넘는 야', '루비콘강 앞의 전투', '대통령에게 포문 연 대선 후보' 따위를 제목으로 올린 동아일보와 조선일보의 보도는 국정원 선거 개입과 부정으로 얼룩진 2012년 대선에 문제제기 자체를 봉쇄하려는 의도가 묻어난다.

동시에 이들은 노골적으로 청와대를 비호하고 나섰다. 아직 실체적 진실이 다 드러나지 않았고 수사팀장이 돌연 교체됐는데도 "인터넷 댓글이나 트위터 글이 선거 결과를 바꿔 놓을 정도로 영향력이 컸다고 볼 수는 없다"고 단정하며 "도와달라고 한 적도 없는데 도움받은 꼴이 되고 있다는 청와대도 곤혹스러울 것"(동아일보)이라고 박근혜를 감쌌다. 국무총리 정홍원이 사과하고 나서자 경향신문과 한겨레는 '현안 뒤에 물러선 박 대통령'을 1면으로 다루며 강하게 비판했으나 조·중·동은 정 총리의 사과로 문제가 다 해결된 듯이 보도했다.

내내 침묵해오던 대통령 박근혜는 10월 31일 국정원의 대선 개입에 대해 "법과 원칙에 따라 여러 의혹을 밝히고 반드시 책임을 묻겠다"면서 "개인적으로 의혹을 살 일을 하지 않았다"고 강조했다. 경향신문과 한겨레는 '미온적 입장 표명'과 '자신과의 연계 차단'을 비판적으로 접근한 반면에 중앙일보와 동아일보는 '타이밍 정치'나 '정면돌파'를 부각하며 "대선 개입 의혹 논란을 마무리 짓고 경제 살리기에 매진하겠다는 강한 의지가 녹아 있다"고 박수를 보냈다.

조선일보는 다른 언론과 또 달랐다. 조선일보는 11월 1일 1면 머리 제목으로 '박 대통령 국정원 의혹 철저조사 후 문책/전공노·전교조 선거 개입도 엄정 대처키로'를 뽑았다. 기사는 첫 머리부터 "청와대와 여당이 전국공무원노동조합(전공노)과 전국교직원노동조합(전교조) 등 일부 공무원 노동조합의 정치적 중립 위반 행위에 대해 엄격히 대처할 방침인 것으로 전해졌다"면서 "박 대통령의 발언은 관행적으로 묵인돼오던 전공노와 전교조 소속 공무원들의 정치활동을 염두에 둔 것으로 알려졌다"고 전했다. 이어 "야당은 국정원 직원 댓글을 문제 삼고 있지만 더 심각한 문제는 지난 대선과 총선에서 정치적 중립의무가 있는 교사와 공무원들이 공공연하게 특정 정당과 후보를 지원했던 것"이라며 "앞으로는 전공노와 전교조 등 공무원 단체의 정치행위에 대해 법과 원칙에 따라 대처할 것"이라는 '청와대 핵심관계자' 말을 보도했다. 이어 "검찰은 전공노를 즉각 수사해야 한다"는 홍문종 새누리당 사무총장과 "공무원들의 개입이 있어도 국정원만 잡으려고 해서 되느냐"는 김진태 새누리당 의원의 발언을 덧붙였다.

그 의미는 분명했다. 국가정보기관들의 조직적 선거 개입을 인정하지 않으면서 교원노조와 공무원노조를 전면에 부각해 정국을 '타개'하라는 주문이다. 짜고 치는 듯 새누리당이 바로 응답했다. 원내대변인 김태흠은 브리핑을 통해 "지난 대선에서 민주당 문재인 후보는 전공노 소속 공무원들을 이용해 조직적으로 자신을 지지하도록 하는 불법선거를 저질렀다"면서 "선거 중립을 지켜야할 공무원인 전공노 조합원 14만 명을 동원하여 불법선거를 저지른 것"이라고 논평했다. 국정원의 여론 조작 사건의 전모가 드러난 것은 촛불혁명으로 박근혜가 대통령 자리에서 해임되고 문재인 정부가 들어서면서였다.

지금까지 미디어혁명의 반혁명으로 조·중·동 신방복합체와 국가정보기관의 댓글공작 사건을 살펴보았다. 그 둘은 서로 이어져 있다는 사실도 확인할 수 있었다.

촛불혁명을 거쳤지만 조·중·동 신방복합체는 여전히 강력하고 인터넷 공론장은 언제 어디서든 권력에 의해 뒤틀릴 수 있음을 새삼 확인할 수 있다. 지금의 인터넷 공론장 또한 누군가에 의해 통제되고 있는 것은 아닌지 성찰할 필요가 있다. 바로 그 성찰의 지점에 이데올로기 문제가 드러난다.

2/ 깨시민의 미디어 리터러시

"언론개혁을 대통령 문재인이나 집권다수당인 민주당의 정치적 득실을 절대적 기준으로 삼는 정파적 수준에서 제시할 때, 아무런 실질적 성과도 거둘 수 없을뿐더러 개혁을 희화함으로써 오히려 조·중·동 신방복합체의 정당성을 높여줄 수 있다."

조·중·동 신방복합체를 위한 미디어법 개악이 착착 진행되던 2009년 5월 23일이었다. 전임 대통령 노무현이 투신했다. 조선일보를 공개적으로 비판하며 언론개혁에 여느 정치인보다 공감을 표했던 그가 미디어 반혁명이 전개되는 상황에서 죽음을 맞은 셈이다.

모두 충격을 받았지만 노사모에 견줄 바는 아니었다. 현직 대통령으로서 사실상 마지막 해인 2007년의 노사모 총회에 노무현이 보낸 축하 메시지가 새삼 그들의 가슴을 울렸다.

민주주의 최후의 보루는 깨어 있는 시민의 조직된 힘입니다. 이것이 우리의 미래입니다. 우리에게 역사의 과제가 남아 있는 한 노사모는 끝날 수 없습니다. 노사모는 노무현을 위한 조직이 아닙니다. 세상을 사랑하는 사람들이 보다 나은 세상을 만들기 위해 만든 모임입니다. 한국 민주주의, 새로운 역사를 위한 모임입니다. 저도 임기를 마치면 노사모가 될 것입니다. 여러분의 친구로 돌아갈 것입니다. 그때까지 저는 대통령으로서, 여러분은 깨어 있는 시민으로서 최선을 다해 나갑시다.

노무현은 그 뒤 "민주주의 최후의 보루는 깨어 있는 시민의 조직된 힘"이라는 말을 청와대 브리핑이나 인터뷰에서 되풀이해 강조했다. 노무현의 묘비에도 그 문구가 새겨졌다. 깨어 있는 시민, 곧 '깨시민'이라는 말이 본격적으로 퍼져간 배경이다.

노사모와 깨어 있는 시민

기실 정치인 노무현은 대통령 당선부터 삶의 마지막 순간까지 정치적 역정이 파란만장했다. 그 역정에 언제나 언론 문제가 배어 있었다. 2002년 봄 한국 정가는 을씨년스러웠다. 현직 대통령 김대중의 세 아들이 모두 부패 혐의로 수사를 받으며 줄줄이 교도소로 끌려갔다. 진보적인 사회운동 단체들이 그해 12월 대선은 이미 끝났다고 착잡함에 젖거나 대선 이후를 고심하고 있을 때, 그때까지 전혀 사회운동에 나서지 않았던 민중들이 새롭게 떠오르고 있었다. 바로 노사모다.

노무현을 사랑하는 사람들의 모임, 노사모는 지역주의를 타파하겠다며 부산에서 민주당 후보로 뚝심 있게 출마해 낙선한 정치인 노무현을 사랑하자는 온라인 운동이 출발점이다. 노무현이 민주당 대선 후보 경선에 나서자 노사모는 열정을 다해 움직였다. 과거 '민주산악회'와 같은 기성 정치인들의 조직과 달리 노사모는 인터넷이 근거지이자 활동 공간이었다. 노사모는 미디어혁명에 기반 한 새로운 정치운동을 선구했다.

솔솔 불던 '노무현 바람'에 결정적 힘은 광주에서 비롯했다. 광주의 민주당 경선에서 노무현 후보가 1위로 올라서며 대선 판도가 출렁였다. 당시 노무현 바람은 한국 정치의 희망이었다. 민주당 국회의원 후보로 부산 지역구에서 거듭 낙선한 노무현은 정치 발전을 가로막고 있던 '지역정당 체제'에 도전하고 있었을 뿐만 아니라, 조선일보를 비롯한 '유력 신문'과 각을 세우는데 조금도 머뭇거리지 않았다. 조선일보와 인터뷰도 거부한 그의 행보는 노무현을 '희망 주는 정치인'으로 떠오르게 하는 결정적 요인 가운데 하나였다.

민주당 대선 후보 경선 과정에서 노무현은 여론시장을 독과점한 신문들이 일방적으로 퍼뜨려온 경제성장 우선론과 달리 분배의 중요성을 역설했다. 2002년 4월, 경기 지역 후보 경선 연설에서 노무현은 "소득이 골고루 분배되지 않는 사회는 어느 때 불황이 올지 모른다"면서 "빈부격차가 작고 서민의 소비가 활발한 나라가 경제적으로 안정된 나라"라고 강조했다. 그는 또 "복지는 목적이고 시장은 수단"이라며 "복지정책을 통해 소득 분배를 하고, 이 소득 분배를 통해 건강한 소비를 늘리고 일자리를 만드는 새로운 정책이 추진되어야 한다"고 밝혀 신선한 충격을 주었다.

언론개혁에 공감한 정치인이 조·중·동이 강요하는 고정관념을 벗어나 분배정책을 공약하는 모습은 적잖은 사람들에게 감동으로 다가왔다. 동시에 바로 같은 이유에서 정치인 노무현은 조·중·동으로부터 집중 공격을 받았다. 과거 신문들의 '김대중 죽이기'에 빗대 '노무현 죽이기'라는 말이 시사유행어로 나돌기도 했다. 학벌 중심 사회에서 그가 상고 출신의 비주류라는 사실 때문에 노무현 바람은 더 커져갔다.

그런데 그 뒤 노무현의 발언은 미묘한 차이를 보이기 시작한다. 민주당의 대통령 후보로 최종 결정되었을 때 그의 수락 연설을 보면, 경선 과정에서 복지와 분배정책을 강조했던 발언과 견주어 다소 결이 다른 이야기가 나오기 시작한다. "골고루 잘사는 나라, 중산층과 서민도 잘사는 나라를 만들어야" 한다면서 곧바로 "경제성장과 분배의 정의를 조화시켜야" 한다고 강조했다. 얼핏 별 차이가 없어 보일 수도 있다. 하지만 다시 뜯어보면, 경선 과정 때의 '분배 중심' 또는 '선 분배' 에서 어느새 '성장과 분배의 동시 달성'으로 바뀐 사실을 확인할 수 있다. 물론, 그 시점에서 변화를 꼭 부정적으로만 볼 필요는 없었다. 지지자들의 외연을 넓힐 전략으로 얼마든지 인식할 수 있었고, 많은 사람들이 그렇게 '이해'했다. 대통령 선거 본선이 남아 있었기 때문이다.

더구나 노무현의 주장이 다소 후퇴했더라도 조·중·동의 경제 논리와는 여전히 달랐다. 가령 민주당 대선 후보로서 노무현은 "나의 경제정책 기조는 지속적인 성장을 하는 것이며, 더불어 사는 사회를 건설하자는 것"이라면서도 "고용 창출의 효과가 없는 경제성장은 의미 없다"고 단언했다. 이어 "내가 집권하면 직장에 공권력이 투입되는 상황 자체를 만들지 않을 것이며 노사가 대화와 참여로 상생하는 노사풍토를 만들 것"이라고 약속했다. 그다음 달에 열린 선거대책위원회 출범식(2002년 10월 1일)에서는 "소득 재분배 정책을 강력히 시행하겠다"고 밝혔다.

경실련 주최로 열린 대선 후보 정책검증토론회(2002년 10월 8일)에서 노무현은 "재분배와 경제성장 7퍼센트 공약은 장밋빛 공약이 아닌가"라는 질문에 다음과 같이 답했다.

> 우리 사회의 복지 예산이 경제협력개발기구OECD 국가의 3분의 1 수준인 만큼 분배를 강조하는 것이 성장에 영향을 준다고 보진 않는다. 분배가 잘된다고 해서 경제에 부담을 준다는 얘기를 들은 적이 없다. 분배가 왜곡돼 있을 때 소비생활이 왜곡되고 빈부격차, 사회적 갈등이 심해져 오히려 많은 누수가 생긴다.

이어 한 신문과의 '대선주자 릴레이 인터뷰'에서 노무현은 자신의 정책이 '하향평준화나 국가 경쟁력 저하를 초래할 것이란 우려'를 묻는 질문에 "그렇지 않다"며 단호하게 말했다.

> 지속 가능한 성장정책은 분배와 함께 가야 한다. 빈부격차가 크면 수요 기반이 무너져 결국은 경제가 붕괴된다. 남미 경제가 바로 그런 것이다. 지속 가능한 성장을 위해 일자리를 많이 만들고, 임금 격차를 최대한 줄여 건강한 소비구조의 경제 형태를 만들어야 한다. 그다음에 부동산 안정, 주택 가격 안정, 물가 안정, 사교육비 부담 완화, 공정한 조세를 실시해야 한다.

그래서다. 당시 한겨레 정책평가단은 노무현 정책을 "재벌개혁 → 공정한 시장질서 확립 → 고도 성장의 고리와, 적극적 일자리 창출 → 빈부격차 해소 → 중산층 확대 → 고도성장으로 이어지는 고리가 함께 맞물린 방향"이라고 분석했다(2002년 11월 6일 자 '선택2002 이젠 정책선거다').

노무현은 선거 직전(2002년 12월 9일) 신문 인터뷰에서도 기자가 '부익부 빈익빈 심화 해소 방안'을 묻자 자신 있게 말했다.

> 빈부격차 해소는 시대적 과업이다. 지속가능한 성장정책은 분배와 함께 가야 한다. 5년 안에 전 국민의 70퍼센트가 건강한 중산층이 되도록 하겠다. 이를 위해 연평균 7퍼센트 성장 전략을 추진할 것이다. 부동산 투기만큼은 반드시 뿌리 뽑겠다.

대통령 노무현과 언론

하지만 대통령 노무현의 집권 5년 동안 부익부빈익빈 현상은 나아지지 않았다. 노무현을 옹호하는 일부 학자들의 주장처럼 부익부빈익빈이 불가피한 것은 아니었다. 그 이유를 다름 아닌 그의 발언에서 찾을 수 있다. 대통령으로서 첫 국정 연설(2003년 4월 2일)에서 "분배 문제"를 "집값 안정과 사교육비 부담 경감"으로 대폭 좁혔다. 경제 틀 자체를 바꾸겠다는 공약과 달리 두 가지 문제만 집중적으로 해결하겠다는 뜻으로 받아들여졌다.

하지만 그 두 목표조차 실패했다. 현실이 생생하게 보여주었듯이 노무현 정부 5년 동안 집값은 하늘 높은 줄 모르게 치솟았고—종합부동산세는 아파트 분양가 공개를 거부한 노무현 정권이 뒤늦게 '소 잃고 외양간 고치기'로 입법했다—사교육비도 급팽창했다.

여기서 언론과의 관계를 짚어볼 필요가 있다. 집권 초기에 그는 언론과 긴장 관계를 강조했다. 가령 취임 직후에 가판 신문 구독 금지, 청와대 기자실 개방, 신임 장관의 언론사 인사차 방문을 금지했다. 이어 청와대 비서실 워크숍에 참석해 "우리는 지난 5년 국민의 정부를 끊임없이 박해한 언론과 한 시대를 같이 살아야 한다"며 긴장감 조성에 사뭇 앞장섰다.

> 언론은 그야말로 막강한 권력을 가지고 있는데 누가 견제하나. 없다. 특히 구조적으로 대단히 집중된 권력을 가지고 있다. 언론권력 행사하는 사람

들은 국민으로부터 검증, 시험, 감사를 받은 적 없다. 스스로 만든 권력을 세습까지 하므로 그 권력이 공정하길 기대하기 매우 어렵다. 내부적 통제도 봉쇄돼 있다. 통제되지 않는 권력, 검증되지 않은 권력은 대단히 위험하다. 그래서 언론에 대해 여러분이 모범적인 관계를 만들어라. 적당하게 소주 한 잔 먹고 우리 기사 잘 써주면 고맙고, 내 이름 한 번 내주면 더 고마운 시대는 끝내야 한다.

틀린 말은 없다. 하지만 대통령 노무현이 언론을 거론하는 방법이 차분하지 못하다는 느낌을 지울 수 없다. 당시 한겨레에 실린 '바보 노무현' 제하의 칼럼(2003년 4월 4일 자)은 신문을 바라보는 "노 대통령의 순진성"을 다음과 같이 비판했다.

바보. 노무현 대통령의 이름이다. 윤똑똑이들이 넘치는 정치판에서 그는 '바보'였다. 그래서다. 민중은 아낌없이 사랑했다. 바보 노무현을 대통령에 앉혔다. 누군가를 사랑해본 사람은 안다. 바보란 말에 담긴 정감을. 참으로 바보가 아니기에 따옴표를 붙인다. 비단 사랑만 녹아있지 않다. 늘 올곧게 걸어가라는 소망이 담겨있다.
하지만 노 대통령은 그 사랑을 배신하고 있다. 보라. 미국 제국주의자들의 침략전쟁에 용춤추는 풍경을. 게다가 전략적 판단 운운하고 있지 않은가. 파병을 반대하는 민중을 바보로 되술래잡는 격 아닌가… 노 대통령의 순진성은 언론권력 비난에서도 묻어난다. 청와대 비서들에게 호통친다. '소주 한 잔 먹고 우리 기사 잘 써주면 고마운 시대는 끝내야 한다.' 거기서 그치지 않는다. '어렵게 당선돼서 한국 언론질서를 새롭게 하고자 노력하는데 기자들과 나가서 술 마시고 헛소리하고 나가서는 안 되는 정보를 내보내 정말 배신감을 느꼈다.'

분명히 밝혀둔다. 소주 한 잔 먹고 기사 잘 써 줄만큼 한국 언론은 순진하지 않다. 기자들이 술 마시고 헛소리나 듣는 사람들도 아니다. 조선–중앙–동아일보 기자들을 그렇게 여기면 큰 착각이다. … 새퉁스럽지만 일러둔다. 노무현은 지금 대통령이다. 대통령이 한국 언론질서를 새롭게 하겠다는 뜻이 있다면 모름지기 당당할 일이다. 침략전쟁에 파병을 호소하면서, 후보 시절 언론고문을 한국방송 사장에 임명하면서, 언론권력을 비판하는 모습은 민망스럽다. 독자들과 시민사회단체들의 신문권력 비판은 자연스러운 일이다. 하지만 최고 권력자가 신문을 비판하는 것은 어리석은 일이다. 정권이 할 일은 비판이 아니다. 정책이다. 개혁 정책을 과학적으로 입안하고 투명하게 실행에 옮기는 일이다. 언론개혁에 철학은커녕 아무런 정책 개념 없이 세무조사에 들어간 김대중 정권의 천박성은 산 교훈이다. 언론정책은 없어야 좋다는 '정책'이 얼마나 우스개인가를 김 정권에게 수차례 경고했지만 생먹었다. 그 아둔함이 노 대통령에게도 읽혀지는 것은 갑갑한 일이다.

칼럼이 한겨레에 실린 바로 그 날이다. 노무현은 오후에 청와대 경내를 출입기자들에게 개방한 뒤 녹지원에서 가진 간담회에서 "언론 문제를 제대로 해결하려면 근본적인 정책을 내야지 기자실을 바꾸고 오보에 대응하는 것과 같은 일을 해서 되겠느냐고 책망하는 분들이 있으나 저는 큰 틀에서 그렇게 전선을 확대시킬 일이 아니라고 본다"고 말했다. 이어 "저도 야당 할 때 정책이 필요하다고 강력히 말했었다"고 회고하고 "지금도 정책을 내놓을 수야 있겠지만 그게 적절한 것인지에 대해 부정적으로 생각한다"고 밝혔다.

비판적 제언을 받아들이지 않는 자세였다. 결국 그는 집권 5년에 걸쳐 조·중·동에 시나브로 침윤당했다. 언론은 노무현이 권력을 장악한 초기부터 집요하게 그를 길들이기 시작했다. '방법'은 삼성경제연구소가 대통령직인수위원회에 접근할 때 그랬듯이 '경제'였다. 대표적 보기가 국민소득을 강조한 조선일보 지면이다. 조선일보 경제부 데스크가 "국민소득 '1만 불의 덫'에 걸린 한국" 제하에 쓴 칼럼(2003년 5월 16일)을 읽어보자.

> 한국 경제는 지금 '1만 달러의 덫'에 걸려 있는 것 아닐까. 경제 개발 착수 이래 '꿈의 목표'이던 소득 1만 달러를 달성한 것은 1995년의 일이었다. 당시 신문기사를 찾아보니 2000년대 초, 즉 지금쯤엔 2만 달러를 돌파할 것이란 전망이 많았다… **한국에 남은 시간은 4~5년 정도다, 그때까지 '1만 달러의 덫'을 탈출해 치고 올라가지 못하면 후진국 쪽으로 떨어질 운명이다… 영원히 그 벽을 못 넘는 나라도 있다.** 아르헨티나는 한때 9,000달러까지 올라갔으나 여전히 만년 중진국이다. 반면 선진국이 된 나라는 대부분 2만 달러까지 비교적 빠른 스피드로 올라간 뒤, 2만 달러 대에서 성장이 정체되는 패턴을 보이고 있다… (이 땅에선 오늘) 파업과 노사대립이 나라를 흔들고, 정치권은 이합집산에 열중하며, 수뢰·독직 사건은 여전히 꼬리 물고 터진다. 우리는 정말 '1만 달러의 덫'에 갇혀 이대로 시들고 마는가.

대통령에 대한 강도 높은 압박이다. 두 달 뒤 같은 기자가 쓴 '조선 데스크' 제목은 '다음엔 룰라를 만나러 가세요'(2003년 7월 16일)다. 이미 '참여정부'가 소득 2만 달러를 정책 목표로 내세울 무렵에 쓴 그 칼럼은 "출범 초기 불안한 느낌을 주던 참여정부의 정책 노선이 현실감을 찾아가는 것"을 추켜세우면서 다음과 같이 썼다.

노 대통령이 해외를 다녀올 때마다 의미 있는 태도 변화가 있었다. 미국에서는 한·미 관계의 중요성을 실감했고, 일본에선 일본 우경화의 현실에 눈뜬 듯하다. 그리고 이번에 중국의 폭발적 역동성을 절감했다면, 뒤늦은 깨침이라도 그것만으로 충분히 가치 있는 방문이었다. 하지만 어디 배울 곳이 중국뿐인가. '성장 활력을 어떻게 유지할 것인가'의 화두가 지금 세계 경제를 지배하고 있음을 알지 못한다면 참여정부의 학습은 끝난 것이 아니다. 각국 정부가 21세기를 먹여 살릴 성장 잠재력을 키우기 위해 제도를 고친다… 디플레이션이 걱정되는 요즘의 세계 경제에서 성장이냐 분배냐의 논쟁은 일단 끝난 듯하다. 적어도 이 시점에선 '성장 없이 분배 없다'는 단 하나의 화두로 수렴돼 있다. 성장을 못하는 경제가 분배와 형평을 따지는 것 자체가 무의미하다. 이것이 전 지구적 경쟁에서 이기면 살고, 지면 죽는 글로벌 경제의 본질인 것이다. '룰라 쇼크'는 또 어떤가. 브라질 룰라 대통령의 현실 노선은 놀랍다 못해 드라마틱하다. 노동운동에 평생을 바친 룰라가 느닷없이 노동자 적대로 돌변했다고 볼 게 아니다. 경제를 성장시키고 파이를 키우는 것이야말로 진짜 친노 정책임을 룰라가 알게 된 것이다. 참여정부도 '소득 2만 달러'를 외치기 시작했다. 강렬한 구호이나, 2만 달러를 달성할 각론이 보이지 않아 공허하게 들린다.

대통령 노무현은 '2만 달러 시대'를 위한 CEO 간담회를 열었다. 노무현의 경제정책 '전환'은 집권 다섯 달 만인 2003년 7월에 확연하게 드러났다. 그는 '국민소득 2만 달러 시대'를 중장기 국가비전으로 설정했다. 대선 후보 경선 때 '분배 중심'에서 후보 결정 뒤 '성장과 분배 동시 추구'로 옮겨간 경제정책이 대통령 당선 뒤에는 '성장 중심'으로 변질되었다. 그가 국민소득 2만 달러 시대를 주창하던 시점에, 경기도 부평의 30대 주부가 생활고에 시달리다가 어린 세 자녀와 함께 인근 고층아파트에서 투신자살한 참극이 벌어진 것은 시사적이다.

노무현 정권 임기 말인 2007년, 1인당 국민소득은 환율 효과에 힘입어 2만 15달러로 '2만 달러 시대'를 가까스로 여는 데 '성공'했다. 하지만 그해 10월이다. 신문 사회면 한 구석에서 슬픈 '사건기사'가 실렸다.

경향신문은 그 기사를 "과잉 단속에 목숨 끊은 '붕어빵 노점상'" 제하에 사회면 머리로 편집했다(2007년 10월 17일). 김다슬 기자의 취재에 따르면, 경기도 고양의 지하철 역 주변에서 동갑내기 아내와 더불어 10년 넘게 먹거리 노점을 한 마흔여덟 살의 '붕어빵 노점상'은 폭력적인 단속을 당한 다음날, 공원나무에 목을 매 목숨을 끊었다. 자살하기 전날 밤 함께 노점을 하다 단속반에게 구타당한 중년의 아내에게 미안하다는 말만 되풀이했다.

조선일보가 강압하다시피 요구한 '국민소득 2만 달러 시대'가 열렸지만, 부익부빈익빈은 심화되었다. 대통령 후보 시절 그가 내세운 공약과 정반대의 결과를 빚은 셈이다. 기실 경제 목표를 국민소득의 수치로 설정하는 것 자체가 다름 아닌 조·중·동의 편집 잣대다. 그게 얼마나 허망한가는 1인당 국민 소득이 1995년 1만 달러 돌파 이후 외환위기에 직면한 1997년에 7,300달러까지 하락한 사실, 2007년에 2만 달러를 넘어섰지만 2008년에 다시 환율 효과로 주저앉은 사실에서도 쉽게 확인할 수 있다. 세월이 흘러 3만 달러를 이룬 지금도, 아니 지금은 더 부익부빈익빈의 골이 깊어졌다.

애초 삼성그룹 회장 이건희가 제기한 '국민소득 2만 달러 시대'라는 이데올로기가 신문과 방송의 여론화에 힘입어, 분배를 강조하고 출범했던 '참여정부'의 정책으로 구현되는 과정은 우리가 곰곰이 성찰할 대목이다.

노무현 당선인이 대통령에 취임하기 직전인 2003년 2월 대통령직 인수위원회에 삼성경제연구소의 〈국정과제와 국가운영에 관한 어젠다〉라는 400여 쪽 분량의 방대한 보고서가 제출되었고, 그것이 국정 방향에 큰 영향을 끼쳤다. 노무현 정부는 출범 첫해 삼성전자 사장을 정보통신부 장관에 '발탁'했고 2005년에는 삼성경제연구소 전무를 국가정보원 최고정보책임자로 '영입'했다. 홍석현 중앙일보 회장을 주미대사로 기용했다. 노무현은 임기 중에 터진 이른바 'X파일 사건'에 대해 이건희를 소환조차 하지 않은 채 "역사의 교훈으로 삼자"며 묻어버렸다.

대내적 문제만이 아니다. 선거 때 공약과 달리 집권 초기 미국으로 간 노무현은 조지 부시와 회담하기 전에 "미군 아니었으면 지금쯤 수용소에 있었을 것"이란 말을 서슴지 않았다. 노무현 지지도는 집권 6개월 만에 50퍼센트 미만으로 내려왔고, 집권 말기에는 10퍼센트선으로 추락했다. 경제와 사회를 바라보는 그의 눈이 집권 초기에 이미 조·중·동과 어금버금해지면서 상당수 민중이 실망을 표명하며 떨어져 나갔기 때문이다.

표면적으로만 보면 집권 내내 노무현은 독과점 신문과 '감정적 다툼'을 벌였다. 하지만 중앙일보 회장 홍석현을 주미대사로 '발탁'한 사실에서도 나타나듯이 그의 언론 인식은 모호했다. 조선일보나 동아일보와도 노상 '긴장'이 표면화되었지만 실제 참여정부가 추진한 주요 정책들은 그 신문들의 논조와 같았다. 이를테면 국민소득 2만 달러 시대의 국정목표, 미국의 이라크 침략전쟁 파병, 민주노총이 반대한 파견 업종 확산이 그렇다. 심지어 한나라당과 대연정을 제안하기도 했다. 노무현이 독과점 신문들과 날카롭게 대립각을 세운 것은 상대적으로 사소한 쟁점이거나 정부 비판 보도에 맞대응할 때였다. 그러다보니 그가 의도했든 아니든 감정적 발언이나 정쟁 차원의 언론 비판이 여과 없이 불거져 나왔다.

대선 후보 시절과 견주어 대통령으로서 그의 언론관은 갈수록 후퇴했다. 감정적으로 격한 갈등을 벌였으면서도 국정 방향과 관련한 정책, 특히 경제정책에서 그 신문들이 설정해놓은 '의제'를 그대로 따라갔기 때문이다. 그가 집권 초기에 신자유주의 노선으로 바꿔 탔을 때 이미 그는 민중이 일으킨 바람 '노풍'의 '노무현'이 아니었다. 그의 언론관은 자신을 두남두느냐, 비난하느냐의 '호감' 수준으로 떨어졌다.

문제는 정파적 관점의 언론개혁론이 깨시민들에 의해 증폭된 데 있다. 자신의 정치적 성향에 따라 언론을 판단하는 방식은 '노무현과 반노무현'에서 다시 '이명박과 반이명박'으로 옮겨갔다. 박근혜, 문재인 시기도 마찬가지다.

정파적 관점의 언론개혁론이 문제다

문재인 정부는 '깨시민'들의 열성적 지지를 받으며 집권했다. 더욱이 촛불혁명을 거쳤음에도 노무현 정부의 전철을 밟은 것은 아무래도 이해하기 어렵다. 문재인 정부가 '소득주도 성장' 정책을 폄으로써 노무현처럼 경제를 망치고 있다는 따위의 조·중·동식 정파적 공격을 두고 하는 말이 아니다. 조·중·동이 언제나 평가의 지표로 내세우는 경제성장률이 노무현 정부 시기에 이명박이나 박근혜 정부 때보다 높았다는 간단한 사실만으로도 그들의 허구성 또는 편파적 잇속이 투명하게 드러난다.

그러나 노무현 정부와 문재인 정부가 출범할 때 우호적이거나 더 나아가 정권 창출에 기여까지 했던 사람들의 진단은 조·중·동식 매도와 성격이 다르다. 문재인 정부가 들어선 이듬해인 2018년 7월에 나온 '문재인 정부, 촛불정부의 소임을 다하고 있는가? 사회경제개혁의 포기를 우려한다' 제목의 지식인 323명 선언을 보자.

선언은 "문재인 대통령을 위시한 현 집권세력은 참여정부 시절 종합부동산세 도입을 비롯해 중요한 경제개혁을 추진한 경험이 있는 정치세력이라서 재집권하면 훌륭하게 개혁을 수행해낼 줄 알았"지만, 집권 1년 2개월을 지나면서 경제개혁 청사진을 갖고 있지 않을뿐더러 개혁의지도 박약하다는 것이 드러났다고 비판했다. "정권 실세들이 한반도 평화무드에 취해 뿌리 깊은 적폐구조는 좀처럼 건드리지 않은 채 약간의 인적 청산과 '개혁 시늉'만으로 다음 총선과 대선을 대비하는 것이 아닌지 심히 우려"된다며 엄중히 경고했다.

> 이대로 가면 문재인 대통령이 약속했던 '기회는 평등하고, 과정은 공정하며, 결과는 정의로운 사회'의 길은 한참 멀어진다. 구태에 찌든 경제정책은 결코 정의로운 나라도, 새로운 성장 동력도 가져다주지 못함을 알아야 한다.

청와대 대변인은 선언이 나온 날 정례 브리핑에서 "그분들의 의견에 대해 귀 기울이겠다"고 밝혔지만 그 뒤 문재인 정부의 정책에서 변화를 찾아보긴 어렵다. 되레 더 후퇴하는 모습도 나타났다. 소통이 안 된다는 뜻이다.

지식인 선언을 두고 그 의미를 가장 충실하게 담아 새로운 여론을 형성해가야 할 한겨레의 정치부 선임기자마저 "좌우협공左右挾攻이라는 말이 있다"며 의도했든 아니든 지식인 선언을 '좌파의 공세' 쯤으로 논평했다(2018년 7월 22일 자).

조선·중앙·동아일보가 틈만 나면 문재인 정부의 '소득주도 성장'을 비난하는 상황이었기에 지식인 선언을 두고 '좌우협공'을 떠올릴 수는 있겠다. 그 말은 이미 노무현 정부 시기에도 나온 말이고, 대통령이 되기 전 정치인 문재인이 2011년에 출간한 《운명》에서도 언급되었다. 그 책에서 문재인은 노무현 정부가 좌와 우 양쪽으로부터 공격받았고 그 때문에 제대로 개혁을 할 수 없었다고 회고했다.

> 그래서 나는 참여정부 5년에 대한 복기를 강조한다. 복기란, 정권을 운용한 우리뿐만이 아니다. 범야권, 시민사회 진영, 노동운동 진영, 나아가 진보·개혁 진영 전체가 함께해야 한다고 생각한다. 그런 작업을 통해 노무현의 성공과 좌절, 참여정부의 성공과 좌절을 극복해내야 한다. 아쉽게도 우리 사회는 그런 과정을 생략하고 있는 것 같다… 참여정부 끝날 무렵에는 뭐든지 '참여정부 탓'이나 '노무현 탓'으로 몰아치는 경향이 있었다. 제대로 된 성찰이 있을 리 없었다. 노 대통령 서거 이후 분위기가 반전되고 좋아지니, 이제는 성찰할 필요가 없는 것처럼 생각하는 듯하다… 참여정부는 좌·우 양쪽으로부터 공격받았다. 보수 진영으로부터 욕먹으면 진보 진영으로부터는 격려를 받아야 하는데, 진보 진영도 외면하고 욕했다. 그 '저항'과 '벽'이 지금은 없어지거나 크게 낮아졌을까? 이명박 정부가 워낙 못하고 지지받지 못하니 그런 듯한 착시가 생길지 모른다. 그러나 정권을 잡는 순간 그 '저항'과 '벽'은 다시 선명해지고 높아지기 마련이다. 내가 강조

하고 싶은 것은, '진보·개혁 진영 전체의 힘 모으기'에 실패하면 어느 민주 개혁정부가 들어서더라도 같은 전철을 밟게 될 것이라는 점이다.

지식인 선언을 두고 문재인의 '운명'을 떠올린 한겨레의 선임기자는 앞에 인용한 대목을 "문재인 대통령의 혜안이 번득이는 내용"이라며 "앞으로 민주적이고 개혁적인 정부가 다시 들어서더라도 좌우협공을 받으면 참여정부의 전철을 되풀이할 것이라고 미리 걱정한 것"이라고 주장했다.

하지만 정치인 문재인이 책에서 전개한 논리에는 적지 않은 문제가 있다. "참여정부는 좌·우 양쪽으로부터 공격받았다"는 인식부터 짚어 보자. 진보 진영이 참여정부에게 신자유주의 '딱지'를 붙이는 것과 반대쪽에서 참여정부에게 '친북좌파'라는 딱지를 붙이는 것이 그 속성에서 매한가지라는 주장은 과연 얼마나 정당한가.

에두르지 않고 묻고 싶다. 과연 참여정부에 꼬투리잡기로 일관한 조·중·동이나 그에 맞장구 친 교수들의 비난과 노무현 정부의 신자유주의 정책을 비판하는 목소리를 동일선 상에 놓고 '좌우협공'으로 인식해도 좋은가. 노무현 정부에서 민중의 삶이 나아지지 않았던 결과에 과연 얼마나 진지한 성찰을 했는지 의문마저 든다.

시시비비를 가려야 할 사안을 '좌·우 양쪽'으로부터 공격받았다고 인식한다면 또 하나의 '색깔론'에 지나지 않는다. 그런 인식의 연장선에서 문재인 정부가 집권 2년차에 나온 지식인 선언도 '좌우협공 국면'으로 인식한 결과가 노무현 정부의 전철을 밟은 현실로 나타난 것은 아닐까.

문재인 정부의 성찰 없는 논리

정치인 문재인은 책에서 "나는 걱정이 된다. 지금 집권을 말하기 전에 진보·개혁 진영이 얼마나 달라졌을까 생각하면 두려운 마음이 든다. 2003년 참여정부 집권 시기에 비해 현재 우리 진보·개혁 진영의 역량과 집권 능력은 얼마나 향상됐을까. 진영 전체의 역량을 함께 모으는 지혜는 얼마나 나아졌을까" 물었다.

민망스럽지만 분명히 증언한다. 문재인이 2011년 '진보·개혁 진영의 역량과 집권 능력은 얼마나 향상됐을까' 회의하던 바로 그 시기에 민중이 십시일반으로 세운 새로운사회를여는연구원은 진보·개혁 진영이 집권할 때 어떤 경제정책을 펴야 옳은가를 연구해서 이듬해인 2012년 5월 책으로 펴냈다. 《리셋코리아》가 그것이다. 대한민국을 바꿀 새로운 패러다임으로 '소득주도 성장 전략'을 제시한 그 책은 진보의 정책 대안은 '시장에서의 양극화 해소를 위한 경제 개혁'과 '재분배 강화를 위한 사회적 복지 확대'라는 두 개의 축으로 구성되어야 한다며 각각의 세부적 개혁안을 제시했다. 소득주도 성장은 '재벌'로 국제 무대까지 알려진 수출대기업 중심의 불공정한 경제구조와 열악한 분배구조를 개혁해 저임금 노동인들, 영세 소상공인들, 하청업체들에게 더 많은 소득이 돌아갈 수 있도록 함으로써 공정하게 분배된 소득이 소비를 늘리고 그것이 투자와 생산의 확대로 이어지게 하는 정책이다. 단순히 최저임금만의 문제가 아니라 사회적 복지 확대가 중요한 까닭이다.

'소득주도 성장'이라는 새로운 패러다임에 민주당, 더 정확히는 '문재인 선거캠프'가 눈길을 돌린 것은 그로부터 4년이 더 흘러서였다. 촛불혁명으로 열린 2017년 봄 대통령 선거에서 문재인 후보가 공약으로 내걸어 공론화되었다.

소득주도 성장은 집권 전략이 되었고, 문재인 후보의 당선으로 정부 정책으로 자리 잡았다. 하지만 집권 초기의 '황금기'가 시들면서 소득주도 성장 공약도 마구 흔들렸다.

전혀 이해 못할 일은 아니다. 막상 대통령 자리에 앉으면 5천만 명이 넘는 국가구성원이 먹고사는 경제가 큰 부담일 터다. 언론이 집요하게 '경제위기론'을 퍼트리고 그 원인이 소득주도 성장 정책에 있다고 몰아가면 자신감이 줄어들 수도 있다.

하지만 어떤가. 경제위기를 악머구리 끓듯 소리치는 언론과 그 언론에 기고하는 교수들은 20대들이 '3포, 5포, 7포'라며 좌절하는 '헬조선 건국'에 일등공신이었다. 젊은 세대의 문제만도 아니다. 노인 자살률도 가파르게 늘어났다. '자살률 1위, 출산율 꼴찌, 노동시간 최장, 청년실업, 부익부빈익빈'의 사회 현실은 그 무슨 보수나 진보의 시각 문제가 아니다. 대한민국에서 살아가는 대다수 사회구성원들이 살아가는 삶의 조건이다. 그 나라를 조금이라도 '나라다운 나라'로 바꾸려는 사회운동에 소수 특권세력과 그들의 대변자 언론은 내내 '색깔'을 칠하거나 '포퓰리즘' 딱지를 살천스레 붙여왔다.

노무현 정부는 집권 여당 후보의 참담한 패배와 더불어 5년 임기를 마쳤다. 그 뒤를 이어 대한민국은 각각 '국민 성공시대'와 '국민 행복시대'를 내건 이명박과 박근혜가 9년을 집권했다. 노무현이 현직 대통령 시절에 경제성장률이 저조하다고 줄기차게 비난해대던 언론인과 교수들은 참여정부와 견줄 수 없을 만큼 낮았던 박근혜 정부의 성장률 앞에선 딴전을 피웠다.

촛불혁명이 일어나던 2016년에 세계 11위의 '경제 대국'이네 자부했지만 사회복지에 쓰는 돈은 국내총생산GDP의 10.4퍼센트로 OECD 최하위권이었다. OECD 평균(21.6퍼센트)의 절반도 안 된다. 국내총생산 대비 재정지출 비중도 어금버금하다. 대한민국은 OECD 34개국 가운데 32위(32.35퍼센트)로 평균(40.55퍼센트)을 크게 밑돌았다.

다행히 한국 경제는 사회복지를 늘릴 주·객관적 조건을 갖췄다. 조세 부담률이 20퍼센트 수준으로 OECD 평균 25퍼센트에 크게 떨어진다. 무엇보다 2000년대에 들어오면서 중산층을 비롯한 많은 사회구성원들이 여러 여론조사에서 사회복지가 확대된다면 세금을 더 낼 뜻이 있다는 의견을 보이기 시작했고, 그 비율은 점차 늘어나고 있다. 요컨대 문재인 정부가 투지만 살아있다면 얼마든지 패러다임 전환에 나설 수 있었다는 뜻이다.

조국 사태: 개혁 주체의 정당성 문제

하지만 문재인 정부는 한국 경제의 패러다임을 바꾸는 데에 힘을 기울이지 못하고 이른바 '조국 사태'의 수렁에 빠져들었다. 문재인 대통령은 2019년 8월 9일에 얼마 전(그해 7월)까지 청와대 민정수석이던 조국을 법무부 장관 후보자로 지명했다. 조 후보자는 "서해맹산의 정신으로 공정한 법질서 확립, 검찰 개혁, 법무부 혁신 등 소명을 완수하겠다"고 말했다. 서해맹산은 '바다에 맹세하고 산에 다짐한다誓海盟山'는 뜻으로 이순신 장군이 한산도에서 읊은 시 구절이다.

민주당은 조 후보자를 검찰개혁의 적임자라 홍보했다. 그런데 과거 이명박 대통령이 민정수석을 곧장 법무장관에 임명했을 때 민주당은 '청와대가 특유의 오기를 부리는 것 같다, 군사독재 시절에도 차마 하지 못했던 일'이라고 비판했다. 다름 아닌 문재인 대통령 비서실장 노영민의 발언이었다. 기실 청와대 민정수석이 법무장관으로 직행하면 검찰 수사의 공정성이나 법 집행의 편향성 논란이 일어날 수 있다.

정작 문제는 공직후보자 청문회를 앞두고 쏟아진 의혹에 있다. 조 후보자의 자녀들과 관련된 의문점들을 조·중·동이 경쟁하듯 쏟아냈다. 보도 건수가 이례적으로 과다했고 침소봉대한 기사들이 나온 것도 사실이다. 그럼에도 고등학생이 학술지 논문의 제1저자로 오르거나 의학전문대학원에서 낙제하고도 장학금을 받은 사실, 조 후보자의 아내가 교수로 있는 대학에서 받은 표창장과 변호사 사무실 인턴

증명서를 둘러싼 의혹들은 가벼운 문제가 아니었다.

후보자가 의혹들을 정면 부인했고 문파가 '음모'까지 거론하며 적극 옹호함으로써 사태는 눈덩이처럼 커져갔다. 한국인 모두에게 예민할 수밖에 없는 '입시 비리 의혹'이 이미 제기된 상황이기에 저자는 '조국 사태' 초기에 다음과 같이 썼다(미디어오늘, 2019년 9월17일 '기득권의 어둠과 촛불').

한국에서 '386'으로 불린 세대가 도매금으로 몰리고 있다. 그것도 군사독재 정권과 야합한 언론에 의해 그렇다. 1980년대에 군부독재와 맞서 싸웠던 대학생들을 학살정권과 손잡고 '빨갱이'로 살천스레 몰아친 언론이 2020년을 앞둔 지금도 '사냥'에 한창이다. 기막힌 살풍경이다. 그들에 맞서 참된 여론을 형성하려는 열정은 포털의 검색어 다툼으로 나타난다. 일본이 선전포고한 '경제전쟁' 초기에 되레 문재인 정부를 비난했던 언론권력에 대한 분노는 당연하다. 언론개혁도 마땅히 이뤄야 한다.

다만 아무리 울뚝밸이 치밀더라도 성찰할 지점이 있다. 개혁 주체의 정당성이다. 그 정당성이 없을 때 '개혁'은 조롱으로 전락할 수 있다. 실제 개혁은 정당성을 갖춰도 힘겨운 과정이다. 기득권층이 가로막기 때문이다.

이른바 '조국 사태'를 차분히 짚어보자. 민정수석에서 법무장관에 취임하기까지 그를 둘러싼 보도는 넘쳐났다. 분명 과하다. 사생활 침해의 우려도 컸다. 검찰 개혁에 저항도 깔려 있다. 다만 옥과 돌을 다 불태울 수는 없는 일이다. 박근혜 정부 때 '살아 있는 권력' 수사로 좌천되었던 '검사 윤석열'에게 조직적으로 엿을 보내거나 청와대에 총장 해임을 청원하는 풍경은 대통령에게도 부담 주는 언행이다… 나도 조국 법무의 진실이 궁금하다. 고교생이 학술지 논문에 제1저자로 오른 것은 예삿일이 아니다. 부모의 후광 없이 과연 가능한가. 공시가 기준으로도 50억이 넘는 재산을 지닌 교수 부부 집안의 성인 대학생이 심지어 낙제를 하면서도 여기저기 장학금을 챙겼는데 부모는 몰랐다는 말인가. 대학총장이 준 표창장의 진실도 가려야 한다. 설령 표창장이 전결이라 해도 그렇다. 자신이 직접 딸에게 총장 명의로 표창장을 주는 모습은 희극이다. 더 큰 문제는 논문이나 표창장이 대입과 의학전문대학원 입학에 활용됐다는 사실이다. 그것이 합격 여부를 결정했는지는 아직 모른다. 하지만 의문이 불거진 상황에서 덮고 갈 수는 없잖은가. 그것에 합리적 의심을 던지는 언론이 '기레기'인가. 법무장관 후보자에게 나타난 의혹을 두고 정쟁이 전혀 접점을 찾지 못할 때 진실을 밝히려 나선 검찰이 '정치 검찰'인가.

도대체 어쩌자는 건가. 보라, 그 모든 의문에 모르쇠를 놓고 검찰을 몰아붙이는 민주당 안팎의 386들을, 조국이 무엇이 문제이냐고 곰비임비 나선 저 숱한 '진보 명망가'들을, 검찰 수사를 처음부터 '정치 개입'으로 부각한 이른바 '진보 언론'을. 윤석열을 마구 흔들고 검찰을 개혁할 수 있는가. 수사 결과, 조국의 의혹이 말끔히 풀릴 가능성은 없는가.

물론, 진보도 기득권을 가질 수 있다. 하지만 그들마저 기득권층이 된다면, 서로 두남둔다면 이 땅의 무지렁이 민중은, 힘없는 민중을 부모로 둔 1020세대는 대체 어찌 살라는 말인가. 무릇 어둠은 수구·보수에만 있지 않다. 진보에도 있고, 내 안에도 있다. 어쩌면 더 깊은 심연일 수도 있다. 촛불은 모든 어둠을 벅벅이 밝혀야 옳다. 촛불의 어둠도 그렇다.

그 글을 쓰면서 저자는 조국이 거취를 결단하리라고 믿었다. 지금 짚어보아도 조국이 의혹 초기에 조용히 물러났다면 본인과 가족은 물론 문재인 정부도 좋았다. 검찰개혁이 소명이기에 그럴 수 없었다는 말은 설득력이 떨어진다. '나 아니면 안 된다'는 판단은 옳지 않을 뿐더러 여러 의혹이 표면화된 상황에서 검찰개혁은 전략적으로도 다른 이가 맡아야 했다. 주창자와 실행자는 다를 수 있거니와 그 쪽이 효과가 더 클 수 있다.

꼬일 대로 꼬인 검찰개혁의 현주소는 참담하다. 검찰개혁의 상징이라던 공수처의 첫 수사 대상이 해직교사를 구제한 조희연 서울교육감이다. 추미애 법무 시절 '윤석열 끝장내기'는 접고라도 한동훈 검사의 연이은 좌천 또한 해괴하다. 박범계 법무마저 행여 추미애를 닮는다면, 검찰개혁은 산으로 갈 수밖에 없다.

문제는 언론개혁이다. '조국 사태'와 언론개혁을 연결 짓는 것은 딱 떨어지지 않는다. 만일 깨시민들이 조국 가족의 입시 의혹을 보도하거나 대통령의 법무장관 인사를 비판하기에 기자들을 '기레기'로 몰아친다면 자칫 언론개혁마저 산으로 갈 수 있다. '조·중·동 신방복합체'와 언제나 권력의 풍향을 좇는 공영방송 문제는 한낱 정파 관점으로 풀 일이 아니다. 그런 접근으로는 아무 것도 이룰 수 없을뿐더러 역풍만 불러올 뿐이다.

실제 이명박·박근혜 정부 시기 공영방송에 일어났던 역풍을 되짚어보면 교훈을 얻을 수 있다. 노무현 정부가 들어선 뒤 KBS 사장에 한겨레 논설주간 정연주, MBC 사장에 언론노련 위원장을 역임한 부장급 기자 최문순이 선임됐다. 두 공영방송의 사장 선임 모두 파격이었다.

충분히 가능하고 바람직한 인사로 볼 수도 있다. 문제는 파격 인사가 방송 내용의 파격적 전환까지 내오지 못한 데 있다. 노무현 정부가 갈수록 신자유주의에 투항함으로써 부익부빈익빈 체제에 함몰되어갈 때 공영방송은 마땅히 견제하고 견인했어야 옳았다. 과거에 비해 나아졌다고 만족하기엔 공영방송 수준이 지나치게 정파의 한계에 머물렀다.

운동가들이 '자리'를 챙긴 결과

두 공영방송 사장의 퇴임 뒤 행보는 더 우려를 자아냈다. MBC 사장 최문순은 퇴임하자마자 곧바로 민주당 비례대표로 국회에 들어갔다. KBS 사장 정연주는 이명박 정부가 들어선 뒤 임기 중에 물러나지 않겠다고 자리를 지키다가 '부당 해임' 당한 뒤 노무현재단 이사로 활동했다. 두 공영방송 사장의 행보를 한발 물러나 차분하게 바라보자. 두 사람의 정치적 행보로 인해 노무현 정부 시기의 KBS와 MBC는 '민주당 방송'이었다는 수구세력의 주장은 '합리적 판단'이 되고 말았다. 특히 MBC 출신 기자들이 대거 민주당으로 가고 2007년 대선에서 정동영이 집권당 후보로 나오면서 MBC에 대한 정파적 의심은 더 커질 수 있었다. 방송에 대한 최고 의사결정 기관에서도 비슷한 문제가 일어났다. 민언련 사무총장 최민희가 방송위원(차관급)을 맡는 것은 이해할 수 있다. 하지만 임기를 마치자 노무현재단 상임운영위원을 거쳐 민주당 비례대표로 국회의원이 되었다. 언론연대 사무총장도 방송위원을 거쳐 민주당 공천을 받아 총선에 나섰다.

우리가 목격했듯이 이명박·박근혜 정부 시기에 공영방송인 KBS와 MBC 수준은 1980년대의 '땡전 뉴스'를 연상시킬 만큼 추락했다. '기레기'라는 비판이 나오는 직접적 계기가 될 정도였다.

물론, 공영방송만 문제는 아니다. 박근혜 집권 시기 국가정보원이 조직적인 심리전을 폄으로써 대선에 개입한 반민주적 범죄가 드러났을 때, 자본에 대한 규제 완화로 세월호 참사가 일어났을 때, 경제민주화 공약으로 당선된 대통령이 자본 중심의 정책을 펼 때, 노동인들을 손쉽게 해고하는 개악을 '노동개혁'으로 포장해 강행할 때, 백남기 농민이 공권력 폭력에 목숨을 잃었을 때, 통일대박론을 부르대다가 개성공단까지 폐쇄하며 대결 정책을 펴나갈 때, 지상파 방송 3사(KBS MBC SBS)와 조·중·동 신방복합체는 언론으로서 마땅히 해야 할 최소한의 구실조차 못했다.

촛불혁명으로 문재인 정부가 들어선 뒤 언론운동 진영은 다시 주요 '자리'를 맡았다. 가장 문제가 컸던 두 공영방송 KBS와 MBC는 물론, 연합뉴스, YTN, EBS, TBS 모두 언론운동 출신들이 사장을 맡았다. 방송통신위원회 위원장은 언론정보학회 초대 회장이 맡았고 그를 이어 민주언론시민연합 공동대표가 자리에 앉았다. 한겨레 정치부문 데스크를 맡았던 기자들이 각각 청와대대변인과 국정홍보비

서관을 맡았다. 한겨레 사장 출신이 민주당 국회의원이 되고 서울신문 사장으로 갔다. KBS 부사장도 민주당 비례대표로 사실상 직행했다.

거듭 강조하지만 문제는 '자리'를 옮긴 언론인이나 언론학자들이 얼마나 언론 지형을 바꿨는가에 있다. 정치적 득실에 민감한 민주당을 견인해가지 못하고 그 당의 논리에 따라갈 때 정파성에 함몰될 수 있다.

문재인 정부 들어 '어용지식인'을 자처한 유시민을 집중 출연시킨 KBS와 시사프로그램을 김어준에 의존하는 TBS 사례가 상징적으로 보여주듯이 공영방송들은 정권에 편향된 프로그램들을 제작했다. 냉철히 짚어볼 일이다. 정권이 바뀌었을 때 공영방송이 그렇게 해도 좋은가를. 김어준 방송이 깨시민들에게 '시원한 사이다'임을 모르지 않는다. 하지만 반대 쪽 정파에겐 극도의 편향적 방송이다. 정파 논리가 짙은 김어준의 목소리는 팟캐스트로 들어야 어울린다. 김어준이 패널로 출연하는 형식이 아니라 진행자로 나서는 방송이 지상파 방송, 그것도 공영방송의 전파를 탈 때, 지금까지 역대 정권의 눈치를 살피는 공영방송의 문화는 '정파의 늪'에서 벗어날 수 없다.

한겨레 또한 조국 법무를 두고 공방이 한창 벌어질 때 "'윤석열도 별장에서 수차례 접대' 검찰, '윤중천 진술' 덮었다"는 제목 아래 1면 머리(2019년 10월 11일 자)로 윤석열 총장의 '성 접대 은폐 의혹'을 제기했다. 박근혜 정부 시절에 1면 머리로 검찰총장 '채동욱 혼외 아들'을 보도한 조선일보 사례를 연상시키는 보도였다. 조선일보 보도에 대해 당시 한겨레는 '채동욱 찍어내기 한 배후세력 책임 물어야' 제하의 사설(2013년 9월16일)에서 "만약 권력의 하수인을 자처해 조선일보가 채 총장의 혼외 아들설을 확산시켰다면 이는 권력과 언론 모두에 불행한 일이다. 언론의 정상화를 위해서라도 혼외 아들설 보도과정에 권력과의 야합이 있었는지 밝히는 게 필요하다"고 주장했다.

윤석열 총장이 곧장 법적 대응에 나서고 여론이 악화되면서 한겨레는 뒤늦게 사과하고 윤 총장도 고소를 취하했지만, 한겨레가 받은 타격은 깊다. 2020년 기자들을 대상으로 한 기자협회 조사에서 '가장 신뢰하는 언론사'를 묻는 질문에 조선일보가 10.1퍼센트로 가장 많았고, 경향신문과 한겨레가 각각 7.4퍼센트, 연합뉴스 7.2퍼센트, JTBC 6.3퍼센트, SBS 6.1퍼센트, KBS 5.6퍼센트, 한국일보 4.8퍼센트, 중앙일보 3.6퍼센트, MBC와 뉴스타파 각각 3.4퍼센트순이었다(기자협회·한길리서치, 2020).

주목할 것은 기자들 대상의 신뢰도 여론조사에서 조선일보가 처음 1위로 올라선 사실이다. 한겨레는 비록 영향력에선 뒤졌지만 신뢰도에선 언제나 조선일보를 앞섰었다.

'깨시민'의 시청 거부와 구독 중단: 언론개혁 전선의 변질

문재인 정부 들어 언론 지형의 큰 변수는 깨시민, 곧 문파였다. 응집력 강한 문파는 시청률과 구독률을 무기로 언론을 '감시'하고 '비평'

해갔다. 조·중·동 신방복합체만 과녁이 아니었다. 공영방송 KBS와 MBC는 물론, 한겨레나 경향신문까지 정파의 잣대로 '심판'하며 '시청 거부'나 '구독 중단'의 거친 공격을 무람없이 퍼부었다.

유감스럽게도 노파와 문파—민주당 정부에 '참여'한 대다수 운동가들은 깨시민들을 견인하기는커녕 스스로 그 대열에 앞장섰다—의 활동은 그들의 주관적 열정과 달리 언론개혁에 부정적 결과를 낳았다. 언론개혁의 전선을 한낱 특정 정파의 전선으로 변질시켜 갔기 때문이다. 언론개혁을 대통령 문재인이나 집권다수당인 민주당의 정치적 득실을 절대적 기준으로 삼는 정파적 수준에서 제시할 때, 아무런 실질적 성과도 거둘 수 없을뿐더러 개혁을 희화화함으로써 오히려 조·중·동 신방복합체의 정당성을 높여줄 수 있다. 언론운동이 정파화, 더 나아가 희화화에서 벗어나지 못할 때, 언론개혁의 전망은 더 어두워질 수밖에 없다.

조·중·동 신방복합체가 쉬운 상대가 아니듯이 언론개혁 또한 만만한 과제가 아니다. '조국 사태' 시기에 문파가 "조국 수호"를 내걸고 검찰청사 앞에서 "검찰개혁"과 "언론개혁"를 부르대는 모습은 촛불마저 정파에 물든 또렷한 징후였다. 게다가 조·중·동 신문을 집중 비평하는 공영방송의 '저널리즘토크쇼'는 조국 자녀의 '인턴 서류' 때문에 재판을 받고 있는 최강욱을 출현시켜 "언론개혁의 최강 스피커"라고 자막을 넣었다. 그런 정파적 방송으로 언론개혁은 절대로 이뤄질 수 없다. 아니, 그렇게 이뤄져서도 안 된다.

깨시민의 미디어 역량에 깊은 성찰이 필요한 이유다. 언론개혁은 민주당을 위해서 하는 게 아니고 정의당을 위한 것도 아니다. 아무런 특권도 특혜도 없는 사람들이 차별이나 고통을 받지 않고 자신의 삶을 열어가기 위해서다. 깨시민이 손잡아야 할 상대도 특정 정치인이 아니라 다름 아닌 자신과 처지가 같은 사람들이다. 특권도 특혜도 없는 사람 말이다. 누구일까, 그들은?

바로 민중이다.

3/ 깨시민과 민중 사이

"깨시민과 기레기는 각각 서 있는 자리가 정반대쪽처럼 멀어 보이지만 차원을 달리해서 살피면 함께 서 있는 자리도 있다. '민중'이라는 말에 대한 거부감이나 색안경만이 아니다. 신자유주의체제 외에 대안이 없다는 이데올로기, 노동과 노동운동에 대한 편견을 공유하고 있다."

깨시민과 기레기의 고리, 말 그대로 그 둘을 연결하는 이음매가 있다면 발끈할 터다. 아마 깨시민 못지않게 그들로부터 '기레기'로 조롱받는 조·중·동 기자들도 동의하지 않을 성싶다.

실사구시로 접근해보자. 노무현이 대통령 시절 "권력은 시장으로 넘어갔다"고 말한 대목은 두고두고 논란을 빚었다. 후보 시절에 분배를 강조했던 그의 경제정책이 집권한 뒤 신자유주의로 흐른 사실을 비판한 사람들이 가장 많이 인용한 발언이기도 하다.

노무현이 비극적으로 삶을 마감한 뒤 한 깨시민이 "권력은 시장으로 넘어갔다"는 '노무현 대통령 발언의 진실'이라는 글을 다음과 같이 인터넷에 올렸다.

근래 각종 찌라시에 '참여정부가 재벌한테 항복했다'라는 둥 '노무현 대통령이 삼성에 항복했다'라는 말들이 회자되고 있다. 찌라시들은 그 근거로 노통의 '권력이 시장으로 넘어갔다' 발언을 제시하고 있다… 확언컨대, 이 근거는 사실상 자신들이 직접 찾아본 게 아니다. 최근 화제의 신간 김용철 변호사의 《삼성을 생각한다》에서 김변호사는 '노통은 사실상 삼성에 항복했다'라는 식의 글을 쓰면서 그 근거로 "권력은 시장으로 넘어갔다" 이 발언을 지목했다… 김용철씨가 쓰니깐 한겨레가 인용하고 이를 경향이 되받고 프레시안을 거쳐 다시 조·중·동이 되돌리고, 그 사이 관련 기사들이 블로그에 퍼 날라지고… 하여 노통이 마치 삼성에 굴복한 것처럼 된 것이다. 이 나라 악령들이 출몰하는 방식이기도 하다… 모두 찌라시들의 삼류 소설이었다. 단 한 언론사도, 단 한 블로거도 이 발언에 대해 제대로 밝힌 게 없었다. 결국 참여정부 청와대 백서를 뒤져서야 이 발언이 실린 원문을 찾을 수 있었다. 당시 노대통령 발언 원문이다(2005년 7월 5일, 대·중소기업 상생협력시책 점검회의에서/중소기업과 함께 가는 대책도 시장에서 이루어져야…).

"권력은 시장으로 넘어간 것 같습니다. 우리 사회를 움직이는 힘의 원천이 시장에서 비롯되고 있습니다. 시장에서의 여러 가지 경쟁과 협상에 의해 결정되는 것 같습니다. 정부는 시장을 공정하게 잘 관리하는 것이 중요합니다. 그동안 (정부가) 중소기업 정책을 하면서 나름대로 기여한 바 있겠지만 지금 정책 현실이 정부 정책만으로 해결되지 않는 것 같다는 판단을 합니다. 시장에서 기업 간에 여러 가지 협력이 잘 이뤄져야 비로소 상생협력이 가능하다고 판단을 합니다. 나가 보니 우리나라 대기업들은 세계 수준으로 비즈니스를 하고 있어 참 다행스럽고 자랑스럽게 생각합니다. 그런 대기업이 있어 국민들은 미래에 대한 믿음을 갖고 대통령은 큰소리도 갖고 돌아오면 생색을 내고 좋습니다. 매우 고맙게 생각합니다. 한편, 욕심에는 대기업 제조업만 세계 일류가 아니라 중소기업도 세계적인 경쟁을 갖춰서… 상생협력이 서로 간의 시스템적으로 자리잡기 위해…"

한겨레의 A기자를 만났다. 그는 노통이 삼성에 항복한 확실한 증거로 홍석현 회장의 주미대사 임명을 꼽았다. 그렇다면 노통이 임명한 그 많은 좌파(?)들은 뭐란 말인가. 좌파에 굴복한 것인가. 수만 개의 임명권 중 하나를 두고 정권의 성격을 규정당한 예가 있을까. 경향의 B기자를 만났다. 그는 저 발언을 인용, 칼럼으로 노통을 재벌에게 굴복한 나약한 정치인으로 그렸다. 그에게 노무현은 그저 강자에게 약하고 약자에게 등 돌린 소인배로 기억되었다. 꾹꾹 눌러가며 저 발언의 장소와 맥락을 설명해 주었다. 그는 그 사실을 전혀 몰랐다고 했다. 최소한 발언의 맥락은 파악하고 인용해야 하지 않냐고 반문하니 그는 한참 묵묵히 있다가 그 발언은 노무현 정부의 본질을 드러내는 발언이기 때문에 맥락은 중요하지 않다고 답했다. 다시 위 두 분에게 같은 반문을 던졌다. 한겨레 경향 포함 이 나라의 모든 언론이 김용철 변호사의 《삼성을 생각한다》 책 광고를 거부한 것을 세상이 다 알고 있다. 같은 날 노무현이 삼성에 항복했다는 식의 칼럼은 낯 뜨거운 것이라고 말했다. 그 분들은 한참 한숨을 쉬다 무언가 길게 설명했다. 나름 들어보려 애썼지만 이미 내 귀에 잘 들리지 않았다.

글을 올린 깨시민의 문장에선 사뭇 비분강개가 묻어난다. "권력은 시장으로 넘어갔다"는 "우리 대장"의 말을 한겨레와 경향신문이 김용철 변호사의 말만 믿고 왜곡했다는 것이다. 그 증거로 원문을 제시했다. 또 다른 깨시민은 위 글을 퍼온 뒤 자기 생각을 다음과 같이 덧붙였다.

> 어제 〈외부자들〉을 보는데 또 저 말이 나오더군요.
> '권력은 시장으로 넘어갔다'
> 마치 신자유주의에서 말하는 '작은 정부'를 노무현 정부가 표방했다는 투로 말해서 위의 내용들을 찾아본 겁니다.
> 2005년의 노무현 발언을 제 마음대로 해석하자면,
> "글로벌 경제에서는 시장에게 많은 권력이 집중되어 있어. 그러니 우리 기업들이 잘 나가야 우리나라와 국민들이 부강해질 수 있는 거잖아? 우리 정부는 시장을 어떻게 공정하게 관리하냐는 것에 중점을 두고 있지만 장기적으로는 대기업과 중소기업이 협력하고, 상생해야 지속가능한 시장경제가 만들어진다고 봐… 좋은 아이디어나 의견 있으면 기탄없이 말하고, 토론해보자!"
> 제 눈이 삐꾸인가요? **만약 제가 노무현의 뜻을 옳게 이해한 거고, 좌파에서 말하는 신자유주의가 저거라면 저는 이제부터 신자유주의자가 될랍니다.**

인터넷에 올라있는 두 글—어떤 곳에선 서로 이어져 있기도 해서 필자가 혹 한 사람일 수도 있겠지만 문체로는 달라 보이는 글—이 노무현을 옹호하는 논리는 많은 깨시민들에게 공유되는 듯 보인다.

깨시민식 미디어 이해의 문제점

먼저 사실 관계부터 확인할 필요가 있다. 깨시민은 "김용철 씨가 쓰니깐 한겨레가 인용하고 이를 경향이 되받고 프레시안을 거쳐 다시 조중동이 되돌리고"라며 "악령들이 출몰하는 방식"이라고 거듭 "확언"했지만 그렇지 않다. 노무현의 발언은 바로 다음날 일간지에 상세히 보도되었다. 발언 맥락도 충분했다. 김용철의 책 이전에 이미 논란을 불러일으킨 발언임에도 사실 관계를 전혀 확인하지 않고 쓴 글이다. 사실과 전혀 다른 논리로 조·중·동을 비롯한 언론을 '찌라시'나 '악령', '삼류소설'로 비판하는 것은 설득력이 없을뿐더러 그들로부터 빈축만 사게 된다. 나중에 자세히 언급하겠지만, 사실을 확인하고 쓰는 글만이 민중언론시대를 열어갈 수 있다.

문제의 노무현 발언이 나온 것은 집권 중반인 2005년 5월 16일 청와대에서 연 '대기업·중소기업 상생협력 대책회의' 자리였다. 회의에는 삼성 이건희·현대자동차 정몽구·LG 구본무·SK 최태원 회장 등 대기업에서 8명, 중소·벤처기업에서 김철현 대동중공업 회장 등 7명이 참석했다.

노 대통령이 4대 그룹 회장들을 한 자리에서 만난 건 2004년 5월 간담회 이후 1년만이었고, 대기업 회장들과 중소기업인들 합동 회의를 가진 것은 참여정부 들어 처음이었다. 깨시민의 주장처럼 "대기업 제조업만 세계 일류가 아니라 중소기업도 경쟁해서 당당히 앞서가면 좋겠고, 그래서 경제가 튼튼하면 좋겠다"거나 그것이 "대기업도 장기적으로 경쟁력을 확보하는 데 도움이 된다고 생각한다"는 말은 덕담이다.

문제의 핵심은 덕담이 임기 내내 '덕담'으로 흐른데 있다. 성장보다 분배를 내세웠던 '노풍' 초기의 모습은 대통령 노무현에게서 보이지 않았다. 대기업 회장들과 중소기업 사장들을 불러 대통령이 상생의 덕담을 한다고 실제 상생이 될 가능성은 조금도 없다. 만일 그 가능성이 있다면 진즉에 그렇게 됐을 터다.

따라서 대통령이 모처럼 대기업 회장들을 불러들였다면 '권력이 시장으로 넘어갔다'는 덕담에 그칠 일이 아니었다. 회장들을 한 사람 한 사람 둘러보며 "권력이 시장으로 넘어간 것으로 적잖은 사람들이 착각하지만 참여정부는 동의하지 않는다"로 시작해야 옳았다. '정부는 시장을 공정하게 잘 관리하는 것이 중요'하다면서 '지금 정책 현실이 정부 정책만으로 해결되지 않는 것 같다'고 하기보다는 "정부는 최대한 인내심을 갖고 시장을 지켜보고 있다"면서 "지금 정책이 효과가 없으면 비상한 수단을 강구할 수밖에 없다"고 해야 옳았다.

여기서 중요한 것은 과거 노무현의 경제정책에 대한 비판이 아니다. 후보 시절 공약에 비해 크게 후퇴했던 노무현을 한사코 옹호만 하려는 깨시민의 자세다. 두 깨시민의 글을 다시 보라. 노무현을 비판하는 말을 "나름 들어보려 애썼지만 이미 내 귀에 잘 들리지 않았다"고 솔직히 밝힌다. 심지어 "신자유주의가 저거라면 저는 이제부터 신자유주의자가 될랍니다"라고 선언한다.

결코 말꼬리 잡는 게 아니다. 실제로 대다수 깨시민들이 그렇게 됐다. 그들은 노무현 경제정책의 변질을 비판하는 주장들을 전혀 들으려 하지 않았고 스스로 다짐한 그대로 '신자유주의자'가 되고 말았다.

깨시민 가운데 '신자유주의'라는 말에 거부감 없는 이들이 적잖다. 신문과 방송이 거의 보도하지 않는 말이기에 낯설 수도 있다. 하지만 뉴스와 인터넷에 온갖 용어들이 돌아다니는 상황에서 유독 신자유주의 비판에 대해서 귀 기울이려 하지 않는다면 그 또한 '조·중·동 효과' 아닐까. 깨시민에게 신자유주의에 대한 제대로 된 인식이 없을 때 가장 반길 세력은 조·중·동과 그들이 날마다 대변하고 있는 수구 기득권 세력이다.

신자유주의: 20 대 80의 사회와 3대 희소자원(부, 권력, 명예)

한국인의 삶에 지금도 큰 영향을 끼치고 있는 신자유주의Neoliberalism는 간명히 말하자면 모든 것을 시장에 맡기자는 담론이다. 정부는 시장이 원활하게 돌아가도록 공정하게 관리만 하면 된다는 '작은 정부'론을 주장한다. 그럼 어떻게 될까. 이미 시장을 지배하고 있는 대자본의 논리가 고스란히 관철될 수밖에 없다.

신자유주의는 시장주의 경제학자 밀턴 프리드먼의 주장에서 비롯했지만 그것이 실제 현상으로 나타난 시기는 1970년대 중반이다. 제2차 세계대전을 거치며 폐허가 된 유럽 대륙이나 일본과 달리 미국의 생산시설은 온전했기에 '땅 짚고 헤엄치기 식'으로 경제성장을 구가할 수 있었다.

유럽과 일본이 서서히 생산시설을 재건하고 전 세계로 시장을 넓혀가면서 미국 자본주의를 중심축으로 성장을 이뤄왔던 세계경제는 과거와 같은 호황을 누릴 수 없었다. 각 국의 자본이 세계시장에서 서로 경쟁하다보니 자연히 자본의 이윤율이 떨어질 수밖에 없었다. 같은 시기에 베트남 통일이 상징하듯이 미국의 군사적 패권도 흔들리고 있었기에 더 그랬다. 그 결과가 미국 공화당에서 오랫동안 자본을 대변하며 소련에 강경론을 펴온 레이건의 집권이다.

레이건은 베트남전쟁에 패하기 전에 미국이 누렸던 군사적 패권을 되찾아야 한다며 군사력을 대폭 강화해나가는 한편—그 점에서 신자유주의가 작은 정부를 추구한다는 논리는 허구다. 군수산업에 막대한 달러를 쏟았다—자본에 대한 규제를 완화함으로써 기업의 이윤 추구 활동을 우선했다. 기업에 대한 정부 규제를 완화하고 복지예산을 줄였다. 탈규제 명분 아래 기업의 자유로운 이윤 추구 보장, 공적인 기업체의 사유화, 노동시장 유연화, 세계경제의 개방화를 주도했다. 같은 시기 영국의 대처 정권도 노동운동을 탄압하며 자본에 대한 통제를 완화했다.

신자유주의는 세계적으로 자본의 이윤율이 떨어지는 위기의 근원이 경제에 대한 정부 개입과 복지정책에 있다고 주장했다. 레이건이 소련(소비에트사회주의공화국연방)을 '악의 제국'이라 몰아세운 이유도 같은 맥락이다. 1989년부터 몰아닥친 동유럽 사회주의 국가들의 몰락과 1991년 소련의 몰락으로 미국과 영국에서 등장한 신자유주의는 지구 전체로 빠르게 퍼져갔다.

자본주의체제를 대체할 수 있는 현실적 대안이 사라졌다고 본 전 세계 '만국의 자본가들'은 아무런 불안감이나 망설임 없이 자본의 논리와 시장의 논리를 관철시켜갔다.

자본을 대변하는 신자유주의자들은 기업의 자유와 시장의 자유, 재산권을 중시하며 정부의 시장 개입은 경제의 효율성이나 형평성을 되레 악화시킨다고 주장했다. 공공복지 제도를 확대하는 것 또한 정부의 재정만을 팽창시킬 뿐 노동 의욕을 감퇴시켜 이른바 '복지병'을 불러온다고 부르댔다. 신자유주의는 국외적으로도 아무런 규제 없는 자유무역과 국제적 분업을 명분으로 전면적인 시장 개방 논리를 펴나갔다. '세계화'와 '자유화'의 구호는 세계무역기구WTO를 통한 시장 개방 압력과 국가 간 자유무역협정FTA으로 나타났다. 모든 것을 시장의 경쟁 논리에 맡기면 당장 눈앞의 기업 '효율성'이나 국가 경쟁력을 높이는 데 집중하느라 사회복지정책이나 노동정책은 뒷걸음질 침으로써 빈부격차가 확대될 수밖에 없다.

깨시민들이 비극적으로 숨진 노무현을 추모하고 뜻을 기리는 마음은 얼마든지 존중할 수 있다. 다만 노무현의 뜻을 이어가겠다면 무엇보다 귀 기울여야 할 것은 그의 뼈저린 성찰이다. 노무현이 대통령 퇴임 직후에 토로한 글을 찬찬히 읽어보자.

내가 잘못했던 거는 오히려 예산 딱 가져오면 색연필 들고 '사회정책 지출 끌어올려' 하고 위로 쫙 그어버리고, '경제지출 쫙 끌어내려. 여기에 맞추어서 숫자 맞추어서 갖고 와.' 대통령이면 그 정도로 나가야 되는데, 뭐 누구는 몇 퍼센트 어디는 몇 퍼센트 깎고 어느 부처는 몇 퍼센트 깎고 어느 부처는 몇 퍼센트 올리고 사회복지 지출 뭐 몇 퍼센트 올라가고 앞으로 몇 10년 뒤에는 어떻고 20년 뒤에는… 이리 간 거거든.

지금 생각해보면 그거 뭐 그럴 거 없이 색연필 들고 쫙 그어 버렸으면 되는 건데…. '무슨 소리야 이거, 복지비 그냥 올해까지 30퍼센트, 내년까지 40퍼센트, 후 내년까지 50퍼센트 올려.' 쫙 그려 버려야 되는데, 앉아 가지고 '이거 몇 퍼센트 올랐어요?' 지금 생각해보면 그래. 그래 무식하게 했어야 되는데 바보 같이 해 가지고….

옹근 5년 '대통령 경험'을 돌아보며 '바보'였다고 자책한 노무현의 후회는 민주·진보 진영의 정치인들이 새겨둘 대목이다. 깨시민 또한 그 귀한 깨우침을 공유하는 것이 노무현의 뜻을 올바르게 이어가는 길이 아닐까.

모든 것을 시장에 맡기는 신자유주의는 유럽에서도 사회복지의 후퇴를 가져왔다. 하지만 후퇴했다고 하더라도 현재 유럽의 복지 수준은 한국과 견줄 바가 아니다. 북유럽의 경우는 더욱 그렇다.

문제는 유럽과 달리 복지정책이 전혀 없었던 한국에 신자유주의가 점령군처럼 들어왔다는 점이다. 그 결과가 바로 우리 모두가 삶으로 체감하고 있는 '각자도생의 경쟁' 사회다. 자살률 1위, 출산율 꼴지의 '자살 친화적 경제체제'다.

새삼스런 지적이지만, 신자유주의로 모든 사람의 삶이 힘들어지는 것은 아니다. 20대 80의 사회에서 상위 20퍼센트에게 신자유주의는 복음일 수밖에 없다. 주거와 연간 수입을 비롯해 삶의 질이 80퍼센트와 크게 다르다. 신자유주의는 돈이 돈을 버는 체제이기에 더욱 그렇다. 경제 위기라는 말이 21세기 들어 내내 언론에 오르내렸지만 20퍼센트의 경제생활은 더없이 기름졌고 재산은 해마다 부풀어갔다. 특히 대한민국은 상위 20퍼센트에게 '천국'과 가깝다.

그렇다면 80퍼센트는 누구인가. 국민 대다수인 그 80을 '시민'이라는 말로 아우를 수 있을까. 20퍼센트의 기득권 세력도 국민이고 시민이라는 사실에 유의할 필요가 있다.

무릇 한 사회에서 부·권력·명예는 3대 희소자원이다. 누군가는 그 희소자원 모두를 가진 시민(또는 국민)이 있고, 정반대로 희소자원을 전혀 갖지 못한 시민도 있다. 희소자원 가운데 하나라도 지닌 사람은 20대 80사회에서 20에 들어간다.

노파심에서 조금의 오해도 없도록 분명히 짚고 가자. 부·권력·명예를 지니지 못했다고 실패한 인생으로 혹시 생각한다면 그것이야말로 경쟁 중심적 사고다. 다른 사람들과 경쟁하며 부·권력·명예를 좇는 삶을 추구하지 않고 가족과 더불어 행복한 삶을 살아가는 사람들이 더 아름답다. 그 사람들은 한 사회가 유지되려면 필요로 하는 모든 것을 맡고 있는 직접적 생산자이기도 하다. 따라서 그들이 사회의 실질적 주인이 되어야 한다는 것이 민주주의의 정신이자 철학이다.

그래서 3대 희소자원 하나 넉넉히 가진 것 없이 일하며 살아가는 대다수 시민이나 국민을 어떤 이름으로 불러야 할까는 대단히 중요한 문제다. 우리 국어사전에는 20대 80의 사회가 오기 전부터 특권이나 특혜가 없는 사람들을 아우르는 참 적실한 말이 있다. '민중'이다.

왜 '민중'을 불편해하나

이미 앞에서 '민중'이란 말을 썼지만, '기레기'도 '깨시민'도 이참에 정확하게 새기고 갈 필요가 있다. '민중'이란 말에 색안경을 끼고 보거나 불편해하는 사람들이 적지 않기 때문이다.

민중은 국어사전 풀이 그대로 "국가나 사회를 구성하는 일반 국민"으로 "피지배계급으로서의 일반 대중"을 이른다. 영어에도 민중이란 말과 똑같은 단어가 있다. '피플'people이다. 피플은 '남성, 여성, 어린이들'(men, women, and children)의 뜻과 '정부나 상류계급과 대조되는 일반 남성과 여성'ordinary men and women, in contrast to the government or the upper classes의 뜻으로 사용된다.

그런데 그 말을 다름 아닌 민중 스스로 꺼려하고 있다. 따지고 보면 생게망게한 일이 아닐 수 없다. 왜 그러한가를 촛불혁명이 불붙기 시작할 무렵(2016년 10월 25일) '오늘의 유머'에 올라온 글로 짚어보자. '민중총궐기라는 이름은 저만 거북한지…' 제목의 글을 두고 여러 의견이 올라왔다.

지금 사태는 보수 진보를 떠나 온 국민이 분노하고 있는 일이죠. 조선일보 게시판만 봐도 이미 건잡을 수 없이 판이 커져버렸습니다. 이 모든 이들을 안고 가기에 야당이 구축해놓은 집회의 안마당은 좁습니다. 저만 해도 집회가 있다면 참석하고 싶은데, 민중총궐기라는 이름에 거부감이 드는 건 민중, 총궐기라는 이름 자체가 운동권들만이 사용하는 용어이기 때문에 집회 참석이 정치적 의미로 변색되지 않을까하는 우려가 듭니다. 보수들조차 대통령 하야를 외치고 있는데, 자칫 붉은 깃발 난무하는 과격 집회로 묘사되어 이러다가 다시 보수 진보 프레임에 갇혀버리는 건 아닌지 걱정이 되네요…. 불법폭력 시위 이미지가 강한 민중총궐기가 보수 진보의 목소리를 모두 담는 장이 될 수 있을지 의아합니다. 야당이 물을 잘 저어야 할 때인 것 같습니다(sisa_769022).

이 게시 글에 다음과 같은 여러 댓글들이 달렸다.

저도 이름은 바꿨으면 좋겠어요. 국민집회나 시민집회 정도가 좋을 것 같은데…

민중, 궐기의 사전적 정의가 어떠하든 단어를 볼 때 느껴지는 뉘앙스라는 게 있으니까요. 젊은 사람들은 이런 단어를 약간 색안경 끼고 볼 가능성이 있습니다(제 경험담).

운동권이 뭐 어때서요? 나 살아가는데 지장 없는데 데모는 뭐한다고 해…

이런 의식을 가진 사람들 때문에 세상이 점점 부패해지는 겁니다. 본인들 삶을 희생해가면서 세상을 올바르게 바꿀려고 노력한 사람들을 존경해주지는 못할망정… 민중총궐기란 단어를 바꿀려는 노력보다, 주변에서 운동권을 나쁘게 생각하는 사람들을 설득하는게 나아보입니다.

전 오히려 반대입니다. 몇십 년 동안 운동권과 종북스러운 뉘앙스로 더렵혀진 단어들을 자주 사용해서 원래대로 돌려놓아야 한다고 봐요.

네, 당신만 불편한 거에요. 프로 불편러도 아니고, "~~ 하려는데 이름이 거북하네요"라는 게 뭔… 지금 이 시점에 이름이 뭐 중요하다고.

이름이 은근 중요해요… 만약에 이름 바꾸는 것으로 인식이나 참여율을 높일 수 있다면, 이름을 버리고 더 나은 것을 얻는 게 지혜로운 것이 아닐까 생각합니당

저도 불편합니다. 시대가 바뀌면 대응도 바뀌는 게 좋겠죠. 최근 몇번 대중집회에 나갔는데 제가 학생일 때와 다른 건 화염병이 없다 정도지 똑같은 진행, 행진, 깃발들이 별로였어요. 연대의 의미로 계속 나가고는 있지만 보다 시대에 맞고 대중에게 다가갈 수 있는 전략이 필요합니다. 무소의 뿔처럼 가는 것은 사람이어야지 그 외의 것은 계속 바꿔나가야죠.
사람을 많이 끌어모으려면 그 취지야 어떻든 간에 좀 더 외연 확장을 위해 대중에게 어필할 만한 넓은 의미의 단어를 쓰는게 더 낫다고 봅니다.

게시 글과 댓글의 필자 모두 촛불을 들었을 사람들이다. 오간 글들에서 볼 수 있듯이 '민중'을 1980년대의 낡은 '운동권 용어'로 여기는 사람들이 많다. "좌파 용어"나 심지어 "종북 용어"로 이해하는 이들도 있다.

과연 그럴까. 먼저 사실 관계부터 살펴보자. 민중은 정말 좌경이고 종북 용어인가? 아니다. 미국이나 유럽 어디서든 영어 피플people을 두고 '좌경 용어'라고 주장한다면 그 사람은 어떻게 인식될까?

여기서 1987년 6월 대항쟁으로 군부독재 정권을 몰아내고 대통령 직선제를 쟁취한 이후 동아일보사에서 일어난 사건을 조금 더 들여다볼 필요가 있다. 1980년대 동아일보는 박종철 고문치사 보도에서 확인할 수 있듯이—영화 '1987'에서도 영상화했듯이—군부독재와 맞서 대통령 직선제를 일궈내는데 기여했다는 사실을 새삼 상기할 필요가 있다. 그 동아일보에 노동조합이 설립된 뒤 노조는 앞으로 보도와 논평의 방향을 담은 '기자윤리강령' 제정에 나섰고 노사 공동으로 위원회를 구성했다. 그 시기 발행부수와 영향력에서 한국 언론을 단연 대표하던 동아일보가 노사 공동으로 윤리강령 제정에 나서자 언론계 안팎의 눈길을 모았다.

그런데 노동조합이 추천한 기자윤리강령 제정위원의 한 사람으로 저자가 강령의 전문 '우리의 자세' 초안을 기초해 회의에 제출했을 때다. 편집국장을 역임한 편집 담당 상무이사가 "민중의 생존권 보장" 대목을 죽죽 그으며 힐난조로 말했다.

"왜 굳이 민중이란 말을 씁니까?"

당혹스럽던 저자는 정중하게 반문했다.

"왜 굳이 민중이란 말을 쓰면 안 됩니까?"

잠시 저자를 안경 너머 아래위로 훑어보던 그는 아주 태연스럽게 말했다.

"민중이란 말은 좌익 개념이니까!"

어이가 없었다. 당시까지 한국을 대표하던 신문사에서 30여 년 기자로 활동하며 편집국장을 거친 언론인—더구나 박종철 고문치사를 동아일보가 앞장서서 파헤칠 때 편집국장—의 의식구조가 '냉전사고'에 사로잡혀 있을 만큼 우리 사회의 이념적 지형은 오래전부터 뒤틀려 있었다.

결국 1991년 봄 노사합의로 공표된 동아일보사 기자윤리강령은 "우리의 자세"를 다음과 같이 선언했다.

1. 자유롭고 평등한 민주사회를 건설하려는 노력을 지지하며 반민주적인 세력을 배격한다.
2. 자주적이고 평화적인 남북통일을 위하여 최선을 다한다.
3. 인간의 존엄성과 생존권 보장을 위해 힘쓰며 참다운 민족공동체 문화의 창조를 옹호한다.
4. 권력 및 금력의 간섭을 거부하고 선정적인 보도를 지양하며 개인적 집단적 이해관계에서 벗어나 언론인으로서의 양심에 따라 오직 진실만을 추구한다.
5. 국민의 알 권리를 존중하고 다양한 정보를 편견 없이 전달하여 참된 여

론의 형성에 기여한다.

노사 동수로 구성된 제정위원회 회의에 저자가 제출한 3항의 초안은 "인간의 존엄성과 생존권 보장을 위해 힘쓰며"에서 생존권 보장 앞에 민중을 넣은, "민중의 생존권 보장"이었다. 경영진 대표로 나온 상무이사가 "민중"이란 말을 빼야한다고 완강히 고집할 때, 저자는 동아일보 창간 사설에 본보의 사시는 민중의 표현기관임을 자임한다로 되어 있다고 반론을 폈다. 창간 정신을 상기시키자 상무이사는 곧장 답했다.

"그 사설을 쓴 사람도 좌경화되어 그렇게 썼다. 그래서 나중에 사시를 바꿨다. 지금 사시는 '민족의 표현기관'이다."

편집 상무는 기자 대표들을 둘러보며 힘주어 말했다. "윤리 강령만이 아니라 앞으로 기사에서도 '민중'이란 말은 쓰지 말아야 한다." 실제로 동아일보 지면에서 '민중'이란 말은 시나브로 사라져갔다. '민중의 표현기관'임을 내세워 창간한 동아일보가 '민중'이란 말조차 쓰지 못하게 된 셈이다.

강령에서 '민중'은 삭제됐지만 그나마 다른 초안은 최대한 살렸다. 동아일보 기자들이 노사합의로 대내외에 선포한 강령대로만 신문을 제작했다면, 신뢰도와 영향력 모두 과거의 위상을 되찾을 수 있었을 것이다. 비단 동아일보만이 아니다. "국민의 알 권리를 존중하고 다양한 정보를 편견 없이 전달하여 참된 여론의 형성에 기여"하는 언론은 불신받을 수 없다.

그 시기 '대표적 권위지'가 아예 '민중'을 금기시하는 마당에 조선일보와 중앙일보 지면은 더 말할 나위 없었다. 특정 국가의 구성원이라는 뜻에서 체제 순응을 암암리에 요구하는 '국민'이란 말보다 주권자의 의미가 듬뿍 담긴 말이 '민중'임에도, 한국 언론이 '민중'이란 말까지 '색깔'을 입히려 안간힘을 쓰는 까닭은 이 땅에서 언론이 아래로부터의 요구를 언제나 배제해온 사실과 맞닿아 있다. '민중'이란 말을 금기시하면서 동아일보의 보도와 논평은 점점 더 민중의 목소리를 담지 않았다.

민중을 기사에서 쓰지 말라는 자본의 압박은 그해 가을의 1991년 동아사태와 맞물린다. 김중배와 저자가 언론 자유를 위협하는 '원천적 권력'으로서 자본을 비판하고 사표를 던진 뒤, 동아일보사노동조합이 '발행인과의 대화'를 요구해 열린 자리에서도 언론자본의 자세는 전혀 흔들림 없었다. 발행인 김병관은 "민중사학자 안병욱 씨의 글은 자유민주주의를 부정하고 분식을 선동하는 글"이라 다시 강조했고, 배석한 논설주간은 "민중주의"를 들먹이며 사장을 옹호했다.

언론자본가 김병관은 '대화' 자리에서 재차 "민중민주주의는 용납할 수 없다"고 강조했다. 사장, 논설주간, 편집이사가 '민중'이란 말을 좌경시하면서 결국 동아일보에서 '민중'이라는 말은 시나브로 사라졌다.

〈표1〉은 포털 네이버를 통해 동아일보 기사들 가운데 '민중'이 노출된 빈도를 검색한 결과이다. 1991년 이후 '민중'이 들어간 기사가 현저히 줄어드는 사실이 또렷하게 드러난다. 〈표1〉의 추이에서 유의

할 것은 증면이다. 1987년까지 서울에서 발행되는 대다수 신문들은 12면 체제였다. 증면 경쟁이 시작되어 1991년에 20면, 1993년 4월에 32면, 1995년에는 48면으로 늘어났다. 그러니까 1991년에 500건의 기사는 20면 체제였고, 1998년 111건으로 줄어든 통계는 48면 체제였기에 기사에서 '민중'의 노출 비율은 10분의 1이하로 줄어든 셈이다.

〈표1〉 동아일보 지면의 '민중' 노출 빈도 추이 (단위: 건)

검색어 \ 연도	1989	1990	1991	1992	1993	1994	1995	1996	1997	1998
민중	694	605	500	362	234	216	236	184	144	111

1991년 동아사태를 계기로 저자는 언론자본이 편집국을 지배하는 한 기자들이 '민중 의제'를 기사화할 수 없다고 판단했다. 세습 자본가의 눈에 밉보이면 기자로서 승진은 물론, 정년조차 보장받지 못하기에 어쩔 수 없이 언론자본의 정치 성향을 따라가며 결국 기득권을 대변할 수밖에 없다고 본 것이다. 바로 그렇기에 언론자본으로부터 편집권 독립을 법적으로 보장받는 입법 운동을 기획했다. 당시 17개 학술단체가 한자리에 모여 6월항쟁 이후 한국 사회가 어떻게 달라졌는가에 대해 회의한 결과 1996년 학술단체협의회연합심포지엄 주제를 '한국사회의 지배구조-재벌과 언론'으로 정할 만큼 "재벌과 언론은 하나로 유착되어서 한국 사회를 지배하고" 있던 상황이었다.

언론계 안에서는 전국언론노동조합(언론노조)을 중심으로, 밖에서는 언론운동 단체들이 언론권력을 비판하며 개혁운동을 펼쳐갔다. 그 시기에 언론노조 정책기획실을 맡고 있던 저자는 "자본의 논리에 맞서 올바른 언론을 가질 권리"는 언론 노동인들만이 아니라 민중 모두에게 있음을 강조하며 민중운동은 물론 시민운동 단체들에게 "언론개혁연대회의를 조직하여 체계적으로 언론민주화의 과제를 실천해나갈 것을 제안"했다. 그로부터 2년 뒤 전국언론노동조합과 노동운동, 시민운동 단체들이 결합한 언론개혁시민연대가 창립되어 입법운동에 나섰다.

동아일보를 비롯해 거의 모든 한국의 신문과 방송이 1990년대 들어 민중이란 말을 기피하거나 금기시하면서 민중의 성금으로 창간한 한겨레조차 〈표2〉에 나타나듯이 해가 거듭할수록 '민중'이란 말을 쓰지 않았다.

〈표2〉 1990~2020년 한겨레 지면의 '민중'과 '시민' 노출 빈도 추이

연도 / 검색어	1990	1995	2000	2005	2010	2015	2016	2017	2018	2019	2020
민중	381	208	309	443	634	944	754	433	308	329	261
시민	546	1061	2221	2668	5623	5288	3885	3789	3611	3379	3414
민중/시민	0.70	0.20	0.14	0.17	0.11	0.18	0.19	0.11	0.09	0.10	0.08

언어가 개개인에게 내면화되는 과정을 중시하는 연구는 현대 언어철학만이 아니라 정치커뮤니케이션 학자들에 의해서도 진행되었다. 실제로 언론 현장에서 언론들이 '민중'이라는 언어를 쓰지 않게

된 과정은 1980년대 내내 힘찬 움직임을 보이던 민중문화가 1990년대 들어 시나브로 퇴조한 모습과 맞물린다.

그 결과, 죽은 것은 '민중'이란 말만이 아니다. 1970년대 이후 한국 사회에서 깨어나던 민중 자체가 죽음의 시간을 맞았다. 신문 지면과 방송 화면에서 '민중'이란 말의 죽음은 곧바로 그 말의 실체인 민중의 죽음으로 이어졌다. 새로운 천년이 열린다며 환호에 젖을 무렵, 한국인의 자살률은 가파르게 치솟아 마침내 '부동의 1위' 자리에 올랐다.

하지만 '민중'은 좌경화된 용어도, 낡은 개념도 아니다. 네티즌으로 불리는 사람들 대다수가 민중이다. 생산직은 물론 사무직에서 노동 계약을 맺고 '월급'이라는 임금을 받으며 일하는 모든 노동인, 농민, 영세자영업인, 빈민, 청년학생들을 아우르는 말이다.

여기서 미국 대통령 링컨의 유명한 게티즈버그 연설을 새겨볼 필요가 있다. 민주주의의 정의로 잘 알려진 "government of the people, by the people, for the people"을 한국 사회에선 흔히 "국민의, 국민에 의한, 국민을 위한 정부"라고 옮기지만, 피플을 '국민'으로 풀어서는 온전히 뜻이 살아나지 않는다. '국민의 국민에 의한 국민을 위한 정부'보다 '민중의 민중에 의한 민중을 위한 정부'가 정확한 옮김 말이다. 특정 국가의 구성원이라는 뜻에서 체제 순응을 암암리에 요구하는 '국민'이란 말보다 주권자의 의미가 듬뿍 담긴 말이 '민중'이다.

그럼에도 한국의 대표적 언론자본가인 동아일보 사장이 '민중민주주의'를 반대한다며 '민중'이란 말까지 배제한 사실은 한국 공론장이 출발부터 아래로부터의 요구를 억압했던 역사와 이어져 있다.

기륭전자·유성기업 노동인 투쟁과 신방복합체의 악독한 가짜뉴스

우리 언론이 지면과 화면에서 '민중'을 어떻게 보도하며 밀쳐냈는지 구체적으로 살펴보면 논지가 더 명료해질 수 있다. 노무현 정부 시절인 2005년 7월 기륭전자 비정규직 노동인들이 쟁의에 들어갔다. 대통령 임기가 끝날 때까지 풀리지 않았다. 이명박 정부에서도 기륭전자 싸움은 애면글면 이어졌다. 그런데 조선일보(2008년 8월 22일 11면)가 뜬금없이 '기륭전자에선 무슨 일이'라는 굵은 표제 아래 컬러 사진을 맞물려 머리기사로 편집했다. 부제도 '1094일째 천막 농성… 그동안 회사는 거덜'로 자극적이다. 사진은 서울시청 앞 광장에서 기륭전자 여성 노조원들이 "서울시가 '하이 서울' 축제를 위해 세운 철탑에 올라가 시장과의 면담을 요구하며 시위"했던 장면을 담았다.

조선일보를 읽으면 회사가 거덜 난 책임은 정규직 전환을 요구한 기륭전자 비정규직 노동인들에게 있다. 비정규직 노동인들이 외부와 연계해 한 중소기업을 망쳤다는 게 기사의 뼈대다. 조선일보는 기사로도 만족하지 않아 다음날(8월 23일)에 '기륭전자, 1095일 농성 기록 세우고 노사 함께 망하다' 제목의 사설을 썼다. 사설과 기사가 '유기적 연관성'을 맺고 여론화해나가는 전형적 사례다.

사설에 따르면 "좌파 노동계와 정치권은 회사와 비정규직 농성자를 살리겠다는 것보다 어떻게든 기륭전자 사태를 이용해 먹겠다는 생각뿐"이다. 조선일보는 기사에 이어 사설, 다시 기사로 비정규직과 노동운동에 부정적인 여론을 조성해간다. 사설을 쓰고 사흘 뒤 사회면(2008년 8월 26일 자, 12면)에 '진보신당의 기륭전자 괴롭히기' 제하의 기사를 실었다. 첫 보도를 한 기자가 다시 쓴 기사다. 기사는 "진보신당이 비정규직 해고문제로 1,000일이 넘도록 노사분쟁을 겪고 있는 기륭전자의 주요 고객사에 '기륭전자와의 거래 관계를 끊으라'고 요구하는 이메일 보내기 운동을 벌여 논란이 되고 있다"로 시작한다.

기사는 중국으로의 공장 이전과 경영 적자 책임을 노조 파업 때문으로 몰아 세웠다. 게다가 분회장의 과거를 캐내 공개하면서 색깔론을 들이댔다. 국가보안법 사례는 물론, 분회장이 전 직장에서 벌인 노조 활동에 대해서도 악의적으로 썼다.

하지만 그 모두는 사실이 아니었다. 당사자인 분회장이 왜곡 보도를 좌시하지 않겠다며 나섰고, 언론중재위원회를 거쳐 조선일보는 다음과 같은 정정 보도문을 내야 했다.

> 본지 8월 22일 자 A11면 '기륭전자에선 무슨 일이' 제하의 기사와 관련, 기륭전자가 공장을 중국으로 이전한 것은 노조 파업과 무관하며, 적자의 주된 이유는 노조 파업이 아니라 다른 경영상 이유인 것으로 밝혀져 이를 바로잡습니다. 또한 기륭전자 노조는 노사합의가 결렬된 주된 이유는 보상금

이 아니라 재고용 및 고용보장 기간의 문제 때문이었으며, 김소연 분회장이 2000년 당시 부도난 갑을전자를 상대로 농성한 것은 위로금이 아니라 퇴직금, 체불임금을 받기 위해서였다고 밝혀왔습니다.

'정정 및 반론보도문'은 첫 보도가 나가고 두 달이 지난 뒤 2008년 10월 24일 자에 그것도 2면에 보일락 말락 편집되었다. 앞서 8월 22일 자 사회면 머리기사 편집과 비교하면 큰 차이가 있다. 사회면 머리기사를 읽은 독자들에게 기륭전자 비정규직 노동인들의 피맺힌 싸움은 부정적 이미지로 덧칠될 대로 덧칠되었을 터다. 두 달 뒤 정정보도문을 읽으며 그 이미지를 씻어낼 독자는 얼마나 될까. 아니, 그 이전에 보일락 말락 편집된 정정 보도를 읽은 사람은 얼마나 될까.

정정 보도는 긴 기사와 선정적 표제에 비해 작은 분량이지만 그 속에 담긴 내용은 심각하다. 조선일보는 기륭전자 비정규직 노동인들의 파업 때문에 중국으로 생산라인을 이전했다고 기사를 썼고 그에 근거해 사설을 내보냈다. 진실은 정반대다. 기륭전자 경영진이 일방적으로 생산라인을 중국으로 이전할 계획을 세웠고 파견계약을 해지했다. 파견 노동인들에게 '문자'로 해고를 통보했다. 바로 그것이 노조가 파업에 나선 이유다. 조선일보 기사와 인과관계가 정반대다.

그럼에도 조선일보는 아무런 사과도 없이 "기륭전자가 공장을 중국으로 이전한 것은 노조 파업과 무관하며, 적자의 주된 이유는 노조 파업이 아니라 다른 경영상 이유인 것으로 밝혀져" 이를 바로잡는다고 대단히 건조한 문체로 아주 작은 지면에 정정 보도를 했다. 더구나 노조 분회장에 대해 기륭전자에 입사하기 전 '과거'까지 들먹이며 '부도난 갑을전자의 대표이사를 상대로 위로금(6억 원)을 받기 위해 본사 점거 농성을 벌였던 인물'이라고 매도했다. 그 기사만 읽은 독자들에게 기륭전자 노조 분회장은 어떤 모습으로 다가왔을까. 이 또한 진실은 전혀 다르다. 폐업된 회사(갑을전자)를 상대로 노동인들이 법적으로 보장된 퇴직금과 체불임금을 받으려고 나선 사실을 일러 '위로금'으로 매도했다.

간추려보자. 조선일보의 기륭전자 보도는 사실과 전혀 다르게 '비정규직 노동인들의 이기주의 행동으로 공장을 해외로 이전함으로써 모두 망했다'는 해괴한 논리를 확산하고, 비정규직 노동운동에 나선 분회장은 부당하게 돈만 챙기는 파렴치한 인물로 몰아세우는 노골적 선동이었다.

더구나 비정규직의 현실은 단순히 '사회경제적 약자'의 문제가 아니다. 비정규직 문제는 물리적으로 엄연히 다수의 문제다. 그럼에도 조선일보의 기륭전자 보도에서 단적으로 드러났듯이 비정규직 노동인들에 대한 언론의 외면은 신자유주의를 '세계화의 글로벌스탠더드'로 보도해 온 논조와 동전의 양면이다.

1997년 외환위기 뒤 본격 도입된 신자유주의 세계화로 비정규직 노동인이 전체 노동인의 절반에 이른 상황에 주목한다면, 더구나 그들이 노동기본권을 온전히 보장받지 못한 채 차별받고 있는 현실을 고려한다면, 언론이 의제로 설정하고 여론 형성에 나서야 할 일은 자명하다. 비정규직의 확산을 막는 방안, 이미 존재하는 비정규직과 정규직의 차별을 줄이는 방안을 찾는 데 공론장 구실을 해야 옳다. 혹 지금 노사관계에 있지 않은 사람들, 가령 자영업인들은 비정규직 문제가 자신과 무관하다고 여긴다면 짧은 생각이다. 자신의 아우나 자녀들, 지금 10대와 20대들이 취업하기가 점점 어렵고 입사의 관문을 뚫을 때도 절반 가까이는 비정규직일 가능성이 짙기 때문이다.

그런데 조선일보의 기륭전자 기사와 사설을 읽은 독자들에게 비정규직 노동인들은 더불어 논의할 만한 대상으로 다가오지 않는다. 아무런 힘도 없는 노조 분회장을 겨냥해 국가보안법을 들먹이거나 예전 일터에서 있었던 일까지 왜곡해 보도하는 행태는 아래로부터 민중의 요구를 배제하거나 '색깔'을 칠해 불온시해온 한국 언론의 오랜 전통과 맞닿아 있다.

박근혜를 거쳐 문재인 정부가 들어서서도 노동운동에 적대적인 보도는 끝없이 이어진다. 비정규직의 차별을 해소하려는 작은 움직임마저 급제동을 거는 보도 행태가 대표적이다.

조선일보가 겸영하는 TV조선은 2018년 10월 18일 '정규직 전환 약속받은 인천공항 협력업체, 고용세습 의혹' 제목 아래 비정규직의 정규직화 과정에 큰 비리라도 있는 듯이 보도했다. '단독 취재'를 자부한 보도에서 TV조선은 "공항 협력업체에서는 남편이 민노총 지부장으로 있을 때 부인이 입사한 사례도 있다"면서 "정규직 전환 선언 이후 부인이 초고속 승진을 해 정규직 전환 순번을 앞당겼다는 의혹을 받고 있다"고 보도했다.

TV조선 보도는 다른 언론과 인터넷을 통해 여기저기로 퍼트려졌다. 인천공항 입사를 준비하는 청년들의 피해의식은 증폭되었고 비정규직의 정규직 전환에 부정적 여론도 커져갔다. 인천공항 노동조합은 곧바로 '비정규직 노동자 제물로 정규직 전환 망치려는 세력 있다-자유한국당·조선일보 발 가짜뉴스 관련' 제하의 성명을 내고 TV조선 보도는 '가짜뉴스'라고 단언했다.

진실은 무엇일까. 가짜뉴스가 맞았다. 오보였다. 역대 지부장 3명 중 어느 누구의 아내도 인천공항공사 산하 업체에 취업한 적이 없었으며 정규직 전환에 순번도 없었다. 지부 산하의 지회(업종·업체별 단위)에는 부부가 같이 일하는 경우가 있었지만 내규에 따라 다른 동료들과 같은 속도로 승진했다. 감사관실도 사실이 아니라고 확인했다.

TV조선은 닷새 뒤 정정 보도를 냈다. 정정 보도에서 "민노총 측은 당시 부인이 승진이 빨랐던 건 사실이지만, 더 빠른 승진 사례도 있었고 승진과 정규직 전환 순번과는 무관하다고 알려왔다"고 보도했다. 하지만 그 '정정 보도'마저 오보였다. 민주노총은 "승진이 빨랐다"고 밝힌 적이 없었기 때문이다.

결국 방송통신심의위원회는 방송심의규정 '객관성' 조항 위반으로 '주의'를 의결함으로써 법정제재 처분했다. TV조선은 행정소송을 제기했다. 방송가에서는 TV조선이 채널 재승인 조건 기준인 '매년 법정제재 5건'을 넘어서면서 행정소송을 제기했다고 분석했다. 소송이 진행 중인 제재 건은 적용이 미뤄지는 점을 이용해 재승인 조건 위반을 모면하려는 의도였다는 것이다. TV조선은 2020년에 재승인을 받았고 2021년 6월 11일 서울행정법원은 TV조선이 방통위를 상대로 낸 주의처분 취소소송 선고공판에서 청구를 기각했다.

TV조선이 가짜뉴스를 방송하고 달포 만에 조선일보가 다시 노동운동을 자극적으로 비난하고 나섰다. 2018년 11월 28일 자 1면에 돋보이는 제목으로 '야만적이고 잔혹하게 임원 구타… 이렇게까지 하는 게 노조입니까'를 내걸었다. 게다가 "민노총 조합원들에게 폭행당하다 풀려난 상무 김모씨가 피를 흘리며 119 구급 대원들에게 치료를 받고 있다"는 설명과 함께 사진까지 맞물려 시선을 집중시켰다. '유성기업 대표가 전한 참혹현장'과 '주소 대며 가족 가만 안 둔다 위협… 내 점퍼로 바닥의 피 닦고 떠나'라는 부제도 달았다.

> "이렇게까지 야만적이고, 잔혹하게 무차별적으로 구타를 하는 게 노조입니까. 그 어떤 이유로도 정당화될 수 없습니다." 지난 22일 충남 아산시 둔포면 유성기업 본관 2층 대표이사 집무실에서 벌어진 민노총 금속노조 유성지회 조합원들의 집단 감금·폭행 현장에 함께 있던 최철규(64) 대표이사는 "말할 수 없이 참혹한 상황이었다"며 울분을 감추지 못했다. 최 대표는 27일 본지 통화에서 "갑자기 사무실 문을 부수고 들어온 조합원들이 양쪽에서 내 팔을 붙들고 벽으로 끌고 갔다"면서 "노조원들이 제가 나서면 폭행이 더 커질 것이라고 으름장을 놓으며 김 상무와 저를 분리시켜서 폭행을 저지할 수 없었다. 참담했다"고 말했다. 최 대표는 "조합원들이 김○○ 상무의 얼굴이 피투성이가 됐는데도 '이판사판이다. 끝장을 보겠다'며 계속 때렸다"고 했다…

같은 날 사설까지 냈다. 본디 사설이란 논리적 전개이어야 함에도 '민노총에 사람 맞아 죽는다는데도 경찰은 뒷짐만 졌다니'라며 도발적 제목을 달았다. 조선일보는 "민노총을 이렇게 만든 것은 경찰이 제 역할을 하지 않고 불법을 수수방관한 책임도 크다고 하지 않을 수 없다. 경찰은 누구 눈치를 보겠나. 결국 정권이 민노총을 비호하기 때문"이라며 문재인 정부에 화살을 조준하는 것도 잊지 않았다.

조선일보가 앞장서자 중앙일보와 동아일보가 곧장 뒤따랐다. 두 신문은 각각 '사과없는 폭력 민노총, 무법천지 노조 공화국 만들 작정인가'와 '촛불갑옷 두르고 무법 자행하는 민노총, 촛불민심 왜곡 말라'는 제목으로 쓴 사설에서 민주노총을 '악마화'했다. '촛불 갑옷'이라는 말을 만들어 민주노총을 비난한 동아일보는 "걸핏하면 '촛불 청구서'를 내밀며 정부를 압박하기 위해 불법 시위나 파업을 일삼는 것은 법질서를 지키며 평화적 시위를 벌인 촛불 민심을 정면으로 거스르는 것"이라고 부르댔다. "막가파 노조" 따위로 민주노총을 비난한 경제지들은 더 말할 나위 없다.

문제는 유성기업에서 '폭력 사건'이 왜 일어났는가에 대한 보도를 거의 찾기 어렵다는 데 있다. 민주노총 금속노조는 폭력을 옹호할 생각은 없다고 사과를 하면서 "지난 8년간 우리는 사측의 폭력을 경험했지만 폭력에 반대해왔다"고 밝혔다.

유성기업의 노사 갈등은 2011년부터 시작됐다. 노사가 합의한 '주간연속 2교대제 도입'을 자본이 일방적으로 이행하지 않자 1년 5개월을 기다렸던 노조는 약속을 지키라고 강력히 요구했다. 하지만 자본은 거부했다. 노조는 쟁의에 들어갈 수밖에 없었다. "노동자는 올빼미가 아니다. 밤엔 잠 좀 자자"며 쟁의에 들어간 노동인들에게 자본은 '용역'을 동원해 폭력을 휘둘렀다. 소화기와 벽돌 따위에 맞아 조합원 18명이 부상당했다. 자본은 이어 '직장 폐쇄'를 통보했다. 헬멧과 마스크, 방패를 든 용역들은 출근을 시도하는 노조원들 200여 명에 쇠파이프와 죽창을 휘두르고 소화기를 던져 유혈사태가 일어났다. 그럼 당시 언론은 어떻게 보도했을까. 대다수가 자본의 폭력에 모르쇠를 놓았다.

자본의 공세는 갈수록 더해 무더기 해고가 이어졌다. 곧이어 어용노조를 세우더니 징계는 물론이고 임금 지급과 교섭에 노골적 차별을 두었다. "밥 먹으러 1분 빨리 갔다고 임금 삭감, 자리에서 일어났다고 삭감"을 서슴지 않았다. 조합원이 임금을 확인한 뒤 항의하면 '명령 불복종'이라고 몰아댔다. 교섭을 거부하면서 어용노조에 가입한 사람들에게는 '분규'가 없다며 돈을 더 지급했다.

자본은 살림살이 가난한 노동인들의 약점을 파고들었다. 2011년 노조의 파업으로 입은 손해를 배상하라며 청구한 돈만 100억 원이 넘는다. 사소한 트집을 잡아 노동인들에게 툭 하면 손해배상 소송을 제기했다. 가령 관리자를 찾아와 임금 삭감에 항의했다고 300만 원, 집회 중 몰래 사진 촬영을 하던 관리자가 담배 연기를 맡게 됐다고 '폭행죄'로 200만 원, 현수막을 제작하다가 공장 바닥에 페인트가 떨어졌다고 24명에게 각 99만 원을 청구하는 식이다. 자본이 조합원들을 대상으로 한 고소·고발이 1,300건이 넘었다. 그 과정에서 조합원들은 엄청난 스트레스를 받았다. 기어이 조합원의 자살까지 일어났다.

'유성기업 괴롭힘 및 인권침해 사회적 진상조사단'이 2017년 발표한 결과에 따르면, 괴롭힘을 경험한 조합원이 67.6퍼센트에 이른다. 사회경제적 건강지수(웰빙지수) 조사 결과도 매우 심각해 잠재적 스트레스 군이 93퍼센트였다. 죽음에 이를 가능성이 높은 고위험군 조합원들도 적지 않았다. 노동조합이 '해결'을 촉구하며 40일 넘게 파업을 벌이고 있음에도 오직 어용노조와만 '교섭'하는 노무담당 임원 김 상무에게 조합원들의 분노는 커질 수밖에 없었다.

노동인들이 대표이사와 노무담당 김 상무에게 면담을 요구하자 사측이 이를 강하게 제지했고, 그 과정에서 충돌이 벌어졌다. 폭행 순간 또한 조선일보 보도처럼 1시간이 아니라 "CCTV를 확인한 경찰도 상황은 2~3분 사이라고 확인했고, 부지불식간에 발생한 충돌은 1~2분 만에 정리됐다".

그랬다. 조금만 진실을 찾아보면 유성기업에서 야만적이고 잔혹한 것은 노조가 아니라 자본이었다. 하지만 한국 언론에 비쳐진 모습은 정반대다. 유성기업 쟁의에서 우리는 자본과 언론의 악덕을 모두 발견할 수 있다.

깨시민의 민주노총에 대한 선입견과 적대의식

그런데 자본의 행패나 언론의 편파보도 못지않게 주목할 것은 문재인 정부다. 조선일보를 비롯한 신문과 방송이 앞장서자 민주당 대표 이해찬은 "노조들이 기업 임원을 폭행하는 사태가 벌어져서는 안 된다"며 강경한 처벌을 주문했다. 행정안전부 장관은 경찰청에 "법질서 확립과 엄중 처벌"을 지시했다.

조·중·동 신방복합체가 '촛불 정부'마저 '조종'한 생생한 사례다. 특히 조선일보는 거기서 멈추지 않았다. 며칠 뒤 신문(2018년 12월 1일 자 10면)은 '유성기업 공장선 민노총·非민노총 칸막이 치고 근무' 제목을 큼직하게 달고 "민노총 노조원들이 비민노총 직원들의 업무를 방해해 2~3년 전부터 서로 마주하지 못하게 분리해서 일하고 있다"며 사진까지 대비해 보도했다. 기사는 칸막이 친 부분의 민주노총 조합원들의 공간에는 "'이판사판 투쟁', '꺼져라', '같이 죽자'같은 섬뜩한 문구들이 빨간 글씨로 곳곳에 쓰여 있었다"고 보도했다.

사실일까? 이 또한 '가짜뉴스'였다. 조선일보는 50일 뒤(2019년 1월 19일 자 10면)에 반론보도문을 실어야 했다. "민주노총 유성기업지회에서는 '칸막이를 설치한 것은 민주노총 소속 조합원들의 업무방해 때문이 아니며 위 칸막이로 나누어진 작업 공간이 민주노총과 비민주노총으로 구분된 것도 아니다'라고 알려왔다"고 전했다. 실제로 칸막이는 생산과에서 생산1과와 생산2과를 나눠 업무 분담을 위해 설치한 것이었다.

문재인 정부의 국무총리와 행안부 장관까지 조·중·동 신방복합체에 장단을 맞췄음에도 유성기업 노동인들은 굴하지 않고 싸움을 이어갔다. 법적 투쟁도 소홀히 하지 않아 유성기업 대표는 부당노동행위로 교도소에 갔다. 2021년 1월 18일. 유성기업 투쟁은 3,534일만에 타결되었다. 그날 유성기업 노조 위원장은 언론 문제를 정면으로 제기했다.

> 사람을 두 번 죽인 보도가 많았다. 지난 10년 동안 언론은 제2의 노조 파괴를 한 거다. 이걸 지금 지적해 시정될까 싶다… 우리 투쟁이 10년까지 이른 이유 중 하나는 전적으로 사측이 노조와 대화해서 해결해야 함에도 다른 주체에 귀를 기울여 우리 문제를 해결하려 한 데 있다. 노사가 서로 신뢰하고, 단협을 우선해야 하는데 유시영 회장은 사건 변호인, 창조컨설팅에 귀를 기울이면서 자기 우물을 팠다. 언론은 이를 부추겼다.

그 언론에 용춤을 춘 문재인 정부의 총리와 행안부 장관에게 적잖은 깨시민들이 댓글이나 트위터를 통해 공감하고 동의했던 사실을 기억할 필요가 있다. 깨시민과 민중 사이에 조·중·동 신방복합체로 상징되는 언론이 똬리 틀고 있는 것이다.

'민중'이란 말 자체에 '색깔'을 칠하는 언론자본의 편협한 사고는 비정규직 노동인들의 몸부림을 '기업 망하게 하는 운동'이란 틀로 왜곡하거나 민주노총의 위상을 집요하게 추락시키려는 보도와 논평으로 나타나게 마련이다.

있는 그대로 사실을 직시하자면 '시민'의 대다수는 특혜나 특권이 없는 민중이다. 그 민중의 다수는 스스로 노동인이거나 노동인의 가족이다. 하지만 깨시민과 민중 사이에 존재하는 언론이 그 명백한 현실 인식을 가로막고 있다.

그 결과다. 깨시민과 기레기는 각각 서 있는 자리가 정반대쪽처럼 멀어 보이지만 차원을 달리해서 살피면 함께 서 있는 자리도 있다. '민중'이라는 말에 대한 거부감이나 색안경만이 아니다. 신자유주의 체제 외에 대안이 없다는 이데올로기, 노동과 노동운동에 대한 편견을 공유하고 있다.

개개인의 독립성이 낮으면 집단최면에 빠질 위험이 크다

부익부빈익빈의 경쟁 체제에서 이익을 누리는 기득권 세력—조·중·동 신방복합체는 그들의 하나이자 대변인—은 민중을 '시민'으로 부르며 억압과 차별의 진실을 조직적으로 숨기거나 속여왔다. 앞서 논의했듯이 신자유주의는 지구 곳곳에서 20 대 80의 사회를 만들고 있다. 2011년 미국의 '월스트리트 점거 시위' 이후 신자유주의를 1퍼센트 대 99퍼센트의 싸움으로 규정하는 담론이 퍼져갔지만, 동의할 수 없다. 현 체제가 오직 100분의 1을 위해 운영된다는 주장은 사뭇 선동적이기는 하나 안이할 뿐더러 적어도 20퍼센트는 현 체제에서 이익을 보고 있다는 사실을 놓치고 있다. 냉철한 리얼리즘에 근거하지 않은 주장은 체제를 변화시키는 데 전혀 효과적이지 못하다. 한국 사회도 마찬가지다. 사회 구성원 80퍼센트의 삶은 점점 각박해지지만 20퍼센트의 삶은 무장 풍요로워지는 현실을 직시해야 한다.

문제의 핵심은 그럼에도 현실에선 대다수 사회 구성원이 20과 80의 사회를 직시하지 못하고 80퍼센트의 사람들이 20퍼센트의 논리를 '진리'로 받아들이는 데 있다. 깨시민마저 그렇다면 끔직한 일이다.

20의 논리가 80을 지배하는 매개가 바로 미디어다. 이른바 '미디어산업' 자체가 신자유주의 체제에서 이익을 보거니와 그곳에서 일하는 구성원들 또한 살쪄가는 미디어산업에서 20퍼센트로 편입되어 간다.

미디어와 학교 교육을 통해 사회구성원 다수는 주어진 현실에 순응하도록 교묘하고 세련된 방법으로 길들여진다. '기레기'라는 말을 즐겨 쓰는 깨시민들도 안심할 일은 아니다. 전문가들보다 '대중의 지혜'가 더 뛰어남을 선구적으로 주장한 제임스 서로위키가 거기에 전제조건을 달았다는 사실을 새겨볼 필요가 있다. 서로위키는 지혜로운 대중의 조건으로 다양성, 독립성, 분산화와 통합을 꼽았다. 그 말은 동질성이 높고 개개인의 독립성이 낮은 집단은 다양성이 떨어져 집단최면에 빠질 위험이 크다는 경고이기도 하다.

그래서다. 깨시민들 스스로 자신과 민중 사이에 누가 있는지—그 '누구'가 알게 모르게 둘 사이에서 쏙닥쏙닥 이간질해온 것은 아닌지—진지하게 성찰해 보기를 제안한다. 진실은 분명하기에 더 그렇다. 깨시민 대다수가 바로 민중이다.

4/ 언론개혁 재장전

"3대 신방복합체와 지상파 방송 3사의 언론노동인들과 언론학 전임교수들은 이미 한국사회에서 20의 상층부에 '몸'을 담그고 있다. 그 사실을 스스로 의식하고 경계하지 못할 때 최소한의 언론 가치조차 망각하기 쉽다."

전태일과 노무현은 생전에 만날 수 없었지만, 두 살 차이로 사실상 같은 시대를 살았다. 두 사람 모두 '바보'였다. 알다시피 '바보 노무현'은 애칭이었다. 우직하게 옳은 길을 걷던 정치인에게 민중이 붙여준 이름이다. 흥미롭게도 노동운동의 불을 지핀 전태일 또한 '바보'를 자임했다.

전태일은 가난한 민중의 아들로 태어나 초등학교도 다니지 못한 채 평화시장에서 재봉 일을 배웠다. 성실하게 재단사의 길을 밟아가던 어느 날, 함께 일하던 재봉사가 심하게 기침을 하더니 이내 새빨간 핏덩이를 쏟았다. 새하얗게 얼굴이 질린 재봉사를 부랴부랴 병원으로 옮겼다. 폐병 3기로 각혈이었고 평화시장에 밀집한 다락방이 상징하듯 가혹한 노동환경으로 인한 직업병이 분명했다.

치료비를 보태자며 십시일반 돈을 걷었다. 오직 한 사람, 사장은 잔혹할 만큼 냉정했다. 병원비를 보태기는커녕 병실에서 치료비에 전전긍긍하는 환자를 전격 해고했다. 그 순간 전태일은 누가 노동인들의 꼭뒤를 누르고 있는가를 벼락처럼 깨달았다.

평화시장에서 하루 14시간 일한 노동인의 임금이 사장의 차 한 잔 값인 현실은 명백한 노동 착취였다. 냉혹한 현실에 맞설 대책을 논의해가자 사장은 전태일도 해고했다. 다행히 재봉사 수요가 많았던 시기여서 태일은 다른 곳에 취업할 수 있었다. 하지만 날카로이 파고든 현실 인식은 시간이 갈수록 또렷해갔고 어렴풋이나마 재봉틀과 같은 생산수단을 소유한 사람들과 그렇지 못한 사람들 사이에서 노동과 자본의 원천적 갈등을 몸으로 깨우쳐갔다.

전태일 열사가 마지막까지 기다린 사람

스물한 살 전태일이 1969년 6월 친구들과 만든 조직이 '바보회'다. 평화시장 최초의 노동운동 조직으로 전태일이 고심 끝에 지은 이름이다. 노동인들을 위한 근로기준법이 엄연히 존재하고 있는데도 여태 모르고 사장들로부터 개돼지 취급을 받는 것을 당연히 여겨온 자신들은 '바보'라는 성찰을 담았다. 깨어 있는 시민들 앞에 이미 '깨어 있는 노동인' 전태일이 있었던 셈이다.

이른바 '똑똑한 사람들'은 전태일을 비웃었다. 군사독재 체제에서 노동인들의 권리를 찾는 일은 계란으로 바위 치는 바보짓이라 했다. 전태일은 윤똑똑이들이 퍼붓는 조롱에 '바보회 학습'과 노동조건 실태조사로 응답했다. 그럴수록 자본의 압력도 커져갔다.

전태일과 친구들은 평화시장 안에서 시위를 준비했다. 1970년 11월 13일이 밝았다. 정보를 입수한 사장들은 시장 경비대를 늘리고 경찰까지 불렀다. 이윽고 점심 무렵에 500여 명이 집결지인 은행 앞길에 모였다. 드디어 노동인들이 시위에 나서자 형사들이 덮치듯 달려들어 폭력으로 진압했다. 경찰에 끌려가는 노동인들을 보며 전태일은 기자들을 찾았다. 하지만 취재하러 오겠다고 약속까지 했던 기자들이 보이지 않았다. 절망한 전태일은 분신을 결행할 수밖에 없다고 판단했다. 그러면서도 기자들이 현장에 오기를, 제발 단 한 명이라도 나타나길 간절히 기다렸던 것으로 알려졌다. 만일 그날 시위에 기자들이 와서 취재하는 모습을 보았다면, 전태일은 준비했던 분신 계획을 접었을 수도 있다.

경찰이 폭력적 진압 현장에서 잠깐 사라졌던 전태일은 가슴에 근로기준법 책을 품고 다시 나타났다. 그의 모습이 어딘가 이상하다 싶던 순간, 전태일의 몸에서 불길이 치솟아 올랐다. 활활 타오르는 '불몸'이었다. 전태일은 뛰었다. 온몸에서 살갗을 한꺼번에 발라내는 고통이 밀려왔지만 힘껏 외쳤다.

"근로기준법을 준수하라!"

"노동자들을 혹사하지 말라!"

전태일 몸이 곧 촛불이었다. 다가온 얼굴도 이미 불꽃이었다. 전태일은 쓰러져 땅에서 타오르며 마지막으로 울부짖었다.

"내 죽음을 헛되이 말라!"

전태일의 분신은 언론이 제 구실을 못하고 있을 때 살과 피를 태워 쓴 '언론행위'였다. 그의 장렬한 죽음 이후 수많은 노동인들과 대학생들이 깨어났다. '바보' 전태일이 노동현실을 함께 학습할 '대학생 친구'를 갈망했던 사실이 알려지면서 더 그랬다.

민중들은 해마다 11월 13일이 오면 전태일을 기렸다. 전국민주노동조합총연맹(민주노총) 건설도 1995년 11월이었고, 대통령 박근혜의 퇴진을 요구한 '민중총궐기대회'도 2015년 11월이었다. 이듬해까지 6차례에 걸친 대회는 2016년 11월에 촛불혁명으로 이어졌다.

분신 결행 직전까지 자신들의 불평등한 상황을 보도해줄 기자를 기다렸던 전태일의 외로움, 스스로 몸을 불태워서야 비로소 보도될 수 있었던 아름다운 청년의 희생은 왜 언론이 문제인가를 처절하게 입증해주었다.

하지만 언론은 달라지지 않았다. 전태일의 분신은 물론 민주노총이 건설되는 과정에서도 언론은 민중의 생존권 투쟁에 비우호적이거나 적대적이었다. 대표적으로 동일방직 여성 노동인들이 오물을 뒤집어 쓸 때 대다수 언론은 모르쇠를 놓았다. '똥물 세례'를 받은 자신들의 억울함을 하소연하고자 방송사를 찾아간 해고 노동인들은 기자들로부터 "배우지 못한 것들이 여기가 어디라고 생각하냐, 공순이들이…"라는 인격 모독을 당하며 쫓겨났다.

전태일의 죽음에서 민주노총 창립 때까지 수많은 노동인들이 침묵하는 언론에 맞서 분신과 투신을 감행했다. 민주노총 창립 이후 김대중, 노무현 정부 10년이 지난 뒤에도 언론의 반노동운동 보도는 끈질기게 이어졌다.

자본주의체제에서 가장 근본적인 사회관계가 노사관계라는 사실을 놓치지 않는다면, 반노동적 보도만으로도 언론개혁의 시대적 절박성은 충분하다. 노사관계는 비단 노동인과 자본가만의 문제가 아니기에 더 그렇다. 더욱이 자본주의체제는 하나의 형태만 있는 것이 아니다. 노사관계에 따라 자본주의의 구체적 모습이 확연히 갈라지고 그 체제에서 살아가는 민중의 삶도 달라진다.

물론, 언론개혁의 논리를 노동에 적대적인 현상에서만 찾을 수는 없다. 언론개혁운동의 과제가 언론을 언론답게 정립하는 일이라면, 도대체 언론이란 무엇인가부터 정확히 인식할 필요가 있다. 언론답지 않은 보도의 하나인 반노동적인 현상의 문제점도 그때 더 확연히 드러날 수 있을 것이다. 언론개혁운동이 정파의 함정에 빠지지 않기 위해서도 운동의 주체들이 누구나 수긍할 수 있는 튼튼한 철학과 정교한 논리로 자신부터 '재장전'해야 한다.

다시, 언론이란 무엇인가

언론 연구가 가장 활발한 미국 언론계와 학계는 공동 작업을 통해 "언론의 목적"을 "사람들이 자유로워지고 스스로 다스리는데free and self-governing 필요한 정보를 제공하는 것"이라고 깔끔하게 정리했다. 실제로 미국 언론이 그러한가는 별개의 문제다. 지향하는 바를 그렇게 명시적으로 제시했다는 뜻이다. 굳이 미국 저널리즘 이론을 소개하는 이유는 한국에선 '보수'를 자임하는 사람들이 미국을 잣대로 삼고 있기 때문이다. 미국 언론학계의 주류가 제시하는 언론의 목적은 그만큼 한국에서도 '보편적 정의'로 받아들여질 수 있을 터다.

언론에 대한 정의에서 '스스로를 다스린다'self-governing는 의미는 민주주의의 가장 보편적 정의인 '민중에 의한 통치'rule by the people 개념과 곧바로 이어진다. 데모크라시의 어원도 그렇듯이 민주주의의 이상이 '민중의 자기통치'라 할 때, 그 통치에 필요한 정보를 민중에게 제공하는 언론은 민주주의의 핵심 제도일 수밖에 없다.

미국 신문편집인협회 윤리강령의 제1조는 '뉴스와 여론을 수집하고 전파하는 가장 큰 목적은 국민에게 그 시대의 문제가 무엇인가를 알려주고, 그에 대해 판단할 수 있게 함으로써 전체적 번영에 봉사하기 위한 것'이라 밝히고 있다. '진실하고Truthful 편향되지 않고Unbiased 정보 제공이 충분Full하고 공정Fair해야 한다'는 'TUFF'가 언론 윤리로 정착한 것도 같은 맥락이다.

우리가 언론을 판단하거나 비판할 때 자칫 빠지기 쉬운 함정은 특정 정당의 이해관계와 맞물린 정파적 수준 또는 '보수와 진보'라는 이념적 차원의 비평이다. 예컨대 특정 신문을 '보수'라고 단정하거나 특정 정당의 시각에서 '악마화'하는 비판들이 그것이다. 하지만 정파의 함정에 갇혀 있는 비판은 설득력이 약할 수밖에 없고 언론개혁에 성과를 거두기 어려울뿐더러 자칫 개혁운동에 큰 부담을 줄 수 있다.

언론학계는 오래 전부터 한국 언론의 심각한 병폐로 '정파성'을 꼽는 논문들을 생산해왔다. 최근에도 언론학자 박영흠·김균은 과도한 정파성이 언론에 대한 신뢰 하락, 나아가 언론의 근본적 위기를 불러오고 있는데도 문제가 개선되기보다 오히려 심화된다고 분석했다. 그 결과 자신과 대립되는 정권이나 정파에 대해 무조건적 비판과 극단적 저주를 퍼붓는 언론의 모습은 어느새 우리에게 익숙한 풍경이 되었다면서 가장 큰 문제는 비판에 귀 막는 언론에 있겠지만 학계와 시민사회도 실효성을 갖지 못하는 기존의 비판에 대해 점검해볼 필요가 있다고 주장했다.

또 다른 언론학자 이정훈·이상기는 노무현 정부가 집권과 함께 '보수언론'과의 전쟁을 선포하면서 보수언론과 진보언론 사이에는 더욱 선명하고 날카로운 정파적 대립 구도가 만들어졌다고 보았다. 집권 기간 내내 보수언론과 노무현 정부 사이에는 고소·고발이 그치지 않았고 보수언론과 진보언론은 사사건건 부딪치며 서로에게 어깃장을 놓았다는 것이다.

하지만 딱히 조선일보가 아니더라도 언론을 평가하거나 비판할 때 정파나 이념의 구분을 넘어 언론의 생명이라는 보편적 가치를 기준으로 삼을 때가 되었다. 대중매체 언론들은 어느 정도 편집 경향성을 지닐 수밖에 없지만 그렇다고 하더라도 정파적 대립이나 '보수 대 진보'의 틀로 나누는 것은 옳지도 않고 생산적이지도 않다. 가령 조선일보는 '보수언론'이고 한겨레는 '진보언론'으로 규정하여 둘 모두를 정파성의 틀로 비판하는 연구나 '진영 논리'를 내세워 양비론에 빠지는 논리는 의도와 무관하게 어떤 언론사가 언론의 본령에 충실한지 또는 언론 불신과 퇴락에 책임이 있는지 시시비비를 가리는 일에 '물 타기'를 할 수 있다. 자신이 지지하는 정치인이나 정부에 비판적이라고 해서 모두 '기레기'라고 단정하는 방식의 언론 비판 또한 설득력이 없기는 마찬가지다.

보편적 언론 가치: 진실, 공정, 권력 감시

따라서 보수든 진보든 모두 동의하는 언론 철학에 근거해 언론을 평가하고 견인해나가야 미디어 공론장을 바로 세울 수 있다. 국제적으로 언론학계에서 누구나 인정하는 언론의 바람직한 가치, 다시 말해 언론의 철학을 꼽으라면 진실과 공정, 권력 감시 세 가지로 간추릴 수 있다.

21세기 지구촌의 어떤 나라도 민주주의를 내놓고 부정하지 않기에 더 그렇다. 진실과 공정, 권력 감시라는 언론의 철학은 곧장 민주주의 성숙과 직결된다. 언론개혁은 그 철학이 실제 지면과 화면에서 구현될 때 이뤄진다.

첫째, 진실이다. 진실은 언론의 기본윤리이자 생명으로 언론학자들 사이에서도 '거의 완전에 가까운 합의'가 이뤄진 가치다. 미국 언론학계에서도 "진실truth은 언론과 커뮤니케이션 활동에서 가장 으뜸가는 표어"라고 아무 머뭇거림 없이 단언한다.

진실은 언론의 윤리 이전에 언론의 정의와도 곧장 이어진다. 언론을 "지금까지 알려지지 않은, 새로운 실제 세계의 모습에 관한 진실한 진술 또는 기록이라고 주장하는 문자, 음성, 영상 형식의 저작된 텍스트"로 규정할 때, 진실은 언론의 기본 조건이다.

언론의 생명인 진실은 일차적으로 사실에 기반을 두어야 한다. 사실 추구를 전제로 하지 않은 글은 언론이 아니다. 특히 스마트폰을 통해 가짜뉴스가 빠르게 퍼져가는 시대에 사실 확인은 언론에서 가장 기본적인 가치다. 사실은 언론을 다른 산문들과 구별하는 결정적 차이다.

미국 언론학자 코바치와 로젠스틸이 '언론의 기본원칙'를 집필하기 위해 인터뷰한 기자들도 단 한 명의 예외 없이 언론의 가장 중요한 가치로 '사실을 정확하게 전하는 것'을 꼽았다. 기실 한국의 독자·시청자들도 언론을 온전히 이해하고 있다. 한국언론진흥재단의 2019년 설문조사에서 '뉴스의 가장 본질적 요소를 고르라'는 질문에 73퍼센트에 이르는 압도적 다수가 '사실성'을 꼽았다.

사실이 얼마나 중요한가를 단적으로 입증해준 보도가 '세월호 참사'에서 나타났다. 2014년 4월 16일 언론은 "전원 구조"를 잇따라 보도했다. 수학여행 떠난 학생들의 부모는 '전원 구조' 뉴스에 환호하며 안도했다. 다른 언론사보다 먼저 특종을 터뜨려야 한다는 조급함으로 사실 확인을 않고 치명적 오보를 줄이어갔다.

유튜브가 넘쳐나는 시대에 사실 확인은 더 주목받아 마땅한 윤리다. 하지만 언론의 생명은 사실 확인에 그치지 않는다. 사실에서 더 나아가 진실을 보도해야 한다.

사실과 진실

그렇다면 무엇이 사실이고 무엇이 진실일까. 일찍이 미국 언론학의 토대를 놓은 기자이자 학자 월터 리프만이 간명하지만 깊이 있게 사실과 진실의 관계를 정의했다. 저서 《여론》에서 리프만은 진실은 숨어 있는 사실을 규명하는 것, 그 사실들의 연관성을 드러내주는 것, 그리고 사람들이 그게 근거해서 행동할 수 있는 현실의 상a picture of reality을 보여주는 것이라고 풀이했다.

한국 언론은 이른바 '보수'든 '진보'든 얼마나 숨겨진 사실을 드러내고 사실들의 연관성을 짚어 현실의 상을 보여주고 있는지 질문하고 그에 따라 평가해야 한다. 모든 언론이 진실을 보도한다고 선언 또는 자임하기에 더 그렇다. 우리가 다 알고 있듯이 실제로 진실이 보도되는 것은 아니다.

기자들이 나름대로 진실을 캐내기 위해 노력하고 있지만 그것을 은폐하려는 사람이나 조직도 엄존한다. 더구나 일어난 일 가운데 일부만 취재되고, 그렇게 취재된 기사도 편집 과정을 거칠 수밖에 없다. 무엇보다 언론자본이 취재와 보도에 나선 기자들의 꼭뒤를 누르고 있기에 더욱 그렇다.

진실은 언론의 가장 근본적 가치이므로 확실하게 이해하고 갈 필요가 있다. 창간 100년을 맞아 스스로 '진실의 수호자'를 자처한 조선일보를 예로 들어 짚어보자.

그가 노무현 정부 초기에 '나라가 흔들린다'라는 표제 아래 특집기획을 연재했을 때다. 그 하나로 "미 이익단체 14만 개, 과격·폭력 시위 없어" 제하의 기사를 내보냈다(2003년 5월 23일 자 4면).

> 제너럴모터스GM·월트디즈니·인텔 같은 굴지의 미국 대기업들은 수시로 구조조정 차원에서 감원과 해고를 단행한다. 하지만 퇴직자들이 이에 반대하는 시위를 벌여 해당 업체가 몸살을 앓거나 미국 경제가 흔들린다는 얘기는 거의 들리지 않는다. 한국개발연구원KDI 유경준 박사는 "정리해고를 포함해 미국 노동시장이 세계 어느 나라보다 유연한 데다 실업복지정책이 잘 구비된 덕분"이라며 "특히 1980년대 이후 정부가 **불법 시위나 파업에 대해 엄격하게 법 집행을** 한 측면이 크다"고 말했다. 실제 미국에는 14만여 개의 크고작은 이익단체들이 활동 중이지만, **'과격·폭력 시위'라는 표현은 '사문화死文化'된 단어나 마찬가지이다.** 기업이나 노동조합이 TV·신문 광고나 피켓가두시위·로비 등 법이 허용하는 범위에서 자신의 요구나 이익을 평화적 방식으로 표출하는 분위기가 정착돼 있기 때문이다… 다른 선진국들도 노

동조합 등 이익집단의 요구나 시위에 대해 정부는 중립을 지키며 법에 따라 엄격 대응한다는 공통점을 갖고 있다. 단적으로 지난 1979년 겨울 영국 탄광노조의 파업 돌입으로 런던 시내에 전력공급 중단 사태가 빚어지자, 영국 정부는 노조측에 유리한 '완전고용주의'를 포기하고 엄정한 법치주의로 선회했다. 여기에 대처 정부의 노조 민주화 노력 등이 가세해 최근 20여 년 동안 영국에서 불법·과격 시위는 사실상 자취를 감췄다. 김대일 서울대 경제학부 교수는 "국내에 최근 화물연대나 전교조 등의 각종 시위가 분출하는 것은 정부가 어떤 식으로든 이들의 요구를 들어주기 때문"이라며 "선진국 경험으로 볼 때 정부가 중립적 입장을 견지하고 확고하게 법치주의를 실천하는 게 유일한 특효약"이라고 말했다.

서울대 경제학부 교수까지 동원해 작성한 이 기사를 읽어보면, 미국과 '선진국'들에선 노사 갈등이 크게 불거지지 않거니와 법을 엄격히 집행한다고 생각할 수밖에 없다. 반면에 한국은 "화물연대나 전교조"와 같은 "이익단체"들이 과격-폭력 시위를 한다고 흘겨보기 십상이다. 깨시민들 가운데 더러는 그 기사를 사실로 믿고 민주노총에 반감을 갖게 된 이들도 있다. 지금도 일부 깨시민들이 인터넷에서 벌이는 '언론활동'을 볼 때면, 노동 문제를 보는 시각에서 '조·중·동'을 발견할 수 있다.

문제의 기사는 과연 얼마나 진실일까. 먼저 기사 앞부분 "미국 대기업들은 수시로 구조조정 차원에서 감원과 해고를 단행한다. 하지만 퇴직자들이 이에 반대하는 시위를 벌여 해당 업체가 몸살을 앓거나 미국 경제가 흔들린다는 얘기는 거의 들리지 않는다"는 대목이다. 사실일까? 아니다. 기사와 달리 대기업에서 인원을 줄이고 대량으로 해고하는 일은 어느 나라에서나 갈등을 불러일으키고 미국 또한 예외가 아니다. 조선일보가 그 기사를 내보냈을 때와 어금버금한 시점의 다른 신문 기사를 보자.

> 뉴욕타임스 2일 자는 이번 노사간 대립(서부 항만노조의 파업)의 핵심은 사용자측이 신속한 화물 관리를 위해 스캐너나 인공위성 등의 신기술 도입을 추진하면서 수백 개의 사무직 일자리를 비노조 회사로 넘기려는 데 따른 갈등이라고 전했다… 항만 폐쇄로 수입품을 가득 실은 선박 수백 척이 연안에 대기중이며 항만 밖에서는 수출품을 실은 수백 대의 트럭이 장사진을 이루고 있다. 지난해 3천 2백억 달러어치의 수출입 화물이 통관된 로스앤젤레스와 롱비치 등 서부 주요 항구의 폐쇄에 따른 경제적 손실이 5일간 지속될 경우 총 50억 달러, 10일간 이어질 땐 총 2백억 달러를 넘어설 것으로 전문가들은 추산하고 있다(경향신문 2002년 10월 4일 자).

조선일보 기사와 전혀 다른 현실이다. 당시 미국은 경기 회복세 둔화로 항공업계·공공부문에서 대대적인 인원 감축이 진행됨에 따라 항공사에 이어 항만, 호텔까지 노사 갈등이 번져가고 있었다. 한국에서 항만노조의 파업으로 항구가 닫히면 신문과 방송들이 어떻게 보도할까를 헤아려볼 일이다.

민언련 모니터팀도 날카롭게 지적했듯이 진실을 왜곡한 대목은 더 있다. 마저 짚어보자. 기사는 "실제 미국에는 14만여 개의 크고 작은 이익단체들이 활동 중이지만, 과격·폭력 시위라는 표현은 (1980년대 이후) 사문화된 단어나 마찬가지"라고 썼다. 그런데 다름 아닌 조선일보가 문제의 기사와 정면충돌하는 기사를 내보낸 바 있다. 바로 시애틀 시위다.

뉴라운드 출범을 위한 세계무역기구WTO 각료회의가 개막된 미국 시애틀은 30일(현지시각) 무법천지였다. 은행 문이 뜯기고 보석상 진열장이 깨졌으며, 나이키 스타벅스 맥도널드 등 미국의 유명 상표를 붙인 상점들이 시위대에 의해 부서졌다… 이날 가장 적극적으로 사태를 주도한 단체는 미국노동총연맹-산별産別회의AFL-CIO. 이들은 "WTO가 미국의 일자리를 수출한다"며 반反WTO 구호를 외쳤다. 뉴라운드 협상에서 노동기준을 다루지 않으면 개도국의 값싼 노동 때문에 미국 내 기업들이 외국으로 빠져나가고 자신들의 일자리가 없어진다는 것이다(조선일보 1999년 12월 2일 자).

조금만 검색해보아도 알 수 있는 거짓말을 전교조와 화물연대를 마녀사냥하기 위해 서슴지 않고 기사화한 셈이다. 진실을 왜곡한 대목은 더 있다. "최근 20여 년 동안 영국에서 불법·과격 시위는 사실상 자취를 감췄다"는 문장이다. 그 기사를 작성한 시점에서 불과 석 달 전에 영국의 수도 런던에서 시위가 일어났다.

지난달 11일 찾아간, 폭설로 꽁꽁 언 런던 거리에서 볼 수 있었던 것은 석

달째 계속 중인 소방관노조FBU의 파업 행렬이었다. 2002년 11월 5만여 명의 소방관들은 임금 인상을 요구하며 파업을 시작했고, 교사 6만여 명이 가세해 런던과 근교 2천여 개 학교가 휴학 사태를 빚었다. 런던 시내 32개구 구청직원 수천 명도 임금 인상을 요구하며 파업을 했다(한겨레 2003년 2월11일 자).

한국에서 소방관과 교사와 구청공무원이 임금 인상을 요구하며 연대 파업을 벌인다면, 한국 언론은, 특히 조·중·동은 어떻게 보도할까. 그 물음에 굳이 답할 필요는 없어 보이지만 그래도 한마디 피차 정직하게 적고 가자, 아마도 조·중·동은 기사와 사설로 게거품을 물고 덤벼들었을 터다.

그렇다면 깨시민은 어떨까. 문제의 기사가 나온 것은 노무현 정부 초기였다. 20년 남짓 세월이 흘렀지만 상황은 비금비금하다. 만일 문재인 정부에서 소방관과 교사와 구청공무원이 노동조건 개선을 요구하며 연대 파업을 벌인다면 깨시민 가운데 과연 몇 퍼센트가 동의할까. 혹 조·중·동의 민주노총 마녀사냥에 깨시민도 흠뻑 젖어 있는 것은 아닐까. 확실한 것은 적잖은 민중이 가랑비에 옷 젖듯이 조·중·동이 퍼트리는 반노동 이데올로기에 과거의 반공 이데올로기처럼 갇혀 있다는 사실이다.

보기로 든 조선일보 기사에서 우리는 짧은 기사에도 얼마나 많은 '진실 왜곡'이 담길 수 있는지 생생하게 확인할 수 있었다. 그런데 문제의 기사는 비단 진실만 위배한 것은 아니다. 언론이 추구하는 가치를 이어서 짚어보자.

둘째, 공정이다. 그 가치 또한 진실이 그렇듯이 모든 언론이 추구한다고 자임한다. 어떤 언론도 자신이 불공정하다고 자인하지 않는다. 언제나 스스로 공정 언론임을 공언한다.

더러는 공정이란 주장하는 사람에 따라 다른 개념이라고 장담한다. 포스트모더니즘의 세례를 받은 사람들은 사뭇 진지하게 공정 개념의 상대주의를 강조한다. 그만큼 무엇이 공정인가를 정의하기란 쉬운 일이 아니다. 하지만 그렇다고 해서 조선일보식 공정이 있고 한겨레식 공정이 별개로 있는 것은 결코 아니다. 언론학에서 말하는 공정의 의미에는 보수와 진보를 넘어 보편적 합의가 있다.

공평하고 올바르게: 억강부약

먼저 공정의 국어사전적 의미에서 출발해보자. 학술논문에서도 개념 정의에 이견이 클 때는 종종 사전적 정의에서 논의를 시작한다. 사전은 그 낱말에 대한 사회적 합의를 담고 있기 때문이다.

공정의 사전적 뜻은 '공평하고 올바름'이다. 여기서 '공평'은 당사자들을 균형 있게 반영한다는 의미를 지닌다. 공평이란 한자어(公平)나 영어(impartiality) 뜻 그대로 어느 한 쪽에 치우침이 없음을 이른다.

그런데 공정의 사전 정의에는 공평에 더해 '올바름'이 있다. 올바름은 무엇이 옳은 것인가를 판단하는 정의justice의 개념과 이어진다.

공평에 머물고 있는 보도나 논평을 소극적 공정으로, 공평에 더해 올바름까지 숙의한 보도나 논평을 적극적 공정으로 개념화할 수 있다.

그렇다면 무엇이 '올바름'일까. 여러 가지 정의가 가능하고 그만큼 합의도 쉽지 않다. 하지만 언론 윤리로서 공정에 대해서는 언론 현장에서 오랫동안 내려온 전통과 '최소한의 합의'가 있다. '억강부약'이 그것이다.

억강부약의 가치는 조·중·동 편집국 간부들이 주축인 관훈클럽이 낸 〈한국 언론의 좌표: 한국 언론 2000년 위원회 보고서〉에서도 다음과 같이 명확하게 강조하고 있다.

> 언론의 공정성은 어떠한 편견이나 선입관 또는 잘못된 관점을 지녀서는 안 된다는 것을 의미하는 동시에 사회 소수계층의 의견을 대변하고 그들의 이익을 옹호해주어야 한다는 것을 뜻한다. 특히 한국 언론은 중산층을 주된 소비자로 상정하고 있는 한편 언론인 자신들도 중산층에 편입되어 있어 주로 중산층의 의견을 대변하고 그들의 이익을 옹호하고 있다는 평가를 받기도 한다. 그 결과 자연스럽게 소수 계층의 의견과 이익은 구조적으로 배제되고 있는 것이다.

여기서 주목할 것은 관훈클럽이 언론계 안팎의 전문가들과 더불어 21세기 한국 언론의 바람직한 방향을 모색한 보고서에서 "한국 언론은 중산층을 주된 소비자로 상정하고 있는 한편 언론인 자신들도 중산층에 편입되어 있어 주로 중산층의 의견을 대변하고 그들의 이익을 옹호"한다고 평가한 대목이다. 특히 "그 결과 자연스럽게 소수계층의 의견과 이익이 구조적으로 배제되고 있다"는 지적은 곰곰 새겨볼 지적이다.

그렇다면 왜일까. 왜 억강부약이 곧 공정이라는 합의가 보수와 진보를 떠나 이뤄져있을까. 중산층이 아닌 사회경제적 약자에 연민을 느끼거나 동정해서가 결코 아니다. 사회경제적 약자를 무조건 옹호하는 게 정의라는 뜻도 아니다. 사회경제적 약자들 또한 자신이 연민이나 동정의 대상이기를 바라지 않는다. 말 그대로 '사회경제적' 약자이지 그들이 '인간적 약자'는 결코 아니기 때문이다. 사회경제적 소수이지 결코 인구학적 소수도 아니다.

사회경제적 약자나 '소수계층'을 대변하고 옹호해야 할 가장 큰 이유는 다름 아닌 민주주의 사회의 기본권에서 비롯한다. 민주주의 사회에서 표현의 자유와 커뮤니케이션권(소통권)은 모든 사회구성원에게 기본권이다. 대한민국 헌법도 모든 국민은 양심의 자유(제19조)와 언론의 자유(제21조)를 가진다고 명문화하고 있다.

하지만 현실은 다르다. 정치권력이나 경제권력(자본)을 지닌 사람들과 견주어 공론장에서 소통권이 거의 없거나 약한 사람들이 대다수다. 사회경제적 약자들은 인구로는 다수이면서도 지금까지 소통에서 소수였다. 인구 비율에서 소수인 약자들도 있지만 대체로 20 대 80으로 강력한 소통권을 지닌 사람과 그렇지 않은 사람으로 나눌 수 있다.

우리가 민주주의를 지향한다면 소통권 약한 사람들의 목소리를 누군가 담아내야 한다. 그렇게 해야 비로소 한 사회의 소통권이 상대적으로 고를 수 있기 때문이다. 바로 그 임무를 맡은 사회적 제도가 언론이다.

따라서 전태일이 분신에 이르게 된 과정만이 아니라 그 이후 전개된 노동운동에 내내 비우호적이고 적대적인 언론은 공정의 가치에 정면으로 어긋난다. 조·중·동 편집국 간부들이 주축인 관훈클럽이 방향은 그렇게 공언해놓고 실제 보도와 논평에서 지키지 않는다면, 우리 사회가 그것을 준수하라고 당당히 요구해야 한다. 앞서 든 '미 이익단체 14만 개, 과격·폭력 시위 없어' 제하의 기사 또한 마찬가지다. "구조조정 차원에서 감원과 해고를 단행한" 기업체를 다루며 "퇴직자들"의 목소리를 전혀 담고 있지 않다.

무릇 공정은 민주주의 사회를 이루는 최소한의 조건이다. 사회경제적 약자를 대변하고 옹호하는 일이 언론의 가치로 뿌리내리기까지는 그것이 기본권임을 누구도 부정할 수 없을 만큼 민주주의가 끊임없이 성숙해온 성과가 밑절미로 깔려있다. 인터넷이 새로운 시대를 열었다고 하지만 기존 언론의 '의제 설정력'은 여전히 강력하다. 공정은 보수도 진보도 공감할 만큼 아래로부터 민주주의를 구현하려는 수많은 사람들이 일궈낸 가치다.

권력 감시: 민주주의 실현을 위한 핵심 기능

셋째, 권력 감시다. 언론의 권력 감시는 민주주의와 철학을 공유한다. 언론의 핵심 가치로서 권력 감시의 힘은 2016년 11월부터 타오른 촛불혁명에서 확연히 드러났다. 자칫하면 박근혜의 임기 말까지 이어졌을 최순실의 '국정농단'과 고위급 관료들의 수많은 비리가 언론을 통해 적나라하게 드러났다. 진실이 드러나자 곧바로 사건 관련 범죄자들의 정당한 처벌을 원하는 여론이 형성됐고, 박근혜는 대통령직에서 해임된 뒤 구속됐다. 조선일보마저 최순실의 국정 개입을 비판적으로 보도하자 언론계 안팎에선 송희영 주필의 비리 폭로에 대한 보복이라는 말이 나돌기도 했다. 그만큼 불신받고 있다는 방증이다.

권력 감시가 민주주의와 직결되는 법적 근거는 다름 아닌 헌법에서 찾을 수 있다. 두루 알다시피 대한민국 헌법 제1장 제1조는 "① 대한민국은 민주공화국이다. ② 대한민국의 주권은 국민에게 있고, 모든 권력은 국민으로부터 나온다"이다. '주권은 국민에게 있고, 모든 권력은 국민으로부터 나온다'는 조항이 민주공화국, 민주주의의 정의이다.

그런데 왜 '권력은 국민으로부터 나온다'라 하지 않고 '모든 권력은 국민으로부터 나온다'라고 했을까? 헌법은 한 문장 한 문장은 물론 낱말 하나도 축조심의를 통해 결정한다. 모든 권력은 국민으로부터 나온다고 한 것은 단순히 정치권력만 상정하지 않았기 때문이다.

장기간 독재를 경험한 대한민국에서 정치권력은 가장 강력해 보인다. 대통령제이기에 더 그렇다. 말할 나위 없이 정치권력 감시는 언론의 생명이다. 보수와 진보를 떠나 정치권력을 감시하는 가장 중요한 기준은 후보 시절 그의 공약이다. 자신과 정치 성향이 맞지 않기에 비판만 쏟아내는 언론은 언론이 아니다. 정파의 기관지일 뿐이다. 후보로서 공약을 내걸고 표를 얻어 권력의 자리에 올랐다면, 누군가는 그 권력이 공약을 얼마나 구현해 가느냐를 점검해야 한다.

유의할 것은 우리가 일반적으로 권력과 등식화하는 정치권력은 선출직으로 영구적이지 않다는 사실이다. 정치권력 못지않게 경제권력, 사회권력, 문화권력, 종교권력이 우리 삶에 영향을 끼친다. 형식적·절차적 민주주의가 갖춰질수록 정치권력의 힘은 상대적으로 줄어들고 경제권력인 자본의 힘은 커져간다.

문제는 정치권력과 경제권력을 비롯해 사회권력, 문화권력, 종교권력들의 힘이 정말 '국민'으로부터, 아래로부터, 다시 말해 권력이 없는 민중들로부터 나오는지에 있다. 그렇지 않을 때, 오히려 권력들이 힘을 남용하거나 주권자를 억압할 때, 그 권력을 감시하고 견제하는 제도적 장치가 민주주의에 반드시 필요하다.

권력 감시라는 언론 가치로 보아도 '미 이익단체 14만 개, 과격·폭력 시위 없어' 제하의 기사는 문제가 있다. '구조조정'과 해고를 단행한 경제권력, 곧 자본에 대한 감시가 전혀 기사에 나타나지 않기 때문이다.

21세기에 들어와 현대사회의 구성원들은 언론 미디어가 포화 상태인 환경에서 살아가고 있기에 비판적인 정보 수용이 한층 더 중요해지고 있다. '정보 격차'가 커지고 있을 뿐만 아니라 '확증편향'이 확산되고 있어 더 그렇다.

따라서 언론의 보도와 논평에 대해 비판적 안목을 바탕으로 미디어 역량을 갖춘 공중이 늘어나야 민주주의가 성숙해갈 수 있다. 이는 "사람들이 자유로워지고 자신을 스스로 다스리는 데에 필요한 정보를 제공"하는 언론의 존재 이유—한국의 '보수'들이 신뢰하는 미국의 언론학계와 학자들 사이에 합의된 가치—와 이어진다.

문제는 조·중·동 신방복합체가 언론의 본령을 온전히 구현해가지 못하는데 있다. 색깔공세와 지역주의라는 오래된 문제의 연장선에서 내내 노동운동을 비롯한 민중운동에 비우호적이거나 적대적이다. 그것은 현대사회를 사실상 지배하는 자본의 논리를 그대로 드러내지 않는다는 점에서 진실의 가치에 위반되며, 사회적 소통권이 약한 사람들을 대변해야 한다는 공정의 가치에 위배되고, 자본이라는 권력에 부닌다는 점에서 권력 감시라는 가치와 정면으로 충돌한다.

갈수록 영향력이 커져가는 자본은 언론사 내부에 깊숙이 자리 잡고 있다. 광고를 통한 통제만이 아니다. 자본가의 하나인 언론자본의 일차적 관심은 진실, 공정, 권력 감시라는 언론의 가치가 아니다. 더 많은 이윤과 더 많은 영향력이다. 언론자본이 언론사 내부에 왕처럼 군림하는 왕국의 질서를 개혁해야 할 이유다.

2015년 8월부터 여섯 차례에 걸쳐 열린 민중총궐기 대회와 2016년 10월부터 불붙은 촛불혁명으로 언론개혁운동은 새 국면을 맞을 수 있었다. 언론을 이대로 두고는 대한민국 민주주의가 성숙할 수 없음은 물론 뒤틀릴 수밖에 없고 남북관계도 위기로 치달을 수밖에 없다는 인식이 커져갔다. 촛불혁명으로 등장한 문재인 정부 초기에 언론개혁 입법에 적극 나섰어야 할 이유다.

하지만 깨시민들이 자신들의 정파에 과도하게 편향된 언론개혁론 전면에 나서면서 운동의 위기가 되레 깊어갔다. 언론개혁운동 전선이 한낱 특정 정파의 수준으로 후퇴하는 양상마저 나타났기 때문이다. 그 맥락에서 1987년 6월항쟁 이후 지금까지 전개된 언론운동을 냉철히 평가할 필요가 있다.

일부 언론노동인, 언론학 전임교수들은 한국 사회 상층부

무엇보다 성찰할 지점은 정당과의 새로운 관계 설정이다. 언론개혁의 법제화를 추진할 때 개혁 주체를 바로 세워야 할 과제와도 이어진다. 언론자본의 막강한 영향력을 제한할 언론개혁 입법 운동은 기존 정당을 견인하며 전개되어야 했는데도 언론운동에 나선 조직과 개인들이 오히려 기존 정치체제에 함몰되어갔다. 우리가 이미 살펴보았듯이 김대중·노무현·문재인 정부를 거치며 언론노동운동가와 언론시민운동가, 한겨레 기자들이 KBS, MBC, 연합뉴스 사장과 방송통신위원회를 맡았을 뿐만 아니라 청와대와 국회로 들어갔다. 군부독재 시대의 권력과 다르기에 얼마든지 참여할 수 있고, 권력의 공간을 적극 활용할 수도 있을 것이다.

문제는 권력에 편입된 언론노동운동가와 시민언론운동가, '진보 언론인'들이 얼마나 권력 지형을 바꿨는가에 있다. 철학 없는 동참은 기존 권력 구도의 변화는커녕 공고화—다름 아닌 조·중·동 신방복합체의 출현과 기득권체제의 견고화—로 이어졌을 뿐만 아니라 자본의 이데올로기인 신자유주의에 대한 문제의식 실종과 언론운동의 정파화로 귀결되었다.

1987년 6월항쟁 이후 전개된 언론개혁운동은 1997년 김대중 정부 출범 이후 '민주당의 자장'에 들어가며 약화되었다. 이는 언론개혁운동에 참담한 결과를 낳았다. 운동의 중심과제로 추진한 개혁입법 운동은 노무현 정부에서 정치권의 야합으로 '누더기 입법'이 되고 말았으며 문재인 정부에서는 제대로 논의조차 되지 못했다.

문제는 민주당에만 있지 않다. 1987년 이후 언론개혁운동 30여 년의 과정에서 언론노동인들의 물질적 기반은 부정적으로 작동했다. 이미 1990년대 초에 언론노동운동의 "주체가 '정치의 시녀'로부터 벗어난다 해도 '시장의 시녀'로 전환되는 과정을 보여줄 것"이라는 우울한 전망이 학계에서 나왔다.

2021년 현재 3대 신방복합체와 지상파 방송 3사의 언론노동인들과 언론학 전임교수들은 이미 20 대 80의 한국사회에서 상층부에 '몸'을 담그고 있다. 그 사실을 스스로 의식하고 경계하지 못할 때, 민중의 커뮤니케이션권을 보장해야 한다는 최소한의 언론 가치조차 망각하기 쉽다. 2021년 1월 KBS가 수신료 인상을 추진할 때 평균 연봉 1억 원에 대한 비판 여론이 일자 한 KBS 구성원이 "능력되시고 기회되시면 우리 사우님 되세요"라는 글을 올렸다. 비판 여론이 거세지자 KBS는 공식 사과했지만, 평균 연봉 1억 원에 정년을 보장받는 KBS 구성원의 '민중의식' 또는 '사회의식'이 고스란히 폭로됐다.

촛불혁명의 연장선에서 언론개혁은 모든 개혁 정책과 이어진다. 정치든, 경제든, 문화든, 교육이든, 남북관계든 우리 사회의 주요 논점을 언론이 외면하거나 축소할 때 그것을 풀어갈 여론이 형성될 수 없기 때문이다.

언론개혁 법제화 핵심 사안

그렇다면 언론개혁은 무엇을 어떻게 해야 할까. 구체적으로 법제적 접근이 필요하다. 법과 제도를 바꿔야 개혁이 지속될 수 있다. 언론개혁의 법제적 방안은 크게 세 가지로 간추릴 수 있다.

첫째, 조·중·동 신방복합체 개혁이다. 이명박 정부가 조선일보, 중앙일보, 동아일보에 종합편성채널을 '정권 전리품'으로 나눠줌으로써 한국의 여론시장은 크게 왜곡되었다. 박근혜 정권 말기에 이르러 최순실의 국정농단이 드러나서야 비판적인 보도를 내보냈지만, 그 전까지 조·중·동 신방복합체는 박근혜 집권 내내 수준 낮은 시사토론과 편향적인 보도로 유권자들의 정치의식을 퇴화시키는 역할을 했다.

중앙일보 종편(JTBC)이 손석희를 통해 차별성을 보여주면서 3대 신문의 종편 겸영에 반대하는 여론을 크게 희석해온 사실도 이제 냉철히 살펴야 한다. 중앙일보 종편이 최순실의 국정개입 증거를 보도하면서, 신문과 방송의 겸영을 비판하는 담론은 현실과 맞지 않는 낡은 주장처럼 치부되기도 했다.

하지만 언론개혁의 원칙을 또렷이 세워야 옳다. 종합 일간지 시장을 독과점하고 있는 신문사는 원천적으로 종합편성채널을 소유할 수 없도록 법 개정을 해야 옳다. 조·중·동 신방복합체의 신문과 방송을 완전히 분리시켜야 한다. 매일경제 종편과 보도전문 채널들에 대해서도 마땅히 지상파 방송과 동등한 수준의 규제가 필요하다. 채널의 재허가 심사에서도 편성의 자율성과 공공성, 다양성 항목을 강화해야 한다.

아울러 편집국 민주주의에 법적 뒷받침이 반드시 필요하다. 현행 신문법에 명시되어 있는 편집위원회를 구성한다고 언론자본의 영향력이 단숨에 해소될 수는 없겠지만, 그럼에도 차근차근 법제화해나가야 옳다. 임의조항으로 되어 있는 편집위원회 구성을 의무조항으로 바꾸는 일은 국회가 의지만 있다면 언제든 가능하다. 특정 가문이 언론사를 세습해서 소유하는 독점적 구조를 해소하는 법제화 방안은 그다음 과제로 사회적 공론화를 통해 합의를 이뤄나가야 한다.

둘째, 공영방송 개혁이다. 국가기간방송인 한국방송공사와 문화방송은 박근혜 정권 아래서 허울만 '공영'일 뿐 정치적 독립도, 보도의 공익성도 찾아보기 어려울 만큼 정권을 비호해왔다. 공영방송을 공영방송답게 만드는 법제화는 오래된 논점이어서 박근혜조차 대선 후보 시절에 공약으로 약속했다. 후보시절 박근혜는 "공공성을 지닌 미디어나 공영방송의 지배구조에 대한 정치권의 영향력 행사로 독립성, 중립성 침해 논란이 발생"하고 있다며 "공영방송의 보도·제작 관련 의사결정의 문제를 해결하기 위해 지배구조를 바꾸도록 하겠다"고 공약했다. 이명박 정부 5년 내내 방송 전반이 청와대에 흔들렸다는 비판 여론을 의식한 대국민 약속이었다. 하지만 박근혜는 대통령에 취임해서 공약을 구현하려는 어떤 노력도 없었음은 물론, 이명박보다 한 술 더 떴다. 전혀 깜냥이 안 되는 인사들을 두 공영방송의 사장과 이사장 자리에 앉혀 사실상 정권의 홍보매체로 만들었다.

따라서 청와대가 방송통신위원회를 장악하고, 이어 한국방송 이사회와 방송문화진흥회를 통제하는 수직 구조를 바꿔야 한다. 2021년 언론현업인들의 최대 조직인 전국언론노동조합이 공영방송의 이사 선임에 추천위원회를 구성해 정치권의 분할 독식을 막고 시청자와 전문가들의 다양한 목소리를 반영할 것을 제안한 이유다.

정치권력과 자본권력으로부터 방송의 자유를 보장할 장치로 서울방송까지 포함해 지상파 3대 방송에 노사 동수가 참여하는 편성위원회를 구성하고 운영하도록 방송법에 의무화해야 옳다.

보도전문 채널 YTN의 대주주는 공기업들이기에 공영방송 수준으로 사장 선임과 보도제작의 자율성을 보장해야 한다. 연합뉴스TV도 마찬가지다.

셋째, 신문사와 통신사 개혁이다. 신문은 여론시장에 영향력이 여전히 큰 매체로 민주주의를 추동해나가는 주요 공론장이다. 정보과학기술 혁명으로 인쇄매체의 미래가 어둡다는 전망이 이어지고 실제 신문 구독률의 추락 현상이 보편적으로 나타나는 것이 사실이다. 그럼에도 '신문 선진국'들이 여론의 다양성을 보장하기 위해 법제화하고 있듯이 신문에 대한 공적 지원이 필요하다. 공적 지원에는 직접적인 지원금과 더불어 신문 공동판매제도가 있다.

더러는 신문사들에 대한 직접적인 공적자금 지원과 공동판매제도가 권력의 영향력을 높일 위험성이 있다고 아직도 주장하지만, 이는 논리적으로도 옳지 않을 뿐더러 현실과도 맞지 않는다. 우리가 알다시피 정당들에 국고 지원을 하는 논리적 이유는 정당이 민주주의 사회 발전에 기여한다는 판단 때문이다. 정당 못지않게 신문은 민주주의의 주요 기관이기에 선진국들은 신문에 국고 지원을 한다. 한국에서 국고 지원은 진보정당도 받는다. 그렇다고 진보정당이나 제1야당이 권력의 조종을 받는가? 아니다.

공적 지원은 정부가 하는 게 아니다. 국회에서 결정하고, 지원 조건을 세밀하게 명문화해서 입법하면 아무런 문제가 없다. 가령 공적자금을 지원할 때 그 신문의 편집권이 누구에게 있는지를 주요 기준으로 삼을 수 있다. 한국 언론처럼 신문사 소유주가 자자손손 세습하며 편집권을 독점하고 있는 구조에선 더욱 그렇다. 지역 신문에 대한 공적 지원도 같은 맥락에서 구현할 수 있다. 여론 다양성을 위해 발행부수 1위 신문사는 지원에서 제외하는 북유럽의 미디어정책을 참고할 만하다.

신문 공동판매제도는 과거와 달리 신문사들의 열악한 재정 상황으로 인해 보편적으로 시행할 객관적 조건이 성숙했다. 공동판매제도는 독자들의 다양한 선택권을 존중하는 의미도 있다. 재정 여건이 어려워 신문 판매의 지역 조직망을 갖추지 못한 신문들도 적지 않기 때문이다.

'국가기간통신사'인 연합뉴스는 지역 뉴스와 국제뉴스에 큰 영향력을 지닌다. 연합뉴스의 최대주주인 뉴스통신진흥회의 이사회 구조를 권력의 직접적인 영향을 받지 않도록 바꿔야 옳다. 정치권 추천 인사만이 아니라 언론 현업인 단체들과 시민운동을 넘어 노동운동 단체까지 포괄하는 이사회 구성이 가능하도록 법 개정이 필요하다.

지금까지 언론개혁의 법제적 과제를 세 가지로 간추렸다. 물론, 그것이 전부일 수는 없다. 영향력이 과대해진 포털 사이트와 인터넷에 대한 법제도 정비할 필요가 있다. 미디어가 갈수록 넘쳐나기에 법제화의 새로운 과제가 끊임없이 제기될 수밖에 없다. 하지만 적어도 앞서 제시한 세 가지 법제화만 원만하게 이뤄져도 언론개혁은 가시적 성과를 거둘 수 있다.

문제는 그 법제화를 누가 할 수 있는가에 있다. 여기서 언론개혁의 담론과 전개 과정을 찬찬히 톺아볼 필요가 있다. 6월항쟁 이후 본격화 된 언론개혁 요구는 김대중 정부가 들어선 뒤 언론사 세무조사와 탈세자본가들의 사법 처리로 이어졌다. 하지만 김대중 정부는 그것을 언론개혁의 법제화로 이끌지 못했다. 노무현 정부는 집권 내내 '조·중·동'과 언쟁을 벌이면서도 정작 여론 독과점을 해결할 법제화는 이루지 못했다. 입법부까지 다수당이었으면서도 그랬다. 이는 이명박 정부가 조·중·동의 여론 독과점을 완화하기는커녕 세 신문사에 TV 방송을 허가한 '역주행' 과정과 사뭇 비교된다.

문재인 정부는 촛불혁명에 힘 입고 국회에서도 압도적 다수당이 되었지만 언론개혁에 아무런 의지를 보이지 않았다. 2021년 4월부터 언론 현업인들이 적극 나선 이유다. 전국언론노동조합은 4월 19일 국회와 청와대 앞에서 언론개혁 대선 공약 이행과 방송법과 신문법 개정을 촉구하는 릴레이 1인시위에 돌입했다. 대선 후보 시절 문재인은 '언론적폐청산과 미디어 다양성 강화를 위한 정책협약서'를 통해 공영방송에 정치적 개입을 막을 관련법 개정과 공영언론의 지배구조 개선, 미디어의 지역 다양성 강화를 위한 지역신문발전법 개정을 약속했었다. 언론노조는 공영방송 사장 선임 구조 개혁, 정치권과 자본가의 압력으로부터 자유로운 편집권 독립, 지역 언론에 대한 제대로 된 지원, 정치인과 공직자가 아닌 민중의 피해와 보상을 위한 입법을 4대 언론개혁 입법으로 제시했다.

언론개혁 입법이 순조롭게 이뤄지기는 어렵다. 무엇보다 문재인 정부와 민주당이 언론개혁에 뚜렷한 철학과 의지가 없기 때문이다. 깨시민들이 언론개혁의 보편적 논리를 언론노조와 공유한다면 상황은 달라질 수 있다. 진실과 공정, 권력 감시를 온전히 구현해가는 언론을 정립할 때 우리의 삶이 나아진다는 인식—다름 아닌 미디어 리터러시의 혁명—을 공유하는 민중이 많으면 많을수록 언론개혁은 현실이 될 수 있다. 언론개혁 재장전이 절실한 이유다.

5/ 민중언론의 철학적 성찰

“언론권력이 정보를 독점하던 시대는 질적 전환을 맞고 있다. 새로운 언론 역사를 써 갈 책임은 더는 직업적 기자들에게만 있지 않다. 지금 이 순간을 살아가는 우리 모두에게 있다. 기자는 ‘역사를 만드는 사람’이라는 부름에 선뜻 나설 민중이 그 주역이다.”

“기자를 불러주세요.”

어느 봄날 아침을 맞으며 그녀는 모든 걸 끝내고 싶었다. 240일에 걸친 싸움에 지쳤을 뿐더러 언론의 침묵이 절망감을 더했다. 수면제를 먹고는 노동조합에 문자를 보냈다. 경기도 용인에 있는 골프장의 들머리였다. 수면제를 먹었다. 이어 왼손 동맥을 끊었다. 서른여섯 살, 골프장의 경기보조원(캐디)이었다.

다행히 조합집행부가 긴급 출동했다. 피 흘리며 쓰러져 있는 그녀를 발견해 가까스로 목숨을 건졌다. 그녀가 기자를 찾은 까닭은 아무리 억울한 일을 당해도 도무지 보도되지 않았기 때문이다. 당시 골프장은 단체협약을 무시하고 경기보조원들을 모두 용역으로 전환했다.

항의하며 농성에 들어가자 깡패들을 동원해 폭행하고 37명을 전원 해고했다. 거기서 그치지 않았다. 조합원에게 손해배상 15억 원과 가압류에 들어갔다. 그녀에게도 2억 4100만 원의 압류를 해놓았다. 집을 압류당한 사실을 늙은 어머니에게 알릴 수 없었다. 집은 아버지가 5년 전에 세상을 뜰 때 남겨진 유일한 재산이었다.

노무현 정부 시기인 2005년 3월 4일이었다. 경기보조원만이 아니었다. 레미콘 기사, 학습지교사, 보험설계사, 방송구성작가처럼 70만 명에 이르는 '특수형태 노동인들'은 인권 사각지대에서 살았다. 하지만 정부는 비정규직을 확산하는 법안을 강행 처리 못해 안달이었다. 노동부장관은 "파견 전면 확대가 맞는 방향이지만 노동계의 정서적 반발이 커 국회에서 정치적 고려가 불가피했다"면서 언죽번죽 "업종 확대는 한 단계만 더 거쳐서 가겠다"고 말했다.

대통령 후보 시절 내놓은 분배 공약들에 대한 기대 때문이었을까. 노무현 정부 5년 동안 스스로 삶을 끊은 민중은 하나둘이 아니다. 김대중 정부 5년과 비교할 수 없을 만큼 크게 늘어난 사실 앞에 '의도적 눈감기'를 해서는 안 된다.

노무현 정부 시기의 민중생존권 압살과 '열사'들

노무현이 대통령에 당선되고 한 달 만인 2003년 1월 9일 두산중공업 배달호(이하 고인에 존칭 생략)가 부당해고 징계에 맞서 처참하게 분신했다. 배달호는 두산 자본을 콕 집어 "피도 눈물도 없는 악랄한 인간들"이라고 유서에 적었다. 4월에 화물연대 박상준이 노조 탄압과 생활고에 시달리다가 자살했다. 8월에는 국민연금관리공단 송석찬이 국민연금 관리의 허점을 지적하며 자살했고 세원테크 이현중이 이른바 구사대의 쇠파이프에 머리가 함몰되어 숨졌다. 9월에는 농민 이경해가 '신자유주의 반대'와 '자주적인 농협'을 외치며 할복했고, 태광산업 박동준이 부당노동행위에 항의하며 투신했다, 10월에는 한진중공업 김주익이 '구조조정, 손배가압류, 부당해고'를 반대하며 자살했고 근로복지공단 이용석이 비정규직 철폐를 외치며 분신했다. 이어 한진중공업 곽재규가 자살한 김주익을 추모하며 투신했다,

그 시점에 대통령 노무현이 발언했다. 국무회의에서 노동인들의 잇따른 분신과 자살에 대해 "분신을 투쟁 수단으로 삼는 시대는 지났다"며 "지금과 같이 민주화된 시대에 분신이 목적을 달성하기 위한 투쟁 수단으로 사용되어서는 안 된다"고 강조했다. 자살한 민중들은 유서에서 '노무현 대통령'을 직접 언급하며 노동 정책이 잘못되었다고 호소했는데도 그랬다. 노무현에 항의하면서도 대통령의 건강을 기원하기도 했다.

민주노총은 "인권변호사 노무현은 대통령이 됐으니 '민주화된 세상'에서 산다고 느낄지 모르나, 엄청난 당기 순이익을 내고도 임원들만 배당받고 직원들 임금은 동결한 것도 모자라 600여 명을 내쫓는 재벌과, 이에 저항했다고 손해배상(손배)가압류를 비롯한 끝도 없는 노동 탄압에 시달려야 하는 김주익에게 '민주화된 세상'은 아직 오지

않았다"고 호소했다.

다시 자살이 줄을 이었다. 12월에 성기득이 교육 현장의 민주주의와 비정규직 철폐를 외치며 분신했다. 이듬해인 2004년 2월에 현대중공업 사내하청 노동인 박일수가 "하청노동자도 인간이다"를 외치며 분신했다. 그는 자살하기 열흘 전 MBC 출연해서 20년 만에 딸을 만나 무릎 꿇은 채 '못난 아버지'로서 눈물로 용서를 구했었다. 딸에게는 미안함을, 노무현 정부의 잔인한 비정규직 탄압에는 원망을 유서에 적었다. 5월에는 택시 노동인 장상국이 사업장 비리 규명으로 징계를 당한 뒤 정부에 중재를 요청했으나 아무런 움직임이 없자 자살했다. 12월에는 다시 한진중공업 비정규직 김춘봉이 이른바 '희망퇴직'을 당한 뒤 '비정규직 철폐' 유서를 남기고 자살했다.

2005년에 들어서서도 6월에 충주에서 김태환이 레미콘 노동인들의 '인간다운 삶'을 위해 투쟁하다가 자본이 동원한 용역 차량에 숨졌다. 9월에는 현대자동차 사내하청 류기혁이 자살했고 화물연대 김동윤이 유가 인상과 유류보조금 압류 따위의 정부 정책을 원망하며 극도의 생활고 끝에 분신했다. 11월에는 여성농민 정용품과 오추옥이 '쌀 개방'을 반대하며 음독 자결했다. 농업인의 날에 자살한 정용품은 농사를 지으면서 자신의 트럭에 개인 홈페이지를 적어 알리며 농산물 판매 촉진을 위해 노력했고 지방 주간지 객원기자로 '농촌의 어려운 현실'을 개선하기 위해 앞장서왔다. 구미공단에서 해고당한 이후 고향 경북 성주로 귀농해 농사를 짓던 오추옥은 "쌀 개방 안 돼. 우리 농민 안돼. 죽여라 죽여 더 많이 죽이거라. 나는 간다"는 절규를 유서로 남겼다. 여의도 농민집회에 나선 농민 전용철과 홍덕표는 경찰이 휘두른 폭력에 숨졌다. 노무현 대통령은 두 농민이 경찰의 폭력에 쓰러진지 42일 만인 12월 27일에 청와대 춘추관에서 기자회견을 열어 "국민 여러분께 머리 숙여 사죄드린다. 그리고 돌아가신 두 분의 명복을 빈다"고 밝히면서도 "쇠파이프를 마구 휘두르는 폭력 시위가 없었다면 불행한 결과도 없었을 것"이라고 말했다. 조·중·동을 비롯한 한국 언론 대다수는 '폭력 시위가 사태의 본질'이라며 사퇴한 경찰청장을 비호하고 나섰다. 적어도 그 순간에 조·중·동과 노무현은 같은 쪽에 서 있었다. 민중의 저쪽 말이다.

2006년 8월에는 포항의 건설 노동인 하중근이 파업 투쟁 집회 중에 경찰 폭력으로 운명했고, 9월에는 현대자동자 남문수가 노동 탄압에 항의하는 유서를 남기고 목매 자살했다. 이듬해인 2007년 1월에 우창기업 정응재가 임금 삭감과 노조원 해고에 반대하며 분신했고 4월에는 택시 노동인 허세욱이 정부의 일방적인 한미FTA 체결에 반대하며 분신했다. 10월에는 노점상 이근재가 노점 단속과 단속반의 아내 폭행에 항의해 목매 자결했다, 며칠 뒤에는 영진전업 정해진이 자본의 노동 탄압에 항의하여 분신했다.

언론은 민중의 고통에 귀 기울였는가

노무현 정부의 신자유주의 정책으로 노조 탄압과 생활고에 시달린 민중들의 자살이 이어졌다. 항의와 분노로 삶을 끊어야 했던 민중들 앞에 자본과 권력 못지않게 책임을 물어야 할 대상은 언론이다.

만일 언론이 민중의 고통에 조금이라도 귀 기울였다면, 부익부빈익빈의 신자유주의 체제를 넘어설 방안을 의제로 설정해갔다면, 그 많은 죽음은 피할 수 있었다. 우리는 줄 이은 자살에 남겨진 유서의 한 대목에서 그 사실을 확인할 수 있다.

> 내가 85호기 크레인 위로 올라온 지 벌써 90여 일. 조합원 동지들의 전면 파업이 50일이 되었건만 회사는 교섭 한 번 하지 않고 있다. 아예 이번 기회에 노동조합을 말살하고 노동조합에 협조적인 조합원의 씨를 말리려고 작심을 한 모양이다. 노동자가 한 사람의 인간으로 살아가기 위해서는 목숨을 걸어야 하는 나라, 그런데도 자본가들과 썩어빠진 정치꾼들은 강성노조 때문에 나라가 망한다고 아우성이다. 1년 당기 순이익의 1.5배, 2.5배를 주주들에게 배상하는 경영진들, 그러면서 노동자들에게 회사가 어렵다고 임금동결을 강요하는 경영진들. 그토록 어렵다는 회사의 회장은 얼마인지도 알 수 없는 거액의 연봉에다 50억 원 정도의 배상금까지 챙겨가고 또 1년에 3천 5백억 원의 부채까지 갚는다고 한다. 이러한 회사에서 강요하는 임금동결을 어느 노동조합, 어느 조합원이 받아들이겠는가.
>
> 이 회사에 들어온 지 만 21년, 그런데 한 달 기본급 105만 원. 그중 세금들을 공제하고 나면 남는 것은 팔십 몇 만원. 근속 년수가 많아질수록 생활이 조금씩이라도 나아져야 할 텐데 햇수가 더할수록 더욱 더 쪼들리고 앞날이 막막한데, 이놈의 보수언론들은 입만 열면 노동조합 때문에 나라가 망한다고 난리니 노동자는

다 굶어죽어야 한단 말인가. 이번 투쟁에서 우리가 패배한다면 어차피 나를 포함해서 수많은 사람들이 죽을 수밖에 없을 것이다. 하지만 나 한 사람이 죽어서 많은 동지들을 살릴 수가 있다면 그 길을 택할 수밖에 없지 않겠는가.

경영진들은 지금 자신들이 빼어든 칼에 묻힐 피를 원하는 것 같다. 그래, 당신들이 나의 목숨을 원한다면 기꺼이 제물로 바치겠다. 하지만 이 투쟁은 반드시 승리해야 한다. 잘못은 자신들이 저질러놓고 적반하장으로 우리들에게 손해배상 가압류에 고소고발로 구속에 해고까지 노동조합을 식물노조로 노동자를 식물인간으로 만들려는 노무정책을 이 투쟁을 통해서 바꿔내지 못하면 우리 모두는 벼랑 아래로 떨어지고 말 것이다. 그러기 때문에 어떤 일이 있더라도 승리할 때까지 이번 투쟁은 계속되어야 할 것이다. 그동안 부족한 나를 믿고 함께 해준 모든 동지들에게 고맙고 또 미안할 따름이다.

부산 바닷가 35미터 높이의 크레인에서 129일 동안 폭우와 태풍을 이겨가며 노사대화를 요구하던 한진중공업 김주익 위원장이 목을 매며 남긴 글이다. 노동조합 위원장의 자살 소식이 전해지자 흩어졌던 조합원들이 다시 대열에 합류했다. 아직 피가 부족했을까. 조합원 곽재규의 투신 자결에 이어 민주노총이 주도한 두 차례의 총파업을 거치고서야 한진중공업은 노사 합의를 이뤘다. 대통령 노무현은 "죽음이 투쟁의 수단이 되는 시대는 지났다"고 못 박았지만 현장에선 전혀 아니었다.

불꽃으로 언론이 된 전태일 이후 분신과 투신의 언론행위가 끊임없이 이어졌다. 대중매체가 보도하지 않으면 많은 사람들이 알기 어렵다. 기실 기자를 찾거나 언론을 원망하는 민중은 하나둘이 아니었다. 아니 무수했다. 일찍이 촛불의 삶과 죽음을 선택한 전태일의 분신에도 어김없이 '현장에 오지 않는 기자'가 배경에 있었다.

지금도 크게 달라지지 않았다. 촛불혁명이 일어나고 문재인 정부가 들어섰음에도 대중매체만 보면 민중의 고통과 억압을 모르기 십상이다. 상업광고를 전혀 받지 않고 민중의 삶을 표현해온 '민중언론 참세상'이나 노동언론을 자임하며 노동현장을 담아온 '매일노동뉴스'를 언제든 검색해 열어보시라. 종합일간지나 방송에서 볼 수 없는 민중의 고단한 삶이 날마다 올라온다.

조·중·동과 3대 방송에 여전히 없는 민중의 삶

이 책을 쓰고 있는 현재 2021년도 그 연장선이다. 6월 16일 홈플러스 매장의 여성 노동인 50명이 집단 삭발했다. 대주주 MBK의 본사로 찾아가 '폐점 매각' 중단, 고용 안정 보장을 요구하며 투기자본 규제법 제정을 촉구했다. 투둑투둑 떨어지는 머리칼 아래 눈물 젖은 손은 '투기꾼 MBK에 맞서 끝까지 싸우겠다'는 팻말을 꽉 쥐었다. 민주노총은 집단 삭발을 "멀쩡한 기업을 팔아먹는 먹튀자본, 투기자본을 막아내는 싸움"으로 규정했다. MBK는 2015년에 홈플러스 자산을 담보로 5조 원을 대출받아 인수했다. 자기 자금은 2조 원을 조금 웃돌았다. 노동조합은 사모펀드 MBK가 끊임없는 자산 매각으로 현금 3조 5000억 원을 빼가며 구조조정과 인력 감축을 저질렀다고 고발한다. 직영·간접 고용까지 9000명이 줄었고 몇 년째 신규 채용도 없다고 하소연한다. '먹튀 매각' 조짐에 2만여 노동인들이 불안에 떨며 노동조건 악화를 애면글면 참아낼 때, 박태준의 사위인 MBK회장 김병주의 재산은 돈벼락처럼 불어났다. 노조가 파업을 벌이며 투기자본 규제법을 요구하는 까닭이다.

하지만 대다수 언론이 전혀 보도하지 않았다. 보도된 것은 홈플러스 문화센터가 "디지털 서비스에 익숙하지 않은 시니어 계층"을 위해 '디지털 격차 해소'에 나선다는 '미담'이다.

언론이 눈 돌릴 곳엔 등 돌리고 기업 홍보에 무람없이 눈 맞추는 행태는 같은 시기 벌어진 한국가스공사 비정규직의 몸짓 앞에서도 나타난다. 가스공사 비정규직 노동인들은 2017년 7월 문재인 정부가 발표한 '공공부문 비정규직 전환 가이드라인'에 따라 정규직을 요구하며 4년 가까이 싸우고 있다. 도무지 언론이 관심을 보이지 않자 가스공사 평택기지부터 청와대까지 배관망을 따라 '300리 도보 행진'에 나섰다.

언론은 보도했을까. 아니다. 생먹었다. 지면과 화면에 담긴 것은 도보행진 다음날 가스공사가 얍삽하게 낸 보도자료였다. 가스공사가 대구의 호텔에서 프로농구연맹과 '프로농구단 인수 협약'을 맺는다는 내용이다.

거기서 그치지 않았다. 언론은 마치 가스공사 경비·미화 노동인들이 정규직과 똑같은 처우를 원한다는 듯이 언구럭부렸다. 명백한 가짜뉴스다. 노조는 그걸 요구한 적이 없다. 다만 용역회사가 중간에서 챙겨가는 돈을 비정규직 고용 안정과 처우 개선에 써달라고 호소할 뿐이다. 직접 고용할 때 임금 또한 정규직 임금 체계가 아닌 담당 직무에 따른 임금테이블을 두자고 먼저 제안했다.

문제는 언론의 가짜뉴스에 홀린 네티즌, 특히 청년들이 휘둘리고 있다는 점이다. 인터넷시대의 맹점이다. '공공부문 비정규직 전환'이라는 대통령 정책을 이행하지 않는 사장 채희봉은 문재인 정부의 청와대 비서관 출신이다. 문화체육관광부 산하 무기계약직 노동인들도 농성에 나섰다가 경찰에 해산당했다.

언론이 민중의 고통을 외면해왔기에 지금까지 숱한 분신과 투신이 있었다. 문재인 정부에서도 여성 노동인들의 집단 삭발, 비정규직의 300리 도보 행진은 언론이 먹튀 자본과 비정규직 전환을 의제로 설정해주기를, 최소한 단신이라도 보도해주기를 바라는 소망에서 비롯했다.

그럼에도 언론은 도통 먹통이다. 무조건 노조 편을 들자는 뜻이 아니다. 노사 양쪽의 주장을 모두 담되 사회적 약자의 처지에서 시시비비를 가리는 보도가 좋은 저널리즘이다. 같은 시기에 조·중·동 신방복합체는 날마다 '쓰레기' 기사들을 양산했다.

미디어혁명 시대에도 대중매체가 보도하지 않으면 사회구성원 대다수가 모르는 일들이 여전히 많다. 여성 노동인들이 집단 삭발을 하고 비정규직 노동인들이 300리 도보 행진을 벌여도 언론이 먹통일 때, 그 결과 자본이 콧방귀만 뀔 때, 그럼에도 사회구성원 대다수가 무심하거나 프로농구·야구에 환성을 지를 때 고통의 당사자들은 미래가 암울할 수밖에 없다. 고통받는 동료들을 위해 기꺼이 막다른 선택에 나설 수도 있다. 바로 전태일이 걸어간 길, 그 이후 수많은 '전태일'이 선택한 피의 길이다. 새삼 '민주주의는 피를 먹고 자라는 나무'라는 말을 떠올릴 수도 있다. 실제로 지금 우리가 자연스럽고 당연하게 여기는 투표권에도 셀 수 없을 만큼 숱한 민중들의 피가 스며들어 있다.

민중언론의 새 시대를 어떻게 열 것인가

하지만 그 피의 교훈 못지않게 민중에게 새로운 시대가 열리고 있는 현실도 적극 포착해야 한다. 가정해보자. 전태일이 분신으로 자기를 표현했던 그 시대에 인터넷이 있었다면, 또는 현 시대에 전태일이 살고 있었다면, 현장과 인터넷 활동을 누구보다 더 치열하게 결합시켰을 성싶다. 바보회가 학습한 내용들도 그때그때 인터넷에 올리지 않았을까.

한 사회에서 아무런 특권이나 특혜도 없이 살아가는 사람들, 민중이 다양한 미디어로 언론활동을 펼 수 있고 실제로 그 비율이 점점 더 커져가는 시대, 우리는 그 변화를 '민중언론시대'라고 규정할 수 있다.

정보과학기술에서 새로운 진전은 종래의 기능을 배제하는 것이 아니라 그것까지 포함해 성능을 높이는 '업그레이드 과정'이었듯이, 민중언론시대의 탐색도 마찬가지다. 대중매체시대에 정립된 저널리즘의 기본 원칙을 배척할 것이 아니라 그 가치를 높이는 방법으로 접근할 필요가 있다.

민중언론시대가 온전히 열리더라도 직업적 저널리즘이 아예 사라질 수는 없다면 매스컴과 민중언론이 공존하는 시대를 설계하고 다듬어가야 한다. 대중매체 언론인들이 민주주의 사회에서 자신의 직분을 다할 수 있도록 언론개혁을 법제화하는 과제는 여전히 중요하지만 그와 동시에 민중언론시대를 창조적으로 열어가야 한다.

대중매체시대와 민중언론시대의 사회적 소통에 나타나는 차이를 언론활동 주체의 관점에서 보자면 직업적 저널리즘과 사회구성원들 개개인의 직접 언론행위로 설명할 수 있다. 다 알다시피 대중매체에서 일하는 직업적 저널리스트는 제도로서 저널리즘의 역사와 함께 근대 자본주의사회의 산물이다. 중세 유럽의 토지에 기반을 둔 신분제 사회에서 상공인들의 세력이 커지면서 상품의 하나로 등장한 언론이 직업적 저널리즘으로서 자리를 굳히는 과정은 민주주의의 전개와 맥락을 같이 한다. 인쇄혁명과 신문 발행이 없었다면, 상공인들이 주도해 중세 신분 체제를 무너트린 시민혁명은 가능하지 않았다.

그런데 21세기 들어 보편화한 인터넷은 종래의 인쇄혁명에 버금가는 커뮤니케이션혁명을 불러왔다. 인터넷이 선구한 미디어혁명으로 대중매체의 기자가 오지 않더라도 자신이 직접 인터넷에 글을 쓸 수 있는 시대가 열린 것이다.

지구촌을 하나로 이은 인터넷으로 민중(네티즌)은 온 세계를 드나들면서 자신이 찾은 정보를 자유롭게 활용하고 그것을 남에게 전달할 수 있다. 그 점에서 네티즌의 언행은 전통적 의미의 언론인 활동과 다르지 않다. 이미 국내에서도 홍수나 산사태와 같은 재난 상황이 일어났을 때 현장에 있는 사람들이 스마트폰으로 직접 촬영하여 사회관계망SNS(소셜네트워크서비스)를 통해 전달하고 그것을 대중매체가 받아 방송해오고 있다. 직업 기자가 미처 현장에 가지 못했거나 갈 수 없는 곳에서 민중이 직접 '언론활동'을 펼 수 있게 된 것이다.

단순한 재난 정보만이 아니다. 자신의 미디어를 통한 민중의 언론활동이 독재정권의 철옹성을 붕괴시킨 대표적 보기가 튀니지혁명이다. 2010년 튀니지의 20대 청년이 경찰의 강압적인 노점상 단속에 항의하며 분신자살했다. 그 사건이 사회관계망SNS으로 퍼져 나가면서 민중들이 거리로 나섰다. 그 모습을 다시 사회관계망에 올리면서 대규모 반정부 시위가 일어났다. 신문사와 방송사를 완벽하게 통제하며 23년에 걸쳐 민중을 억압해온 독재정권은 한 달 남짓 만에 무너졌다. 지구촌 언론들은 튀니지에서 가장 흔한 꽃 재스민에서 착안해 '재스민혁명'으로 불렀다.

한국의 2017년 촛불혁명에서도 민중들은 사회관계망을 통해 열정적으로 언론활동을 펼쳤다. 언론기관에 몸담지 않았을 뿐 자신이 살아가는 현장이나 인터넷에서 얻은 정보는 물론 자신의 주장을 남에게 전달하는 순간, 그는 의도했든 아니든 언론인이 되어 있는 셈이다. 정보의 생산 능력과 발신 능력을 모두 지니고 있기 때문이다. 따라서 언론기관의 기자가 '직업 기자'라면, 네티즌은 '직접 기자'라고 명명할 수 있다. 21세기 민중의 언론활동, 바로 그것이 '민중언론'이다.

'직업 기자'와 '직접 기자'

직업 기자와 직접 기자의 대비는 미국 언론학계가 '제4부'와 '제5부'로 나누는 구분법과 이어질 수 있다. 입법부, 행정부, 사법부에 이어 언론이 제4부를 형성했다면, 민중이 직접 뉴스 생산자가 될 수 있는 '열린 시스템'이 제5부를 구성한다는 논리다.

하지만 언론이 제4부를 형성하고 있다는 담론만으로는 부족하다. 민주주의가 성숙하려면 민중이 '통치'에 필요한 정보를 충분히 알고 있어야 한다. 언론은 3권이 분립된 정치체제의 제4부나 5부가 아니라 그 체제의 기반이라 해도 결코 지나친 말이 아니다.

모든 사람, 무엇보다 특권이나 특혜가 없는 민중이 직접 언론행위를 펼 수 있는 시대가 열린 것은 '제5부' 차원 이상의 세계사적 의미가 있다. 근대 세계를 연 인쇄혁명에 이어 500여 년 만의 혁명적 전환의 가능성을 품고 있기 때문이다.

세계사를 돌아보면 인류는 지금까지 네 차례에 걸친 미디어의 혁명적 변화를 일궈왔다. 말, 글, 대중매체에 이은 인터넷이 그것이다. 말은 인류를 동물과 다른 존재로 만드는 혁명적 변화를 이뤘고, 글은 문자혁명을 이루며 선사시대와 역사시대를 나누는 획을 그었다. 자본주의와 함께 열린 대중매체시대는 왕을 정점으로 한 신분 체제를 무너트렸다.

21세기 인터넷혁명과 함께 열린 새로운 시대는 앞으로 100여 년에 걸쳐 새로운 문명을 꽃피울 것이라고 전망할 수 있다. 그 과정에서 새 문화 창조의 주체인 민중의 역량이 가장 큰 변수일 것이다.

민중이 일상에서 언론활동을 할 때, 대중매체의 직업 기자들 못지않게 언론이 존재하는 이유를 꿰뚫고 있어야 한다. 이미 논의했듯이 민주주의 이상이 '민중 스스로의 통치'라면, 그 통치에 필요한 정보를 제공하는 언론은 민주주의의 핵심 제도일 수밖에 없다. 다만 기존의 신문사와 방송사들이 내세운 언론의 존재 목적은 민중언론시대에 '업그레이드'가 불가피하다. 사람들이 자유로워지고 자신을 스스로 다스리는 데에 필요한 정보를 직업적 저널리즘이 제공해주는 것이 아니라 사회구성원들, 다시 말해 직접 기자들 스스로 마련하고 제공하며 나눠가야 한다. 직업 기자들의 정보도 그 가운데 하나로 위치지워질 수 있다. 가령 미국 신문편집인협회 강령의 제1조를 예로 들어보자. '뉴스와 여론을 수집하고 전파하는 가장 큰 목적은 국민에게 그 시대의 문제가 무엇인가를 알려주고, 그에 대해 판단할 수 있게 함으로써 전체적 번영에 봉사하기 위한 것'이라는 선언 또한 업그레이드가 필요하다. 민중언론시대—직업 기자와 직접 기자의 공존 시대—의 윤리강령으로는 "국민에게 그 시대의 문제가 무엇인가를 알려주고, 그에 대해 판단할 수 있게"라는 대목이 어울리지 않기 때문이다. 사회구성원들 스스로 우리 시대의 문제가 무엇인가를 자유로운 토론을 통해 판단함으로써 모든 사람의 자기 실현에 이바지하는 것으로 언론의 목적을 이해하는 것이 바람직하다.

모든 사람이 기자로 활동할 수 있는 시대라면 민중 스스로 언론의 존재 이유만이 아니라 그 철학을 공유할 필요가 있다. 민중이 새로운 문명의 기반으로서 민중언론을 구현해가기 위해서도 그렇다.

민중 개개인이 언론 자유를 누리며 무엇이든 말할 수 있는 세상이 열린 것은 새로운 시대임에 틀림없지만 그것만으로 '민중언론시대'가 도래했다고 단정할 수는 없다. 무엇보다 민중을 있는 그대로 보아야 한다.

서울 사람들 대부분은 조그만 스마트폰 화면을 끊임없이 들여다본다. 삼성과 LG의 나라에서는 길을 걸을 때도, 커피숍에 앉아 있을 때도, 서 있을 때도, 지하철역에서 열차가 들어오기를 기다릴 때도 접속이 끊어지는 일이 없다. 그들의 손은 스마트폰과 태블릿 위를 바삐 돌아다니고 손가락은 스크린 위를 미끄러지며 무한한 소용돌이를 그린다. 나는 공원 벤치에 앉아 있다가 젊은 여자 세 사람이 함께 나무 아래에 서서 각자 자기 스마트폰을 바라보며 주변과 자신들의 사진을 찍은 뒤 찍은 사진을 공유하는 장면을 보았다. 그들은 카메라를 보며 웃었다. 아무 말 없이 선 채로 말이다. 도처에 스크린이 있다. 고층빌딩 벽에 달린 대형 스크린, 기차역 로비에 있는 중형 스크린, 하지만 차분하게, 말 없이 고개를 숙인 채 도시를 지나쳐가는 사람들이 끊임없이 몰두하는 것은 자기만의 소형 스크린이다.

이탈리아 미디어비평가 베라르디가 한국의 서울 풍경을 서술한 대목이다. 그는 한국 사회의 특성을 끝없는 경쟁, 극단적 개인주의, 일상의 사막화, 생활 리듬의 초가속화로 꼽았다. 말 그대로 '죽음의 스펙터클'에 몰입한 모습이랄까.

있는 그대로의 민중

그런데 그건 딱히 서울의 풍경만은 아니다. 인터넷시대의 젊은이들을 꼬집어 서슴지 않고 "가장 멍청한 세대The Dumbest Generation"라고 단언한 마크 바우어라인의 책이 미국에서 화제가 되기도 했다. 디지털혁명으로 손쉽고 빠르게 각종 정보와 상품, 오락과 친구를 접할 수 있게 되었지만, 정작 젊은 세대의 정신적 발전은 보잘 것 없다는 것이다. 디지털 활동과 오락에 파묻힌 문화와 생활양식이 '위대한 과거의 지식'이나 여러 유산에 대한 무지와 무관심으로 이어지고 있다는 진단이다.

정보기술 미래학자 니콜라스 카도 가세했다. 그는 인류가 인터넷이 가져온 '풍요로움'을 한껏 즐기느라 '생각하는 능력'을 잃어가고 있다고 경고한다. 2010년 퓨리서치센터가 저명한 사상가 400여 명을 대상으로 실시한 설문조사를 근거로 삼았다. 80퍼센트가 넘는 응답자가 "2020년까지 인터넷 사용은 인간의 지능을 높일 것이며, 전례 없이 많은 양의 정보에 접근이 가능해진 사람들은 더 똑똑해지고 더 나은 선택을 할 것"이라는 데 동의했지만, 실제 2020년이 왔을 때 우리는 더 똑똑해지지 않았고 더 나은 선택을 하고 있지도 않다는 것이다. 그는 "100억 개 이상이 팔려나간 스마트폰의 확산"과 그에 따른 사회관계망의 확산이 현대인의 일상은 물론 공론장을 재편했다고 보았다. 그가 보기에 스마트폰의 확산은 몇몇 기업들이 우리가 보고, 행동하고, 의견을 표현하는 방식을 지배하도록 했다. 미디어 다국적 기업이 인류의 사고를 지배하고 있다는 것이다.

카의 우려에서 유의할 대목은 네티즌들 대다수가 '머릿속에 담고 있는 지식'과 '온라인에서 찾은 정보'를 잘 구분하지 못한다는 지적이다. 인터넷에서 정보를 모으며 사람들은 실제보다 자신이 더 똑똑하고 지적이라고 믿게 된다는 것이다. 정보과학기술이 가져온 '새로운 콘텐츠의 홍수'는 문화의 '민주화'가 실현되는 신호라고 볼 수도 있지만, '광활한 쓰레기장'일 수도 있다는 주장은 정보과학기술이 가장 발달한 미국에서 불거진 경고이기에 더 경청할 만하다.

다만 미국에서 나타난 현상을 곧장 한국에 대입할 필요는 없다. 미국의 젊은 세대와 한국의 젊은 세대는 문화적 배경은 물론 사회경제적 처지가 적잖게 다르기에 더 그렇다. 젊은 세대만이 아니다. 평균적인 한국인과 미국인은 한국과 미국의 경제적 격차만큼 삶의 조건에 차이가 있다.

하지만 조·중·동 신방복합체가 짜놓은 틀에 갇히면 '가장 멍청한 세대'가 될 가능성이 높아진다. 단편적인 정보에 의존하며 일상을 게임이나 오락, 포르노로 소비하고 인생을 탕진한다면, 정파적 관점에 함몰되어 자신이 민중의 한 사람이라는 진실을 내내 망각한다면, 미국 미래학자의 조롱처럼 '천박한 인간'the shallows이 되거나 '바보'로 전락할 가능성이 거의 100퍼센트라 해도 결코 지나친 말이 아닐 것이다.

그렇다고 비관에 젖을 일은 아니다. 베라르디가 '스크린의 서울' 풍경을 꼬집은 책은 2015년에 출간됐다. 그로부터 1년 뒤에 서울 한복판에서 "스마트폰 화면을 끊임없이 들여다본" 사람들 손과 손에는 촛불이 여울여울 타올랐다.

본디 역사상의 민중은 '피플'이 그랬듯이 양면성을 지녀왔다. 민중은 신분 체제에 마침표를 찍은 시민혁명 이후 '주권자'로 헌법적 위상을 지녔으면서도 여전히 권력과 자본의 지배를 받아왔다. 민주주의가 성숙해가면 그 양면성은 뚜렷한 변화를 보인다. 피지배자의 속성은 시나브로 작아지고 주권자의 속성은 무장 커져간다. 그 경계선에 민중언론이 발을 딛고 있다. 민중언론시대에 철학적 성찰이 요구되는 까닭이다.

언론은 언뜻 철학과 무관하게 여기기 십상이다. '세속'과 '상아탑'의 대명사로 대칭에 놓기도 한다. 하지만 조금만 성찰해보아도 그렇지 않다는 사실을 알 수 있다. '말이나 글로 자기의 사상을 발표하는 일'이 언론이다. 언론과 사상 또는 철학은 기실 이어져 있는 셈이다.

실제로 언론은 그 자체가 철학적 실천이다. 물론 강단 철학과는 다르다. 하루하루 이뤄지는 언론의 모든 '창작'에 어떤 형태로든 철학적 판단이 깃들어 있다. 괜스레 과장이 아니다. 우리 삶에서 끊임없이 일어나는 사건을 파악하고 그 사건이 왜 일어났는지 그리고 앞으로 어떤 파장을 가져올지 진단하고 예견해야 한다면, 비록 일상적으로 이루어진다고 하더라도 거기에는 만만찮은 철학의 무게가 스며 있게 마련이다.

언론이 제 구실을 온전히 못할 때, 사회구성원 개개인의 삶이 받는 폐해는 계량화하기 어려울 만큼 넓고 깊다. 언론이 일어나고 있는 일을 일어나지 않았다고 하거나 일어나지 않는 일을 일어났다고 전할 경우, 그것은 단순히 허위의식을 전파하는 이데올로기 차원을 떠나 동시대인들의 삶을 파괴하는 행위로 타락할 수밖에 없다.

지나온 인류 역사는 언론만이 아니라 정치경제, 교육, 종교 등 모든 영역에서 아래로부터 민중의 참여가 늘어난 역사였다. 민중의 지혜를 더 담아낼수록 그 체제와 시대가 더 발전했다는 사실도 역사에서 확인할 수 있다. 인류는 '모든 권력이 민중으로부터 나오는 세상'으로 한 걸음 한 걸음 전진해왔다.

민중언론을 위한 네 가지 철학적 성찰

민중언론시대가 새로운 문화를 창조하려면 그 주체인 민중의 지혜가 선결 조건이다. 그 지혜는 다음의 네 가지 철학적 성찰로 영글어갈 수 있다.

첫째, 자신이 살아가며 쓰는 언어에 대한 성찰이 일차적으로 요구된다. 커뮤니케이션 연구자들은 현대인이 사용하는 언어의 대부분이 최소한의 의미만 담은 상투적 언어로 소통되고 있다고 진단한다. 가령 민주주의가 '자유민주주의'만을 의미한다면, 그것은 이미 언어가 체제 유지에 기여하고 있다는 방증이다. 본디 민주주의에는 자유민주주의도 있고 사회민주주의도 있거니와 그러한 차원을 넘어 궁극적으로는 모든 권력이 민중으로부터 나와야 함에도 최소한의 상투적 의미로만 쓰이고 있다는 것이다. '민중'이라는 말을 시나브로 쓰지 않는 현상도 같은 맥락이다.

따지고 보면 우리 시대만의 문제는 아니다. 한국 사회만의 문제도 아니다. 근대 이전의 모든 신분제 사회에서 '인권'이나 '평등'이라는 말은 낯선 언어이자 불온한 말이었다. 그래서다. 지금 이 순간, 만일 독자가 '민중'이나 '노동', '자본주의'라는 말에 불편함을 느낀다면, 그 거북함이 어디서 비롯된 것인가 성찰할 필요가 있다. 그것이 개개인의 잘못이 아니기에 더 그렇다. 언어를 배우는 시절부터 유치원과 초·중·고등학교는 물론 대학에 들어와서까지 체제 유지적 언어를 내면화하는 긴 과정이 있었기 때문이다. '취업'이 꿈인 청년들이 '노동자'라는 말에 거부감을 느끼는 한국 사회에선 더욱 자신이 이미 특정한 체제를 유지하는 언어에 갇혀 있는 것은 아닌지 성찰해야 한다. 언론은 문자 그대로 언어의 논리이기에 언어에 대한 성찰은 민중의 자유로운 언론활동에 일차적 과제다.

둘째, 민중 스스로 자신이 살아가는 삶의 현실을 있는 그대로 인식하고 있는지에 대한 성찰이다. 모든 생명체는 자신을 둘러싼 환경을 정확히 인식하려는 본능을 지니고 있음에도 굳이 그것을 '철학적 성찰'로 제시하는 까닭은 민중이 현실을 정확히 인식하지 못하도록 방해하는 세력이 엄존하고 있기 때문이다. 사회구성원 전체로 보면 소수이지만 그들이 정치권력을 비롯해 경제권력과 언론권력을 지니고 있을 때 민중의 현실 인식은 뒤틀리기 십상이다.

한국 사회로 좁혀보자. 조·중·동 신방복합체는 대한민국이 짧은 시간에 산업화와 민주화를 모두 일궈냈다고 강조한다. 맞다. 굳이 그 사실을 부정할 필요도 이유도 없다. 한국이 '30-50 클럽'의 7개국 가운데 하나가 된 것은 자부할 일이다. 1인당 국민소득 3만 달러 이상, 인구 5000만 명 넘는 조건을 갖춘 다른 나라들—미국, 영국, 프랑스, 독일, 이탈리아, 일본—과 견주어 제국주의 침략의 '더러운 과거'가 없는 유일한 나라라는 사실 또한 영예로운 성취임에 틀림없다.

하지만 또 다른 현실이 있다. 한국은 자살률 1위, 출산율 꼴찌의 나라다. 산업재해와 노동시간, 비정규직 비율이 모두 세계 최고 수준이다. '출산율 꼴찌'와 '자살률 1위' 사이에서 한국인들은 유아 시절부터 노년까지 대다수가 '각자도생'의 살인적 경쟁에 내몰리고 있다.

언론이 어느 현실을 부각해야 할까. 더 나은 현실을 일궈가려면 당연히 후자의 살풍경이다. 산업화와 민주화를 일궈낼 때 가장 수고한 사람들이 민중이기에 더 그렇다.

셋째, 민중 스스로 자신이 살아가는 삶의 현실과 다른 사회, 더 나은 사회가 가능하다고 확신하는지에 대한 성찰이다. 기득권을 지닌 세력은 현 체제에 만족할 가능성이 높다. 문제는 그들이 다른 현실이 가능하다는 진실을 숨기는 데 있다.

하지만 누구도 진실을 영원히 숨길 수 없다. 한 줌의 소수가 절대 다수인 민중의 현실 인식을 가로막더라도 민중은 자신의 고통스러운 삶 자체를 통해 현실의 문제점을 직시할 수 있다. 잘못된 현실을 직시한다면 마땅히 그 현실을 바꾸려는 의지가 인간에겐 본능처럼 작동하게 마련이다. 그럼에도 그것을 철학적 성찰이라 하는 까닭은 새로운 사회가 가능하다는 진실을 인식하지 못하도록 끊임없이 방해하는 세력이 정치권력, 경제권력, 언론권력을 지니고 있어서다.

냉철히 자문해볼 필요가 있다. 잘사는 20퍼센트는 눈덩이처럼 재산을 불려가고 80퍼센트는 점점 생활이 어려워지는 을씨년스런 세상에 우리 후손들이 살아도 좋은가. '잘 사는 20퍼센트'도 안도할 일은 아니다. 자신의 자녀, 손주들이 80퍼센트의 '나락'으로 추락하지 않으려고 인정사정없이 나아가야 한다면, 그 삶은 얼마나 황폐해지겠는가. 한국 경제가 '자살 친화적 성장'에 내내 갇혀 있을 수는 없는 일이다.

선진화 담론도 마찬가지다. 어떤 선진화인지가 중요하다. 한국은 경제협력개발기구OECD 국가들과 견주어 부패 지수는 높은 반면에 공공 사회복지비, 정부 신뢰도, 사회 구성원들 사이의 신뢰도는 뚜렷하게 낮다. 대중매체의 직업적 기자들 못지않게 직접 기자들도 통계가 보여주는 살풍경을 얼마나 자신의 글과 영상에 담아냈는지 짚어보길 제안한다.

여기서 자본주의가 단 하나의 모델만 있는 것은 아니라는 엄연하고 중요한 사실에 주목해야 한다. '자본주의 다양성'Varieties of Capitalism, VOC 이론은 2001년 소스키스가 '자유시장경제'와 '조정시장경제'를 비교한 연구를 발표한 뒤 많은 연구가 축적되어왔다. 이론적으로도 다채롭게 전개되었는데 가장 많이 알려진 것은 '주주자본주의'와 '이해관계자자본주의' 구분법이다. 주주자본주의가 주주의 이익을 중심에 두는 반면에, 이해관계자자본주의는 주주만이 아니라 노동인·소비자·협력업체·지역 사회·정부까지 모든 이해관계자와 함께 공익을 추구하는 자본주의다.

시장경제를 기준으로 구분하면 '자유시장경제'liberal market economy와 '사회적시장경제'social market economy로 나눈다. 전자는 신자유주의를 지구촌으로 퍼트린 미국과 영국 자본주의가 대표하고, 후자는 독일(네덜란드·벨기에·오스트리아·스위스) 모델과 스웨덴(노르웨이·핀란드·덴마크) 모델로 나뉘진다. 자유시장경제(주주자본주의)가 승자독식으로 흐를 위험성이 높은 반면에 사회적시장경제(이해관계자자본주의)는 사회적 약자들도 목소리를 내면서 시장의 강자들을 견제하는 체제이다.

자본주의 다양성 이론은 신자유주의적 경쟁 체제인 미국식 정치경제체제가 전형적인 자본주의 모델이라거나 선진국으로 가는 유일한 모델로 통용되는 한국 사회에서 큰 의미를 지닌다. 언론이 신성시하는 시장 또한 자유시장과 사회적시장이 있다는 사실도 새겨둘 가치가 충분하다.

자본주의 다양성은 이론적인 인식보다 실제 삶의 모습에서 체감할 수 있다. 교육과 의료가 모두 무상이고 주거도 안정된 사회적시장경제의 삶은 각자도생의 한국 사회와 질적 차이가 또렷하다. 우리의 미래나 지속 가능한 발전을 논의할 때 의도적이든 아니든 미국식 모델을 유일한 선진 경제체제로 전제하는 패러다임에서 벗어나야 옳다.

따라서 어떤 언론이 신자유주의적 체제를 '글로벌스탠더드'로 전제하고 보도와 논평을 해나가고 있는지, 어떤 언론이 자본주의에 다양한 정치경제체제가 존재하고 있다는 사실을 수용자에게 적극 알려가고 있는지 짚어야 한다. 동시에 자신의 일상적 언론활동을 통해 신자유주의적 체제가 글로벌스탠더드가 아님을, 자본주의에는 자유 시장경제와 달리 사회적시장경제도 있다는 사실을 가능한 많은 사람들과 공유해가야 한다,

넷째, 민중 스스로 지금과는 다른 새로운 사회를 자신의 실천으로 창조할 수 있다고 믿는지에 대한 성찰이다. 인간은 누구나 삶이 한 번뿐이기에 자신의 삶을 통해 의미 있는 무엇인가를 창조하고 싶은 의지를 지니고 있다. 그럼에도 그것을 철학적 성찰이라 하는 까닭은

민중이 새로운 사회의 실현에 나서지 못하도록 방해하는 세력이 정치권력, 경제권력, 언론권력을 지니고 있어서다.

인구 분포에서 절대소수인 그들은 절대다수인 민중이 현실을 올바르게 인식할 때, 민중이 새로운 사회가 가능하다는 걸 확신하고 실천에 나설 때, 자신들이 선거에서 패배하고 권력을 잃을 수밖에 없다는 사실을 잘 알고 있다. 같은 이유에서 현실을 호도하는 '가짜 현실'을, '대안이 없다'는 담론을, 정치란 직업 정치인만의 영역이라거나 순수한 사람은 외면해야 할 혐오스러운 일이라는 허위의식을 학교와 언론을 통해 주입시킨다.

민중이 자신이 살아가는 삶의 현실을 자신의 언어로 인식하고, 다른 사회가 가능하다고 확신하며, 새로운 사회 구현에 힘을 보탤 때, 그것은 근대혁명에 버금가는 '세계사적 혁명'을 이룰 수 있다. 다만 경계할 것은 있다. 민중의 자기 성찰과 현실 인식을 저해하는 세력이 엄존하고 있다는 사실을 모르고 낙관적 전망만 늘어놓을 때 곧바로 비관에 이르게 된다.

정보혁명과 함께 열린 21세기에 민주주의의 이상인 '민중 스스로의 통치'를 구현할 직접 정치를 활성화하려면 민중(네티즌) 자신이 언론인이라는 인식이 필요하다. 그 인식은 결코 생뚱맞은 것이 아니다. 지금 이 순간도 트위터, 페이스북, 블로그, 카카오톡으로 다채롭게 언론활동을 벌이는 자신의 일상을 있는 그대로 포착할 때, 언론인으로서 자기정체성을 갖출 수 있다. 민중이 성찰을 통해 스스로 학습하고 다듬은 지혜를 새로운 민주주의 건설에 담아가는 운동, 우리는 그것을 민중언론시대의 주권혁명으로 명명할 수 있다.

노무현 정부 시기에 "기자를 불러주세요"라고 문자를 보낸 뒤 자살을 결행한 여성 노동인의 투쟁이나 문재인 정부 시기의 집단 삭발 투쟁, 300리 도보투쟁에서 보듯이 지금 이 순간도 민중들은 '더 나은 세상'을 위해 줄기차게 싸우고 있다.

연면한 투쟁에 경의를 표하면서 제안한다. 이제는 '기자를 불러달라'며 손의 동맥을 끊을 게 아니라 그 손으로 기사를 직접 써가야 옳다. 집단 삭발한 여성 노동인들이나 300리 보도투쟁에 나선 비정규직 노동인들의 사연을 대중매체가 외면한다면, 그 투쟁을 전개하면서 직접 언론인으로서 글을 써가야 옳다. 댓글도 좋고 블로그도 좋다. 온라인과 오프라인을 연결할 때 힘이 생긴다. 우리 개개인의 삶에서 일어나는 문제점을 발굴하고 여론화해나가려는 적극적인 자세 없이 역사는 쉽게 나아가지 않는다. 그 과정에서 우리 각자는 자신이 살아가는 정치경제체제의 문제점을 실감하며 학습해갈 수 있다.

그렇다. 평생을 독자나 시청자로 살아가던 시대는 지났다. 모든 사람이 기자로 활동할 수 있는 시대가 전개되고 있다. 서양 저널리즘 이론에서 기자를 일러 '매일매일 일어난 일을 기록하는 역사가'라고 정의하듯이, '기자'라는 말 자체가 역사가와 뿌리가 같다. 동아시아에서 신문을 처음 만들 때 한자의 '역사가'(史)를 풀이한 말인 '일어난 일을 기록하는 사람'(記事者也)을 줄여 기자記者라 했다. 어원으로 따지더라도, 오늘의 민중언론시대에 모든 사람을 일러 기자라 해도 아무 문제가 없다.

개개인이 자신의 마주하고 있는 삶의 현실에서 일어나고 있는 사실들을 기록해가는 일, 그것은 민주주의를 성숙시켜가는 튼실한 밑절미가 된다. 직업 기자들이 자신이 맡은 영역을 학습하듯이, 직접 기자로서 개개인 또한 자기주도학습이 직접언론 시대의 미덕이다. 바로 그 때 우리는 기자란 '역사를 만드는 사람들'History Maker이라는 명제 앞에 선뜻 다가설 수 있다. 기실 정치인은 역사를 만들어가는 민중의 흐름에 얹혀 있는 사람들일 뿐이다.

미디어혁명의 물결을 타고 등장한 유튜버의 '언론행위'도 마찬가지다. 정치와 경제를 유튜브에 담으면서 사실에 근거하지 않은 흑색선전이나 노골적인 정파 논리의 확산만 꾀하는 내용은 가짜뉴스의 확산과 확증편향의 강화로 나타나고 있다. 시사문제에 대한 자극적이고 감정적인 접근은 그것을 만든 유튜버의 호주머니에는 유익할지언정 민주주의의 미래, 공동체의 오늘에 백해무익하다.

일찍이 송건호는 기자들 교육에 역사의식과 사회의식을 강조했고 대학의 언론학과에서도 역사와 사회를 가르쳐야 한다고 주장했다. 송건호의 제안에 대다수 교수들은 모르쇠를 놓았다. 어쩌면 그 결과가 기자정신의 실종, 기레기 현상으로 이어진 것일 수도 있다. 송건호가 강조한 기자들에게 필요한 공부는 민중언론시대에 모든 민중에게 요구되는 학습이다.

요컨대 역사의식과 사회의식을 지닌 민중이 진정한 민중언론시대를 열어나갈 수 있다. 기자들에게 남긴 송건호의 글 또한 민중언론시대를 맞아 모든 네티즌이 새겨둘 대목이다.

나는 글을 쓸 때마다 30년, 40년 뒤에 과연 이 글이 어떤 평가를 받을 것인가라는 생각과 먼 훗날 욕을 먹지 않는 글을 쓰겠다고 다짐하곤 한다. 크게는 이 민족을 위해, 작게는 내 자식들을 위해 어찌 더러운 이름을 남길 수 있겠는가.

참 깨끗한 당부다. 유튜브나 댓글을 비롯해 다양한 미디어에서 다채로운 방식으로 언론활동을 벌이는 모든 사람이 스스로를 점검하며 성찰해볼 경구다.

민중언론시대의 주권혁명:
역사를 만드는 사람은 누구나 언론인

송건호가 상징하듯이 민주주의와 언론의 본령을 지켜내려는 운동은 언론계에서 끊어지지 않았다. 조·중·동이 권력과 자본을 대변하면서 자신들의 성채를 공고히 해왔지만, 1975년 동아사태와 1991년 동아사태처럼 언론자유를 위한 투쟁이 벌어졌고 그 싸움으로 한국 언론사는 한 걸음씩 전진해왔다.

21세기에 들어서면서 언론권력이 정보를 독점하던 시대는 질적 전환을 맞고 있다. 장강의 앞 물결을 밀어내는 뒤 물결처럼 새로운 언론 역사를 써 갈 책임은 더는 직업적 기자들에게만 있지 않다. 지금 이 순간을 살아가는 우리 모두에게 있다. 기자는 '역사를 만드는 사람'이라는 부름에 선뜻 나설 민중이 그 주역이다.

진실과 공정, 권력 감시라는 언론의 철학은 민중언론시대의 주체인 민중, 곧 직접 기자들도 익혀야 한다. 그 가치는 모든 사람의 언론활동을 돋보이게 하는 방법인 동시에 자기 안에 숨어있는 가능성을 살려내는 철학이기도 하다.

진실과 공정에 기반을 둔 권력 감시는 '모든 권력이 민중으로부터 나오는 사회'를 구현하는 무기일 수 있다. 민중들이 자신이 살아가는 각 영역에서 아래로부터 '의사 결정'을 일궈가는 일은 '보수냐 진보냐의 문제'가 아니라 헌법 제1조를 실천하느냐의 문제이다. 예컨대 노동운동은 노동주권을, 농민운동은 식량주권을, 교육운동은 교육주권을, 사회복지운동은 복지주권을, 환경운동은 환경주권을 의제로 제기하고 그것을 현실로 구현할 수 있도록 연대의 틀을 일궈가야 한다.

민중들이 각자 서 있는 자리에서 부문별 운동을 벌여가며 뜻과 힘을 모아갈 때 '소통의 공통분모' 또는 서로를 이어주는 다리가 민중 스스로의 언론활동, 곧 민중언론이다. 그때 부문 운동들도 더 활성화될 수 있다.

민중 스스로 기존 언론과 정당이 모르쇠를 놓고 있던 의제를 설정하고 그것을 여론화하며 해결책을 스스로 찾아가는 언론활동은 인류의 오랜 이상인 민중의 자기 통치, 민중 스스로의 통치를 구현하는 길이다. 우리 개개인이 자신의 삶을 누군가가 정해놓은 틀 속에서 평생 살아가는 게 아니라 주체가 되어 자아를 더 풍요롭게 실현해가는 주권혁명시대, 민중언론시대를 우리는 맞이하고 있다.

진실과 공정, 권력 감시의 철학이 실제 신문 지면과 방송 화면에서 구현될 때 언론개혁이 이뤄지듯이, 그 가치를 민중들이 스마트폰을 비롯한 자기 미디어에 담아갈 때 언론혁명이 이뤄진다. 철학적 성찰과 언론이 추구해야 할 가치를 하나하나 재장전해야 할 이유다.

21세기 민중인 네티즌 개개인이 언론활동으로 자신의 삶을 창조적으로 실현해갈수록 그만큼 민주주의는 성숙해진다. 더 나아가 세계사적인 새로운 문명을 일궈갈 수 있다. 그 출발점은 신자유주의 체제로부터 고통받는 모든 사람, 노동인·농민·자영업인·빈민·실업자 그리고 청년들이 스스로 '민중'임을 인식하는 순간이다. 그 철학적 성찰과 성찰적 철학으로 스스로를 재장전한 민중들이 언론활동을 조곤조곤 펴나갈 때 미디어 리터러시의 혁명은 완수된다.

닫는 글

오만과 자만을 넘어

이 책은 긴 외쪽사랑의 결산이다. 1980년대 동아일보 기자 시절 전국편집기자회 세미나에서 〈편집비판과 비판편집의 논리〉를 발표하고 어느새 많은 세월이 흘렀다. 1990년대에 언론개혁을 주제로 출간한 세 권의 책과 1999년부터 한겨레 여론매체부장으로 쓴 기명 칼럼들을 통해 언론, 특히 조선·중앙·동아일보의 자본가와 주필들을 실명으로 비판했다.

모진 성격이 아니어서 불편했지만 실명으로 언론자본가와 고위 언론인들을 비판한 이유는 분명했다. 언론이 민중을 어둠에 잠들게 했고 그 민중이 언론을 오만케 했다고 판단했다. 언론 비판에서 더 나아가 언론을 개혁함으로써 역사를 새롭게 일궈갈 민중과 만날 수 있다는 희망으로 언론노동운동과 언론개혁운동에도 몸 담았다.

그 무렵에 노사모를 만났다. 우리 언론사와 정치사에 노사모는 마치 혜성처럼 나타났다. 노무현이 대통령에 취임한 첫 해 열린 노사모 총회에 초청받아 강연을 갔을 때 노사모의 열정에 경의를 표했다. 그때가 노사모와 내가 가장 가까웠던 순간이다.

노무현이 대선 때 공약한 정책들을 구현해가지 않으면서 비판하는 칼럼을 써갔고, 노사모와의 거리는 멀어지기 시작했다. 노사모는 깨시민으로 '전열'을 재편성했고, 저자는 신문사를 나와 신자유주의의 대안을 연구하는 싱크탱크를 창립하며 저작에 몰입했다.

2008년 촛불시위 직전에 《주권혁명》을 탈고해 출간하고 《학습하는 당신이 희망이다》와 《신문읽기의 혁명2》를 2009년 가을에 내며 정파적 언론관의 한계를 분석했다. 2012년 대선을 앞두고는 박근혜가 대통령이 되어선 안 될 이유를 분석한 《박근혜의 거울》과 함께 《새로운 바보를 기다리며》를 출간했다. 박근혜가 집권한 뒤엔 《주권혁명》의 개정판 《무엇을 할 것인가》를 냈다. 새로운 언론학을 제안한 학술서 《민중언론학의 논리》에 이어 중고생과 초등학생을 위한 미디어 책을 각각 출간했다. 미디어에 대한 이해는 빠르면 빠를수록 좋다고 생각했다. 2020년대에 들어서는 창간 100년을 맞아 《조선평전》과 《동아평전》을 각각 출간했다.

미디어 리터러시의 혁명을 다룬 이 책은 지금까지 낸 언론 학술서와 비평서를 결산하는 생각을 담았다. '깨시민'은 물론 '기레기'와의 대화를 위해 원고를 써가면서 불가피하게 앞서 낸 저작들에서 일부를 인용했다. 저자의 책을 애독해 오신 분들께는 결례이지만, 겹치는 부분은 그만큼 중요한 지점일 뿐더러 '기레기와 깨시민을 넘어'라는 문맥에서 새롭게 인식할 수 있으리라고 기대한다.

철학자 니체의 오래된 경구, "괴물과 싸우는 사람은 그 싸움 속에서 스스로도 괴물이 되지 않도록 조심해야 한다"는 종종 되새겨볼 가치가 충분할 만큼 새롭다. 그는 우리가 괴물의 심연을 오래 들여다볼 때, 그 심연 또한 우리를 들여다본다고 경고했다.

조·중·동 신방복합체의 오만 못지않게 깨시민의 자만이 우리 미디어의 미래, 민중의 내일을 어둡게 하고 있다. 기레기의 오만에도 깨시민의 자만에도 치유책은 내면의 어둠을 비추는 촛불이다. 물론, 오만과 자만의 밤은 저자에게도 깃들어 있다. 새로운 미디어로서 촛불을 인식한다면, 미디어 역량의 혁명은 '촛불의 촛불'이다.

촛불의 촛불

스스로에 촛불을 켤 때 기레기와 깨시민의 소통은 다음 두 기반에서 가능하다. 고백컨대 그 두 가지 가능성을 염두에 두고 이 책을 썼다.

첫째, 기레기와 깨시민, 매스컴 기자와 민중 기자 모두 진실과 공정, 권력 감시라는 언론의 보편적 철학을 공유할 수 있다. 권력 감시는 우리 헌법 제1조의 정신 그대로 모든 권력이 민중으로부터 나오도록 견인하는데 목적이 있다. 기레기와 깨시민이 그 철학에 공감하고 공유할 때, 민중언론은 굳이 '민중'이란 말을 붙일 필요가 없을 것이다. 민중언론의 논리는 언론이 정치권력과 경제권력을 대변하는 상황을 비판적으로 인식하고 언론 본연의 길을 걷도록 뒷받침하는 소임을 맡고 있다.

둘째, 기레기와 깨시민, 매스컴 기자와 민중 기자 모두 자본주의가 다양하다는 이론에 귀 기울일 수 있다. 기레기든 깨시민이든 자본주의라면 오직 미국식 자본주의만 있는 줄 알고 있다면, 그래서 그 자본주의 외에 다른 구상이나 전망을 지금까지 해왔듯이 색깔을 칠해 공론장에서 배제한다면 우리 후손들의 미래까지 '각자도생의 경쟁체제'에 갇힐 수밖에 없다. 이 책에서 논의해왔듯이 다양한 자본주의 가운데 어떤 자본주의를 선택할 것인지를 민중 스스로의 판단에 맡기기 위해서라도 언론이 할 일은 충분한 정보 제공이다.

책을 탈고하며 《무엇을 할 것인가》를 출간했을 때 내용이 너무 이상적인 것은 아닌지 비평해준 지인이 떠올랐다. '기레기와 깨시민을 넘어' 민중언론을 제안한 이 책도 그런 나무람을 받을 성싶다. 우리 대부분은 '연약한 자아'를 지녔기에 자신의 신념을 뒤흔드는 정보는 걸러내고 자신을 기분 좋게 만들어줄 정보만 통과시키는 '의도적 눈감기'나 '확증편향'을 지니고 있다는 사실도 잘 알고 있다. 자신을 민중의 한 사람으로 인식하기가 여전히 불편하리라는 것도, 이 책을 다 읽고도 '민중'이라는 말을 쓰기가 다소 거북스러울 만큼 언어의 장벽—다름 아닌 조·중·동이 은밀하게 세운 철의 장막—이 높다는 것도 모르지 않는다.

미디어혁명의 길에서 당신을 만나고 싶다

하지만 신경과학자들도 강조하듯이 인간의 두뇌가 지닌 가장 큰 장점은 가소성이다. 인간이 넘지 못한 장벽이나 철의 장막은 지금까지 없었다. 차분히 살펴보면 민중이란 말은 곳곳에서 적실하게 쓰이고 있다. 20년 넘게 칼럼을 써온 저자도 그 말을 대체할 말이 떠오르지 않아 언제나 꾹꾹 눌러 쓰고 있다. 더 많은 이들이 '시민'보다 '민중'이라는 말을 자연스레 쓴다면 역사를 전개해나가는 주체로서, 나라의 주권자로서 우리 개개인의 삶이 더 웅숭깊어질 터이다.

저자는 확증편향 못지않게 진실을 알고 싶은 의지, 더 나은 세상을 만들고 싶은 소망이 사람이라면 누구에게나 있다고 믿는다. 더구나 진실, 공정과 권력 감시는 민중언론의 철학 아닌가.

오만과 자만을 넘어 매스컴 기자들과 민중 기자들이 철학과 전망을 함께 나눌 때 미디어혁명은 싸목싸목 새로운 문화를 꽃피워갈 수 있다. 그 길에서 당신을 만나고 싶다.